하버드비즈니스스쿨 전설의 명강

마케팅 상상력

KB073565

하버드비즈니스스쿨 전설의 명강

마케팅 상상력

THE MARKETING IMAGINATION

시어도어 레빗

이상민 · 최윤희 옮김

21세기북스

마케팅 상상력으로
글로벌화의 기회를 잡아라

모든 비즈니스는 사업 규모, 고객 집단의 크기와 상관없이 글로벌 경쟁 아래에 있다. 작은 신발 가게, 자물쇠 가게조차도 세계적인 판매망을 가진 기업이나 세계적인 생산시설을 보유한 제조회사들처럼 글로벌화의 영향을 받는다.

모든 기업은 '글로벌 경쟁'에 직면해 있다

지금까지 존재했던 모든 가치 있는 일들 중 진지한 노력과 헌신, 고도의 정신적 영감 없이 이뤄진 일은 없다. 산 정상까지 바위를 끌고 올라간

시시포스 역시 그랬을 것이다.

그러나 커뮤니케이션, 여행 및 운송의 무산계급화(proletarianization)는 산을 평지로 만들었고 이제는 평지를 가로지르는 바위를 밀어내지 않고는 기업들 스스로 깎여 나가게 된다. 이것이 바로 '시장 글로벌화'의 주장이다.

이러한 지속적 평지화 현상은 '지역적인 감각을 반영한 글로벌 비전'과 '생각은 글로벌하게 행동은 지역적으로' 같은 대안을 찾는 전문가들도 인정한다. 자연적 무역 장벽을 관세, 교역 조율, 할당, 자발적 제한 등과 같은 인위적 제도로 대체하려는 노력이 급증하고 있는 것 또한 이에 대한 반증이다. 이러한 인위적 무역 장벽은 글로벌 경쟁 강화에 대한 방해물로가 아니라, 오히려 강화된 글로벌 경쟁에 의해 출현했다.

이것은 몇몇 기업들이, 다른 나라 구매자들에게 환영받는다는 것을 의미한다. 그들은 합리적인 표준 품질에 매력적인 가격으로 글로벌 시장에 맞서, 강력한 규모로 경쟁하므로 가능하게 했다.

그렇다면 '표준화된 생산'이란 무엇일까? 수백 종의 손목시계를 생산하는 세이코는 대량생산, 고품질, 저가를 고수하면서 타이맥스 시계에서나 볼 수 있는 뛰어난 스타일과 착용감까지 갖췄다. 세이코의 생산 과정은 타사와 별다르지 않다. 그런데 이들은 어떻게 그렇게 다양한 디자인의 시계를 생산할 수 있을까. 비밀은 포장을 표준화한 데 있다. 세이코는 포장비용를 낮추고 절약한 돈을 다른 곳에 투자한다. 물론 어떤 시장은 특정 스타일의 포장을 선호하지만, 세이코는 대규모의 글로벌 시장을 목표로 삼았기에 고품질, 저가 전략을 추진했고 이 전략은 보기 좋게 성공했다.

물론 지역차로 표준화가 어려운 경우도 있다. 미국 조지아 주의 모래 토양에 적합하게 개발한 땅콩 경작용 기계는 서아프리카 세네갈의 빡빡한 토양에서는 작동이 어렵다. 이런 지역차를 극복하도록 표준화하는 건 어리석은 짓이다. '시장의 글로벌화'는 현명한 분별력과 상황 판단력이 필요한 민감한 주제다.

세계는 서로 닮아가고 있다

시장은 점차 유사해지고 있다.

이 책의 결론이 동질화를 받아들여야 한다는 것은 아니지만, 이것은 분명한 사실이다. 글로벌 동질화는 전 지역의 모든 것을 동일화시킨다는 의미가 아니다. 시장 구별이나 시장 영역을 무의미하게 만들지는 않기 때문이다. 그것은 세분화돼 있던 것들이 대형화된다는 것을 의미한다. 작은 규모로 시작해도 지역 기반 영역들에 빠르게 통합돼 결국 거대한 글로벌 형태를 이룬다. 이것이 바로 동질화에 대한 수용과정이다. 다시 말해 시장의 글로벌화란, 흩어져 있는 각각의 다른 시장이 동질화된 영역으로 융합된다는 뜻이다.

그 결과로 생기는 경제성 역시 주목할 만하다. 탄력적인 공장 자동화의 덕을 본 어떤 제품도 글로벌화로 온 우월한 경쟁력의 상대가 못 된다. 중요한 것은 사람들이 다양한 선택 가능성에 더 혹하는가, 아니면 낮은 가격에 혹하는가다. 아마도 많은 이들이 다양한 선택 가능성에 혹할 것이다. 즉 다양한 선택 가능성이 우선이고(한 시장영역에서) 그 다음에 최저가에 대한 선호가 따를 것이다. 럭셔리 자동차든 실용적인 자동차든, 어쨌든 사람들은 가격에 민감하다. 사고 싶은 물건을 최저가로 사고 싶은 마음은 누구나 같다. 이것은 지속적이며 불가항력적인 인간 특성(물론 기업도 마찬가지다)이므로, 이러한 인간 특성에 반하는 시스템과 조직은 글로벌 시장에서 실패했다.

과거와 마찬가지로 미래에도 글로벌 동질화의 틈바구니에서 아주 작은 규모의 시장이나 틈새 시장은 생겨날 것이다. 그러나 다가올 미래는 분명 새롭다. 커뮤니케이션, 여행, 운송의 대중화는 모든 방식에서 우리 모두를 극도로 밀접하게 만들고 또한 우리의 행동과 소비도 바꿔 놓을 것이다.

큰 그림으로 보자면 전 세계는 유사해질 것이다. 이러한 전망들이 내포한 상업적 암시를 알아채지 않고는 고객들의 뇌리에서 사라진 낡고 오만한 기업들의 실수를 되풀이하게 될 것이다.

신 증보판에 추가된 3개의 장은, 기업이 상상력을 활용해 얻을 수 있는 상업적 성공 가능성에 주의를 기울이지 않고 있음을 경고한다. 또 관행적인 사안들을 관행적인 방식으로 처리해도 괜찮다고 생각하는 것은 이런 방식에 스스로를 가두는 것이라고 말한다.

비즈니스는 사람이 아니다. 성숙기, 하락기, 쇠퇴기가 정해져 있지 않다. 그러므로 정체기 또한 피할 수 있다. 더구나 관리를 잘한다는 것이, 꼭 올바른 것을 관리하고 있다는 것을 의미하지 않는다.

이에 관한 내용은 제1장 '마케팅 근시안이 문제다'에서, 소비자 지향이 아닌 제품 지향을 좇음으로써 초래하는 비극적 결과를 언급하고 있다. 이 장은 마케팅 상상력의 힘을 가장 많이 다룰 것이다. 또한 독자에게 비즈니스의 목적에 대한 단순한 사고방식을 따르도록 요구한다.

제4장 '모방전략을 혁신하라'에서는 어떤 회사도 창조적인 공헌에만 의존하거나, 해당 산업 분야에서 차지한 비중에만 전적으로 의존하거나, 또는 자신들의 혁신적인 능력에만 기초해 생존할 수 없음을 주장한다.
이 세계는 열성적인 경쟁자들로 가득하다. 즉 같은 상황에서도 새로운 것을 창조하며 앞서가는 기업들이 항상 있다. 이제 기업은 시장의 리더와 혁신자로서, 또 매우 체계적인 방법으로서 열성적인 모방자가 되도록 노력해야 한다.

　제8장 '제품수명주기를 활용하라'에서는 사양길에 접어든 것처럼 보이는 구형 제품의 제품수명주기를 확장할 것을 제안한다. 여기에는 적용할 만한 사례들의 예시와 상세한 설명도 포함된다. 또한 가장 크고 존경받는 과거와 현재의 기업들이 이 방법을 어떻게 적용해 놀라운 효과를 봤는지 보여준다. 즉, 이 장에서 제안하고 있는 몇 가지 지침을 따라, 어떻게 일련의 회사들이 제품과 서비스 전 영역에서 놀라운 성과를 거둘 수 있었는지를 설명한다.

__시어도어 레빗

마케팅 상상력과 영감으로

불확실한 시장을 점령하라

"요즘 뭐 새로운 거 있어요?"

경영자들이 이렇게 묻는 것은 자신이 모르는 무언가가 비즈니스에 도움이 될지 해가 될지, 기회일지 위험일지 궁금하기 때문이다. 또 일을 처리하는 새로운 기술이 업무의 능률을 높일지도 알고 싶은 것이다.

특히나 거대한 불확실성, 심각한 모호함, 극심한 경쟁으로 가득 찬 이 세상에서는 더 그렇다. 그래서 깔끔한 공학적 공식이나 논리 정연한 전략적 패러다임 및 세밀하게 다듬어진 분석기술 등을 바탕으로 한 전문적 지식으로 이런 질문에 대답할 줄 아는 사람이 환영받는다. 비즈니스라는 간판을 내건 주술사들이 도처에 판을 치는 것도 이 때문이다.

만일 경영자들이 본질을 간파하는 사고능력을 가진다면, '뭐 새로운 거 있어요?'라고 물으며 주기적으로 이곳저곳을 기웃거릴 일도 없고 일상의 스트레스와 미래에 닥칠지 모르는 불확실한 위험 같은 골치 아픈 문제를 처리해 줄 마법 같은 해결책을 바라지도 않을 것이다. 경영자들은 외부인들이 늘어놓는 그럴듯한 약속과 자신만만한 주장에 민감하게 반응하는 취약점을 가졌다.

경영자의 가장 큰 골칫거리인 불확실성은 세계 모든 시장에서 발생한다. 시장의 불확실성은 감지할 수는 있어도 피할 수는 없다. 시장에 있는 모든 조직의 운명은 가차없는 영향력들에 의해 결정된다.

그러나 시장은 자율적인 곳이 아니다. 시장이란 그 구조 안에서 활동하는 모든 집단들, 즉 상품을 구매하고 판매하는 집단들의 활동 결과를 반영하는 하나의 집결지에 불과하다. 그들은 재료, 기술, 노동력, 감성, 유머들을 수집 분석하고, 합병과 같은 냉혹한 시련에 정면으로 맞섬으로써 원하는 최종 목표인 '이윤'을 창출한다.

이 책 《마케팅 상상력》은 과거로부터 현재까지 지속되는 논리를 제시하며 '새로운 것'을 어떻게 받아들이고 다뤄야 하는지에 대한 설득력 있는 방법을 말해준다. 교과서나 다른 사람 머리에서 나온 공식 또는 방법을 적용하는 것이 편리하기도 하고 가끔은 도움이 된다.

그러나 정말 원하는 해결책을 주거나 반복해서 발생하는 문제들에 효과적 대처에는 별 도움이 못 된다. 이런 상황을 해결하기 위해서는 평범함을 뛰어넘는, 유추 이상의 능력이 필요한데, 그것이 바로 상상력이다.

미래는 앞으로 닥칠 문제들이 일어나기 전에 미리 파악해서 필요한 자원이나 에너지를 확보하고 대안을 준비하는 사람들의 무대다. 고도의 영감이 없으면 성공적으로 무엇을 성취한다는 것은 불가능하다.

비즈니스의 목적은 고객을 확보하고 지속적으로 유지하는 것이다. 구매력 있는 고객들을 확보하고 유지하지 못한다면, 그 사업은 존재할 수 없다.

고객들은 제각기 다른 환경과 조건 속에 있다. 그들은 물건이 아니라 자신들의 문제를 해결해줄 해결책을 구매한다. 따라서 경쟁에서 살아남고 사업을 발전시키려면, 고객들의 문제를 기술적으로 해결해주고, 가치를 더 해주며, 고객이 더 쉽게 해결책에 접근할 수 있도록 도와야 한다.

무언가를 더 좋게 만들려면 먼저 고객이 무엇을 좋다고 느끼는지 알아야 한다. 이 점이 사업에서 가장 중요하다. 기업은 고객들이 무엇을 원하는지, 그 원하는 것을 충족시키는 데 무엇이 필요한지 알아내서, 상상력과 영감으로 그것을 만들어 제공하므로써 빠르게 성장한다 .

이 책은 필자의 《사업을 성장시키기 위한 마케팅(Marketing for Business Growth)》(1974)의 연장선 위에 있다. 새롭게 저술된 장들은 논리 정연한 사고나 상상력 발휘법을 말하고자 함이 아니다. 교과서와 이론서 그리고 대부분의 교수들과 컨설턴트들이 언급하지 않았던 주제와 문제들을 알기 쉽게 설명하고 다양한 방식으로 논하고자 함이다. 여기서 다룬 주제들은, 모든 종류의 비즈니스와 기업에 적용할 수 있는 것들이다.

제2장 '마케팅 상상력으로 승부하라'는 현대의 마케팅 과학이나 복잡한 분석들이, 마케팅 상상력과 영감이라는 변화무쌍한 능력 없이는 결코 작동되지 않는다는 것을 보여준다. 세상은 점점 더 쉬운 해결책들과 정확한 공학적 프로그램을 요구한다. 경영자들도 마찬가지다. 세상은 끊임없이 새로운 것들을 생각해내고, 거기에 적합한 새로운 방법을 고안해, 현재보다 좋은 위치를 차지하려는 경쟁자들이 치열하게 다투는 장이다.
경쟁자들의 상상력은 지금도 뻗어나가고 있다. 전임 경영자들의 상상력으로 이미 시장에서 강력한 위치를 점유한 대기업들도 예외는 아니다.

제3장에서는 차별화가 경쟁을 위한 필수 요소임을 말한다. 다시 말해, 철강, 시멘트, 화폐, 화공약품, 곡물 같은 상품들이 차별화되듯, 모든 상품은 차별화가 가능하고 실제로도 차별화하고 있다. 성공은 우수고객을

차별화된 방법으로 끌어들일 수 있는 기업에게 돌아간다. 이것은 어려운 일이 아니다. 문제는 그 방법을 어떻게 알아내는가 하는 것인데, 본 장은 성공 사례를 통해 그 방법들을 제시한다.

제5장 '서비스 시스템을 디자인하라'에서는 지금까지 서비스에 대해 가졌던 인식이 구시대적인 것으로 앞으로는 규모는 크지만 효율적인 제조기업처럼 전문적이고 합리적으로 광범위하게 통제할 수 있는 산업화된 서비스 시스템이 부상하고 있음을 보여준다.

몇몇의 소규모 서비스 시스템(음식, 법률, 재정, 수리, 유지 보수 등)만이 명맥을 유지하고, 합리적으로 경영되는 대규모 서비스회사들이 영향력을 발휘할 것이다. 즉 새로운 종류의 경영자들과 경영 방식이 적용될 것이다.

제6장은 서비스가 무엇인지 구체적인 사례를 들어 설명한다. 서비스는, 지구 상의 기계들 혹은 대량의 스테인리스 철강 같은 거대하고 내구성을 지닌 유형제품을 넘어서는 핵심적인 개념이다. 모든 제품이 가지고 있는 유·무형의 측면을 관리하는 사람들에게 이에 대한 지식과 수단을 적절히 활용하도록 안내한다.

제7장 '고객관계를 관리하라'는 '고객은 곧 자산'임을 강조한다. 경영자

가 은행계좌의 자산을 관리하듯, 고객들이 "최근에 내가 받은 서비스는 무엇입니까?"라고 묻지 않도록, 고객들을 잘 관리해야 한다는 뜻이다.

점점 더 많은 사업들이 고객들과 장기계약 관계를 맺거나 수년이 걸릴 수밖에 없는 공급자 - 구매자 형태로 연결된다. 고객 관리는 회계장부 상에 손해가 발생하지 않도록 자산을 관리하는 것과 같은, 또 경쟁회사의 경영활동을 주시하며 잠재된 위험을 관리하는 것과 같은 섬세한 촉각을 요구하며, 이것은 기업경영에서는 필수적으로 해야 할 일이다.

제10장 '고객만족이 유일한 길이다'에서는 필자가 앞에서 언급한 내용을 다루고 있다. '이윤'이 기업의 목적이라는 점은 두말할 필요가 없다. 충분한 수의 고객이 지속적으로 유지되지 않으면 사업을 유지하고 이윤을 창출하기 어렵다.

또 고객을 어떻게 확보할 것인지, 잠재적 고객이 원하는 것이 무엇인지, 경쟁회사들이 고객들에게 어떤 선택권을 제공하고 있는지 모른다면 성장은 기대할 수 없다.

또한 공장에서 생산할 것이 무엇인지 등을 결정할 때 단순 추정이 아닌, 시장 상황에 초점을 맞춘 명확한 전략 프로그램을 가지지 않는 한, 그어떤 사업도 효과적으로 운영할 수 없다.

사업에 필수 불가결한 마케팅 감각을 스스로 가지지 못했거나, 그런 능력이 있는 직원을 곁에 두지 못한 경영자는 대부분 실패한다. 마케팅은 R&D 분야에서 일하는 사람이든 고객만족센터에서 일하는 사람이든, 모든 조직 구성원과 관련된다.

제11장 '전 세계를 상대로 마케팅하라'에서는 전통적인 다국적 기업들이 이미 구식으로 전락했음을 설명한다.

이제 다국적 기업들은 그 이름이 의미하는 바처럼 다국적으로 운영될 뿐 전 세계적으로 운영되지는 않는다. 지구상의 모든 나라들이 '기술 공화국'이라는 이름으로 단일화되는 상황에서, 미래는 다국적 지향이 아닌 글로벌 지향 기업의 것이다.

코카콜라, 마이크로 프로세서, 청바지, 영화, 피자, 화장품 등의 상품이 보여주듯, 점점 더 많은 사람들의 구매 기호와 행동이 유사해지고 있다. 이는 과거 소규모 지역 또는 단일국가 시장이라 여겼던 기존 시장이 거대한 규모의 시장으로 탈바꿈하고 있다는 의미다. 또 아주 작은 소도시에 위치한 아주 작은 소기업조차도 이제는 세계적인 가격 경쟁의 피해를 볼 것이라는 예고기도 하다.

이 책의 내용이 경영 현장에서 바로 응용 가능하다는 것을 독자들이 알아주길 바란다. 좀 더 큰 기대를 걸어본다면, 이 책이 인식 시스템에 긍정적인 영향을 끼치고 마케팅 상상력을 강력하게 자극해 결과적으로 더 큰 성과를 지속적으로 창출하게 되기를 바란다.

내 동료 교수 아브라함 자레즈니는 그야말로 다방면에 박식한 사람이다. 또 스스로는 마케팅에 대해 아는 바가 없다고 말하는 겸양까지 지녔다. 그가 언젠가 나에게 이런 조언을 한 적이 있다.

"당신의 연구를 실제적으로 주도할 수 있는 힘이 있다면, 그건 아마 마케팅 상상력일 것입니다."

그 한마디가 바로 이 책의 제목이 됐다.

__시어도어 레빗

PART 1

왜 당신 회사의 마케팅은 폭발하지 못하는가

01 마케팅 근시안이 문제다

02 마케팅 상상력으로 승부하라

마케팅 상상력으로 수직상승하라

일러두기

· 《마케팅 상상력》은 1983년 미국에서 초판이 출간됐고 1986년 3개의 장(제1장 마케팅 근시안이 문제다, 제4장 모방전략을 혁신하라, 제8장 제품수명주기를 활용하라)을 추가해 증보판으로 재출간됐다.

· 이 책은 1986년 증보판의 한국어판이다.

· 《마케팅 상상력》은 시어도어 레빗이 〈하버드비즈니스리뷰〉에 실었던 논문들(제2장 마케팅 상상력으로 승부하라, 제9장 마케팅 오해를 최소화하라, 제10장 고객만족이 유일한 길이다 제외)을 엮은 책으로 총 11장으로 구성돼 있다.

· 1994년 국내에서 출간된 초판은 저작권 보호를 받지 못하는 저작물이다. 이 책은 정식으로 한국어판 저작권을 맺은 책이며, 30년이 넘도록 기업의 경영진들, 경영학 관련 교수들, 마케팅 관련 전문가들로부터 '명저'로 칭송받아왔다. 현 시대 상황에 맞지 않은 부분이 다소 있더라도, 레빗의 통찰력을 따라가는 데는 별 문제가 없을 것이다.

PART 1

·

왜 당신 회사의 마케팅은
폭발하지 못하는가

MARKETING
IMAGINATION

01

마케팅 근시안이 문제다

Marketing Myopia

사업 정의에서 실패하면 결국은 실패한다

현재 주요산업은 한때 성장산업이었다. 하지만 성장세인 일부 산업 중에는 이미 내리막길로 접어든 것도 있다. 현재 성장산업이라고 하는 산업들도 실상은 성장을 멈춘 상태이다. 왜 그렇게 되었는지 이유를 따져보면 시장이 포화여서라기보다는 경영상의 실패가 원인이다.

철도와 할리우드는 더 성장 가능했다

다음 사례들을 살펴보면 왜 실패의 원인이 조직 상층부인 경영진에게 있는지 알 수 있다. 경영진은 최종적으로 여러 가지 목적과 정책을 입안하고 주도한 사람들로 실패에 대한 책임도 그들에게 있다.

- 철도는 왜 더 이상 성장하지 못할까? 단순히 승객과 화물수송의 필요성이 줄었기 때문만은 아니다. 또 다른 수단(승용차, 트럭, 비행기 심지어 전화기까지)들이 출현했기 때문도 아니다. 철도가 곤경에 빠진 것은 고객의 요구를 충족시키지 못했기 때문이다. 철도는 스스로를 '운수산업'이 아닌 '철도산업'으로 정의함으로써 고객을 놓쳤다. 사업목적을 고객 지향의 수송이 아닌 생산자 위주의 제품(철도) 지향으로 잘못 잡은 것이다.
- 할리우드는 TV에게 완전히 자리를 빼앗길 뻔했다. 기존의 모든 영화사들이 급격한 재편을 겪고 일부는 사라졌다. 이 회사들이 곤경에 처한 이유는 TV의 등장이 아니라 그들의 근시안 때문이었다. 철도산업과 마찬가지로, 할리우드 또한 자기들의 사업을 '연예오락 사업'이 아닌 '영화사업'으로 정의하는 잘못을 저지른 것이다. '영화'를 특정의 제한된 제품으로 봤기에 TV를 위협으로 본 것이다. 이들은 TV를 연예오락사업으로 확장시킬 기회로 보지 않고 오히려 TV를 비웃고 거부했다. 오늘날 TV는 편협하게 정의된 영화산업보다 훨씬 규모가 큰 산업이다. 할리우드가 제품 지향(영화제작)을 벗어나 고객 지향(연예오락 제공)을 택했다면 재정 곤란에서 벗어날 수 있었을까? 꼭 그렇지는 않았을 것이다. 결과적으로 할리우드를 구한 사람은 TV쪽 젊은 유명

작가, PD, 감독들이었다. 그들은 기존의 영화사를 무너뜨리고 거대 영화 재벌들을 쓰러뜨렸다.

앞의 사례 말고도 사업 목표를 잘못 정의해 위험한 미래를 자초한 산업들이 더 있지만 뒤에서 다시 논의하기로 하고, 지금은 초기 기회를 놓치고도 고객 지향 경영을 통해 성장세를 유지한 사례들을 살펴보자. 나일론 회사 '듀폰'과 유리회사 '코닝글라스'가 여기에 해당된다.

두 회사 모두 기술적인 경쟁력을 갖추고 있었고, 제품 또한 훌륭했다. 하지만 이것만으로는 그들의 성공을 설명할 수 없다. 듀폰과 코닝이 성공할 수 있었던 것은 제품·연구 지향과 더불어 고객 지향적이었기 때문이다. 그들은 고객을 만족시킬 기회를 놓치지 않았고 기술적인 노하우를 통해 신제품에서 고객 만족을 이끌어냈다. 만일 그들이 고객을 세심하게 관찰하지 않았다면, 신제품 중 대부분은 실패하고 판매 방법도 쓸모없었을 것이다.

다른 예로 카이저알루미늄&화학사와 레이놀즈금속회사를 들 수 있다. 이들은 세계대전 중에 설립됐지만 전후에도 새로운 고객만족을 창조했고 그 결과 지속적으로 성장했다. 이 두 회사가 아니었다면 오늘날 알루미늄 총수요는 지금보다 훨씬 적었을 것이다.

철도업이 아닌 운송업으로

혹자는 철도나 영화산업을 알루미늄이나 유리산업과 비교하는 것은 어리석다고 말한다. 알루미늄은 철도나 영화보다 본질적으로 다용도고 그러니 성장할 수밖에 없었다는 것이다. 이것이 필자가 지적하려는 오류다. 이들은 산업이나 제품, 혹은 노하우의 집합체를 너무 좁게 정의한다. 철도를 얘기할 때 그것은 '운송'을 뜻한다. 이 점을 확실히 해야 한다. 교통수단으로서 철도는 여전히 충분한 성장 가능성을 가지고 있다. 철도업으로 한정만 하지 않는다면, 철도는 일반 사람들이 생각하는 이상으로 매우 강력한 운송수단이다.

지금 철도산업에게 필요한 것은 기회가 아니라 옛 경영자들이 가졌던 '상상력'과 '대담함'이다. 철도에 대해서는 비전문가인《기차와 인간의 마음》의 작가 자크버전 역시 철도가 놓치고 있는 바를 다음과 같이 설명했다.

지난 세기 동안 가장 앞선 자연적이고도 사회적인 조직인 철도가, 그들을 설립했던 그 풍부한 상상력의 부족으로 초라하게 추락하는 모습을 보자니 슬프기 짝이 없다. 그들에게 진정 필요한 것은 창조성과 기술로 생존하고자 하는, 고객을 만족시키려는 의지다.

성장산업이란 존재하지 않는다

한때 성장산업이란 이름표를 달았던 산업들은 제품에 탁월한 우월함이 있었다. 이를 대체할 만한 다른 강력한 제품이 없어서 오히려 이전 제품들을 의기양양하게 밟고 올라섰다. 그러나 지금 이들 산업은 하나둘 쇠퇴하고 있다. 지금까지는 관심을 끌지 못했던 몇 가지 사업들을 간단히 살펴보자.

드라이클리닝 한때 이 산업은 앞길 창창한 성장산업이었다. 모직의류 전성시대에 옷을 안전하고 쉽게 세탁할 수 있는 유일한 방법이었기 때문이다.

그러나 붐이 시작된 지 40여 년이 흐른 지금, 업계는 곤경에 처했다. 경쟁자는 어디서 나타났을까? 더 나은 세탁방법이 개발됐나? 아니다. 경쟁자는 신소재와 화학 첨가물이었다. 이는 단지 시작에 불과하다. 드라이클리닝을 완전히 쓰러뜨릴 강력한 마술사, 초음파클리닝이 언제 어디서 뛰쳐나올지 모른다.

전기사업 전기사업 또한 무적의 성장산업으로 일컬어졌고 대체품도 없었다. 전구의 발명은 등유램프의 시대를 끝냈고 물레방아와 증기기관도 전기 모터의 유연성, 안정성, 단순성, 간단한 사용법에 밀렸다. 그렇게 전기사업은 계속 번영해 모든 가정집을 전기용품 천지로 만들었다. 성장가도가 눈앞에 펼쳐진, 경쟁자조차 없는 이 산업에 투자할 기회를 누가 놓치려 들겠는가?

그러나 자세히 살펴보면 그렇게 만만한 상황만은 아니다. 몇몇 비(非)전기회사들이 조용히 전기를 발생시키는 강력한 화학 연료전지 개발을 진행하고 있다. 그렇게 되면 지금처럼 대중화돼 있는 전깃줄은 물론, 태풍이 불 때마다 일어나던 정전 소동도 사라질 것이다. 또한 비전기회사가 연구를 주도하고 있는 태양 에너지도 상용 조짐을 보이고 있다.

누가 전기 분야에는 경쟁자가 없다고 말했던가? 현재는 독점사업일지 몰라도 내일은 사양사업이 될지 모른다. 이런 위험을 피하려면 이제 전기회사들도 연료 전지, 태양열, 기타 동력원을 개발해야 한다. 또 살아남기 위해서는 지금 생존을 담보해주는 제품들이 쇠퇴할 것을 예상해야 한다.

식료품점 '코너 잡화점'으로 불리며 번창했던 이 사업을 기억하는 사람은 많지 않다. 슈퍼마켓이 강력한 효율성을 무기로 식료품점들을 무너뜨렸기 때문이다. 단지 대형 식료품 체인점들만이 슈퍼마켓의 공격적인 확장에서 간신히 살아남을 수 있었다. 순수한 의미의 슈퍼마켓은 1930년 롱 아일랜드 주 자메이카에 맨처음 생겼다. 1933년에는 캘리포니아, 오하이오, 펜실베니아 등지에서도 번성했다. 그러나 기존 식료품 체인점들은 그들의 존재를 거만하게 무시했다. 또 마침내 이들을 신경 쓰게 됐을 때도 '싸구려', '구식', '시골뜨기 가게', '부도덕한 기회주의자'라고 부르며 폄하했다.

당시 한 대형 체인점의 간부는 이렇게 호언했다. "체인점들이 제공하는 몸에 밴 개인적인 서비스를 마다하고 수 킬로미터나 차를 타고 가서 슈퍼마켓에서 음식을 살 사람은 아무도 없을 것이다."

1936년에도 전미 식료품 도매상회와 뉴저지 주 소매상 연합은 '아무 겁 낼 것이 없다'는 식으로 일축했다. 또 그들은 말했다. "슈퍼는 소매만 하니 시장이 매우 제한돼 있어, 수 킬로미터 떨어진 고객들을 끌어모아야 한다. 이때 유사한 경쟁자들이 생겨나면 판매량이 줄어들면서 도산으로 이어질 것이다. 현재 슈퍼의 판매량이 높은 건 단지 새로운 것에 대한 호기심의 결과일 뿐이다. 기본적으로 사람들은 편리한 식료품점을 원하고 있으며, 주택 가까이 있는 많은 가게들이 '공급처와 협동해 가격에 신경을 쓰면서 서비스를 만족시킨다면' 슈퍼마켓의 공격을 막아낼 수 있을 것이다."

하지만 그들은 그 공격에 밀렸다. 체인 식료품점은 살아남으려면 슈퍼마켓사업에 뛰어들어야 함을 깨달았다. 이것은 이미 많은 돈을 투자한 동네 상점, 형성된 배급과 제품화 방법을 모두 포기해야 한다는 것을 의미했다. '용기 있게 자신들의 확신을 가진' 회사들만 동네 점포 철학을 고수했다. 결국 그들은 자존심은 지켰지만, 큰 손해를 봤다.

자기기만의 악순환

과거 역사의 교훈을 떠올리며 같은 실수를 반복하지 않으면 얼마나 좋을까. 그러나 성장가도의 사업들이 언젠가 자신들도 앞서 쇄락한 기업과 같이 무너질 수 있다는 사실을 깨닫기는 힘들다. 또 합리적인 기업가라도 자신이 근시안일 수 있다고는 생각하지 않는다.

모든 자산을 전차 주식에만 투자하라고 유서를 남겨 자녀들을 무일푼으로 만든 유명한 보스턴의 백만장자가 있었다. 그는 유서에 "효율적인 도시 교통인 전차는 늘 높은 수요가 있다"라고 단언했지만, 이 단언은 주유소에서 평생 일해야 했던 그의 자식들에게는 재앙이 됐다.

그러나 필자가 지적인 경영자 집단을 대상으로 조사한 결과에 따르면, 절반 이상이 전자산업에만 자산을 묶어둔다면 상속자들이 피해 볼 일은 없을 거라고 응답했다. 필자가 보스턴 전차의 예를 들자 그들은 "그건 다르죠!"라고 이구동성으로 외쳤다. 하지만 정말 다를까? 기본은 같지 않은가?

사실 필자는 '성장산업이란 존재하지 않는다'고 생각한다. 성장기회를 창조하고 그것을 자본화할 수 있게 조직하고 운영하는 기업이 존재할 뿐이다. 스스로가 자동 성장 에스컬레이터에 탔다고 믿는 산업은 반드시 침체기에 들어선다. 죽거나 죽어가는 '성장산업'은 다음의 4가지 잘못된 믿음을 가지고 있다.

1 인구가 늘어나면 소비지출이 늘어 성장이 보장된다는 믿음
2 자사의 주요 제품을 대체할 만한 경쟁상품이 없다는 믿음
3 대량생산으로 인한 급격한 생산비용 감소와 생산량 증가에 대한 과도한 신뢰
4 연구개발은 품질을 높이고 생산비용은 낮출 것이라는 선입견

석유, 자동차, 전자의 3가지 산업을 예로 들어 이 4가지 잘못된 믿음을

자세히 살펴보자. 긴 역사 속에서 흥망성쇠를 거듭해 온 석유산업을 비롯한 이들 산업은 대중에게 명성이 높고, 신중한 투자가들의 신뢰를 얻고 있다. 게다가 그 경영진들은 재무관리, 제품개발과 경영교육 등의 분야에서 진보적인 사고를 가졌다고 알려져 있다. 만일 이 산업들에서조차 쇠퇴가 일어난다면, 다른 산업들은 살펴볼 필요가 없을 것이다.

잘못된 믿음 ① _ 인구가 늘면 이익도 늘 것이다

많은 기업들이 인구가 늘고 소득수준이 높아지면 이익이 보장된다는 믿음을 가지고 있다. 이러한 믿음은 미래에 대한 불안을 누그러뜨려 준다. 고객이 배로 늘어나 재화나 서비스를 더 많이 구매하면 시장이 줄어들더라도 밝은 전망을 가질 수 있기 때문이다. 그러나 시장이 확대될 것이라는 믿음은 생각과 창의력을 감퇴시킨다. 만약 생각하는 것이 문제에 대한 지성적인 반응이라면, 문제의 부재는 생각의 부재로 이어진다. 만약 아무 노력없이도 확대되는 시장이라면, 시장을 확대할 방법을 굳이 생각하려고 하지 않게 되는 것이다.

이 현상에 대한 재미있는 사례가 바로 석유산업이다. 이 산업은 가장 오래된 산업이라는 명예로운 왕관을 쓰고 있다. 성장률에 대한 불안도 있지만, 업계 스스로는 낙관적이다. 그러나 필자는 이 산업 또한 근본적이지만 전형적인 변화를 겪고 있다는 점을 지적하고자 한다.

현재 석유산업은 단지 성장을 멈춘 것을 넘어 타 산업과 비교해볼 때 사실상 쇠퇴하고 있다. 대부분의 사람들이 이를 모르고 있지만, 석유산업은 25년 안에 지금의 철도산업과 비슷한 처지에 놓이리라 예상된다. 석유산업은 실제 가치개발과 응용, 노사관계, 개도국과의 합작과정 등에서 선구적인 업적을 달성했다. 그러나 이들의 사례는 자기도취와 무지, 기회가 어떻게 하면 위협 요인으로 바뀌는가를 실증적으로 보여주기도 한다.

인구가 증가하면 이득을 볼 것이라 믿었던 석유산업이나 그 밖의 산업들에게는 공통된 특징이 있다. 이미 해오고 있던 바를 조금 개선해, 경쟁자를 이기려 한다는 점이다. 물론 고객들이 겉모양만으로 제품을 비교한다면 적절한 방법이다.

록펠러가 중국에 공짜로 석유램프를 보낸 뒤, 석유산업이 수요 창출을 위해 한 일이 하나도 없다는 사실은 굉장히 주목할 만한 사실이다. 그들은 제품 개선에조차 투자하지 않았다. 가장 대단한 개선으로 꼽히는 휘발유 첨가제의 개발도, 사실은 석유산업의 성과가 아닌 GM과 듀폰의 성과였다. 즉 석유산업 스스로 해낸 공헌은 고작해야 석유탐사, 생산, 정제 기술 개발 뿐이었다.

문제를 끌어들이다

다시 말해, 석유산업은 제품 개발이나 마케팅을 개선하는 대신 제품 생산의 효율성 높이기에만 급급했다. 게다가 석유산업의 주요 제품하면 으레 휘발유를 떠올리듯이 제품범위 또한 좁았다. 때문에 에너지, 연료,

혹은 수송 같은 넓은 의미로 산업을 규정하지 못했다. 이런 태도는 다음의 결과를 낳았다.

- 휘발유의 품질 개선과 대체 원료의 개발이 석유산업 외부에서 이뤄졌다.
- 자동차 연료 마케팅의 주요 혁신도 생산과 정제와는 거리가 있는 소규모의 신규 석유회사에서 이뤄졌다. 이들로 인해 넓고 깨끗한 설계, 질 좋은 휘발유와 효율적인 자동차 진입로, 서비스를 강조하는 대형 주유소가 급격히 성장했다.

이처럼 석유산업은 외부로부터 문제를 스스로 끌어들였다. 열정적인 발명가와 기업가들이 넘쳐나는 미국에서, 석유산업은 조만간 위협을 맞을 것이다. 시대에 뒤떨어진 신념을 고수하는 많은 기업가들을 볼 때 그럴 가능성은 더욱 높아진다. 다음 두 번째 위험한 신념은 첫 번째와 긴밀한 관련성을 가진다.

잘못된 믿음 ② _ 우리 제품의 대체 상품은 없다

석유산업의 주요 제품인 휘발유는 대체 상품이 없으며, 있다고 해도 경유, 등유 같은 정제된 원유일 것이라는 믿음은 굉장히 낙관적이다.

이런 믿음은 대부분의 석유회사가 많은 원유를 비축하고 있다는 사실에 기인한다. 원유가 쓰일 제품 시장이 형성된다면 이런 믿음은 정당하기에 이들 석유회사는 원유로 만드는 자동차 연료는 비교우위에 있다는 믿음에 집착한다.

이 생각은 반대 근거들이 있음에도 지속되고 있다. 그 근거란, 석유는 어떤 목적에서도 장기간 뛰어난 제품이 아니었고, 또한 성장산업인 적이 한번도 없었다는 사실이다. 석유산업도 성장-성숙-쇠퇴라는 일반적인 주기를 가진 서로 다른 개별적인 사업의 연속일 뿐이었다. 사실 모든 것이 진부해지는 중에 석유산업이 살아남은 것은 일종의 기적이었다.

백열전구, 천연가스… 대체 상품은 언제나 있었다

처음에 원유는 대부분 전매 약품의 원료로 쓰였다. 그러다가 램프연료로 석유가 쓰이면서 그 수요가 부쩍 늘었다. 램프를 밝힐 세계 곳곳의 고객을 생각하면 엄청난 성장이 보장되던 시절이었다.

하지만 당시 가망고객은 현재 석유산업이 아직 가솔린을 쓰지 않는 나라들의 가망고객을 기대하는 것처럼 상상에 불과했다. 모든 후진국들이 집집마다 자동차를 가질 날을 기다리는 셈이다.

등유램프 시대에, 석유회사들은 등유의 조명력을 높이기 위해 자기들끼리 그리고 가스등과 경쟁했다. 그런데 갑자기 아무도 예측 못한 일이 발생했다. 에디슨이 석유 없이 작동하는 백열전구를 발명한 것이다. 만일 그때 난방으로 인한 등유 수요가 늘지 않았더라면, 석유산업은 완전히 후퇴했을 것이다. 그리고 쓰여 봤자 바퀴 차축에 기름을 칠 때나 석유가 쓰였을 것이다.

석유산업을 위험에서 구출한 2가지 위대한 혁신이 일어났는데, 둘 다 석유산업과는 관련이 없었다. 석탄을 이용한 가정 중앙난방 장치가 등장하자 등유 난방기는 쇠퇴로 들어서는 듯했지만, 그때 석유산업의 가장 강력한 구세주인 내연기관이 발명됐다. 이 역시 석유산업 외부에서 일어난 일이었다. 그 뒤 내연기관에 쓰이던 휘발유 수요가 부진해질 1920년대, 중앙 석유난방기가 등장해 석유산업은 또 한번 기적적으로 위기에서 탈출했다. 이 탈출 역시 외부의 발명과 개발에 의한 것이었다. 그리고 또 한번 시장이 쇠퇴할 무렵, 전쟁으로 인한 전투기 연료 수요가 석유산업을 구했다. 전쟁이 끝난 뒤에는 민간항공의 발달, 철도의 디젤화, 승용차와 트럭의 폭발적인 수요에 힘입어 석유산업은 다시 성장가도를 달리게 됐다.

반면 중앙 석유난방장치는 천연가스와 경쟁에 돌입했다. 당시 석유회사들도 천연가스를 비축하고 있었지만, 그들은 천연가스 혁명에 앞장서지는 않았다. 게다가 가스는 큰 이익을 내지도 못했다. 가스 혁명을 일으킨 장본인은 공격적인 열정으로 가스제품 시장을 개척한 신생 가스회사들이었다. 그들은 석유회사들의 경고와 저항을 이겨내고 놀라운 새 사업을 탄생시켰다.

상황을 논리적으로 따져 보면 천연가스 혁명의 주체는 석유회사였어야 했다. 그들은 천연가스를 비축하고 있었고, 그 가스를 다루고 정화하고 사용하는 숙련자들과 배관기술 전문가들까지 독점하고 있었다. 그러나 그들은 천연가스가 그들이 판매하는 석유와 경쟁하게 되리라는 이유로 천연가스의 가능성을 접어뒀다.

가스혁명은 석유배관 전문가들로부터 시작됐다. 그들은 석유회사가 가스에 손을 대야 한다는 설득 작업이 실패하자 회사를 그만두고 천연가스 수송회사를 성공적으로 차렸다. 가스공급회사의 성공은 곧 석유산업의 고통이라는 것이 증명됐을 때도 석유회사들은 천연가스 사업에 진입하지 않았다. 그 결과 본래 그들의 몫이었던 수천만 달러짜리 사업이 다른 사람 손에 넘어갔다. 석유회사들은 자신들의 특정 제품에 대한 편견에 사로잡혀 고객의 기본적인 요구와 선호에 주의를 기울이지 않은 것이다.

전후에도 변화는 없었다. 제2차 세계대전 직후, 석유회사들은 기존 제품들의 급격한 성장으로 여전히 미래를 낙관할 수 있었다. 1950년부터 최소 1975년까지 대부분의 석유회사들은 평균 6% 정도의 자국 내 성장률을 예상했다. 미국이 이상적인 원유 매장량 대 석유수요 비율을 10대 1로 볼 때 다른 나라들은 20대 1로 여기고 있었는데도, 그들은 미래를 고려하지 않고 무조건 더 많은 석유를 찾는 데만 몰두했다. 그 결과 1952년 중동 개발로 매장량과 수요 비율이 42대 1로 치솟았다. 이 매장량의 증가가 과거 5년 간의 평균 성장률을 유지할 경우 1970년에는 그 비율이 45대 1이 되리라는 예상이 터져나왔다. 그리고 석유 홍수에 따라 세계적으로 원유와 관련 제품의 가격이 폭락했다.

진부화를 피해갈 수 없다

석유 사용의 또 다른 수요처인 석유화학 산업의 급격한 성장도 사실상 큰 도움이 되지 못한다. 미국의 석유화학 산업에 필요한 석유량은 모든 석유제품 수요의 2%에 불과하다. 석유화학 산업이 연간 10%의 성장률을 기대하고 있지만, 그렇다고 앞으로 원유 소비의 감소분을 상쇄하지는 못할 것이다. 게다가 석유화학제품이 성장하고 있다 해도 석탄 같은 천연 비석유제품이 존재한다는 사실을 기억해야 한다. 또 많은 플라스틱들은 소량의 석유로 만든다. 즉 하루 5만 배럴을 사용하는 화학공장은 대규모 공장들뿐이다.

석유산업은 한번도 강력한 성장산업이었던 적이 없다. 이 산업은 산발적으로 성장했고, 언제나 외부에서 비롯한 혁신과 개발로 기적적으로 구출됐다. 석유산업이 완만하게 성장하지 못한 이유는 경쟁할 만한 대체 상품이 없는 우월한 제품을 가지고 있다고 안심할 때쯤 더 좋은 제품이 나타났기 때문이다. 지금까지 휘발유만이 이러한 운명을 피해왔지만 이것도 사양길을 걸을 날이 얼마 남지 않았다.

이 장의 핵심 메시지는 자신의 제품이 진부화의 길로 들어서지 않을 거라고 장담하지 말라는 것이다. 만일 어떤 회사가 대체품을 만들어내지 못한다면, 다른 회사가 그 제품을 개발할 것이다. 석유산업처럼 특별히 운이 좋지 않다면 철도산업, 동네 식료품 체인점, 대형 영화사가 대부분 그랬듯, 많은 회사들이 적자로 돌아설 것이다.

어떤 기업이 행운아가 되기 위해서는 스스로 그 행운을 만들어야 한다.

그러려면 사업의 성공 요인이 무엇인지 알아야 하는데, 그걸 아는데 걸리는 걸림돌 중 하나가 바로 대량생산에 대한 위험한 신뢰다.

잘못된 믿음 ③ _ 대량생산은 이윤 극대화의 묘약이다

대량생산은 가능한 많은 양을 생산해야 한다고 압박한다. 대부분 회사들은 생산량이 늘어나면서 벌어지는 생산원가 하락을 경험한다. 그 이익은 매력적으로 보이고, 모든 노력이 생산에만 집중되면서 마케팅은 뒷전으로 밀려난다.

그러나 존 케네스 갈브레이스는 그 반대를 역설한다. 너무 많은 생산량은 제품 판매에 모든 노력을 집중하게 하고, 이는 곧 CM송, 옥외 광고, 다른 쓸모없는 활동들을 초래한다는 것이다. 어떤 면에서 갈브레이스는 뛰어난 지적을 하고 있지만, 전략적인 요점은 놓치고 있다. 대량생산은 제품을 팔아치워야 한다는 엄청난 부담을 만들어내는데, 이때 강조되는 것은 마케팅(marketing)이 아니라 판매(selling)다. 마케팅은 판매보다 더 고차원적이고 복잡한 과정이다.

마케팅과 판매의 차이점은 단순한 말뜻 이상이다. 판매는 판매자의 요구에 초점을 맞추지만 마케팅은 구매자의 요구에 맞춘다. 판매는 제품을 현금으로 바꾸려는 판매자의 필요성에 골몰하지만, 마케팅은 제품, 제품 생산, 유통, 소비의 모든 과정에서 고객의 요구를 만족시키는데 몰두한다.

어느 산업이나 대량생산의 유혹은 너무 강렬하다. 그래서 경영진들은 오랫동안 영업부에 "제품을 팔아 치워. 이익을 내야 해!"라고 말해왔다. 대조적으로 마케팅 지향의 회사는 고객이 사고 싶어 하는 가치 만족 제품과 서비스를 창조하려고 노력한다. 이런 회사들이 제공하는 것은 제품이나 서비스를 넘어, 어떤 형태로, 언제, 어떤 조건에서, 어떤 가격으로 고객에게 제공할 것인가에 이르는 모든 요소를 포함한다. 여기서 가장 중요한 것은, 제품을 결정하는 주체는 판매자가 아니라 구매자라는 점이다. 즉, 판매자는 구매자로부터 단서를 얻어 제품을 만들어야 하며 그 반대는 안 된다. 그렇게 만들어진 제품은 곧 마케팅의 결과물이다.

마케팅은 으레 거치는 단계가 아니다

위의 사실은 비즈니스의 기본 법칙처럼 들리지만, 이것만으로는 매출 손실을 방지할 수 없다. 게다가 이 법칙은 무시되기 쉽다. 자동차산업을 살펴보자.

자동차산업에서 대량생산은, 사회에 가장 큰 영향을 미친 업적 중 하나였다. 자동차산업은 해마다 모델을 바꿔 가며 고객의 요구사항을 최우선적으로 받아들였고, 고객 조사에만 연간 수백만 달러를 지출했다. 그런데 난데없이 등장한 소형차가 출시 첫해 날개 돋친 듯 팔리자 문제가 생겼다. 장기간 광범위한 조사도 고객의 요구, 새로운 소형차 니즈를 다 알아차리지 못한 것이다. 디트로이트는 새로운 소형차 생산자에게 수백만 명의 고객을 빼앗기고 난 뒤에야 고객이 지금까지와는 다른 것, 소형차를 원한다는 사실을 깨달았다.

이처럼 소비자 니즈에 무감한 회사가 그토록 오래 살아남을 수 있었던 까닭은 무엇일까? 어째서 그들의 조사는 고객들이 구매 결정을 내리기 전에 그 선호를 알아내지 못했을까? 조사의 목적은 문제가 생기기 전에 미리 알아내는 것이 아니던가? 결국 디트로이트는 소비자가 진정 원하는 바를 조사하지 않았다는 얘기다. 그들은 그저 자신들이 생산하기로 한 제품 중에 소비자가 더 좋아하는 게 무엇인지만을 조사했다. 디트로이트는 제품을 지향한 것이지 고객을 지향한 게 아니었다. 그들은 고객이 원하는 바를 제품 개선에만 대입시켰다. 때로 고객 금융지원에 관심을 갖기도 했지만, 그 역시 제품을 팔기 위한 것이었을 뿐 고객을 위한 노력은 아니었다.

더구나 고객의 니즈를 충족시키지 못한 부분은 아예 무시하거나 의붓자식 취급했다. 고객의 니즈는 자동차의 수리와 유지보수에도 있었지만, 이런 문제들은 부차적인 문제로 취급했다. 그것은 디트로이트가 서비스센터를 제대로 소유하거나 관리하지 않았다는 사실에서 잘 알 수 있다. 일단 차가 생산되면, 자동차 딜러의 손에 대부분의 일이 넘어간다. 서비스야말로 판매를 극적으로 증가시키고 이윤을 축적할 기회임에도, 시보레(chevrolet)의 7천 개 판매소(dealer) 중 오직 57개 판매소만이 야간 유지보수 서비스를 제공했다. 이를 보면 디트로이트가 얼마나 서비스에 소홀했는지 알 수 있다.

운전자들은 유지보수 서비스에 불만을 터뜨렸고 기존 판매 구조에 불안감을 느꼈다. 자동차 구입과 유지보수과정에서 겪는 문제는 더 커지고 악화됐다. 자동차회사들은 괴로워하는 소비자들의 소리에 귀를 닫고 있었다. 혹 자동차회사들이 유지보수 서비스에 신경 썼더라도 그것은 생산 중심의 사고를 벗어나야만 가능한 일이었다. 그들은 마케팅을 제품 생산 후 으레 해야 하는 다음 업무 쯤으로 여겼다. 그들은 마케팅이 생산 전 단계임을 알지 못했다. 이것은 대량생산의 신화, 이윤은 저비용 완전생산에서 나온다는 맹목적인 믿음이 남긴 결과다.

포드의 천재성은 마케팅에서 드러난다

사업 계획과 전략을 수립할 때, 대량생산의 이익은 분명 생각해볼 사항이다. 그러나 이보다 선행돼야 하는 것은 고객에 대해 진지하게 생각해 보는 일이다. 모순으로 가득 찬 헨리 포드식 행동에서 우리가 배울 점도 이것이다. 포드는 미국 역사상 가장 똑똑한 마케터였던 동시에 가장 둔한 마케터였다. 그의 맹점은 고객에게 검은색 차만 팔았다는 것이고, 가장 현명한 점은 생산 체계를 시장수요에 맞게 디자인했다는 것이다. 우리는 그를 그저 대량생산의 귀재라고 우러러본다. 하지만 그의 진정한 천재성은 마케팅에서 드러났다. 우리는 그가 5백 달러짜리 차를 수백만 대나 팔 수 있었던 것이, 조립라인을 혁신해 생산비와 판매가를 낮췄기 때문이라고 생각한다. 하지만 사실은 다르다. 그는 5백 달러로 팔아야만 수백만 대를 팔 수 있다는 결론을 내리고 여기에 맞는 조립라인을 개발했다. 즉 싸게 팔기 위해 대량생산을 했을 뿐, 대량생산이 싼 자동차를 만든 것은 아니다.

포드는 이 점을 반복해서 강조했지만, 생산 지향적인 미국의 경영자들은 그의 가르침을 듣지 않았다. 이것이 그의 경영 철학이다.

우리의 정책은 가격을 낮추고 운영을 확대하고 제품을 개선하는 것이다. 내가 가격인하를 가장 먼저 언급했다는 것에 주목하라. 우리는 생산원가가 고정됐다고 생각한 적이 없다. 그래서 판매가 증가하리라 예상되는 지점까지 먼저 가격을 낮췄다. 우리는 생산원가를 고민하지 않는다. 먼저 새로운 가격을 설정하면 비용은 절감되기 마련이다. 그러나 보통은 원가를 계산한 뒤 가격을 정한다. 그것은 좁은 의미에서는 과학적일지 몰라도 넓은 의미에서는 전혀 과학적이지 않다. 어떤 물건을 팔릴 가격에 맞춰 생산할 수 없다면 비용은 알아서 무엇 하겠는가? 누구나 원가산정을 하고 또 신중을 기해 예상원가를 넘지 않도록 진행하겠지만, 실비가 얼마나 들지는 아무도 모른다. 정확한 실비를 알고 싶다면 먼저 판매가격을 낮춰라. 그리고 모든 조건을 판매가격에 맞춰라. 낮은 가격은 모두에게 이익이다. 우리는 이처럼 강제된 조건에서 더 나은 생산방법과 판매방법을 찾는 것이지, 여유있는 연구 속에서 새로운 것을 찾는 것이 아니다.

대량생산의 함정을 조심하라

단위당 생산원가가 낮아지면 이윤이 높아질 거라는 생각은 위험한 자기기만이다. 많은 성장 기업들이 이런 생각으로 수요의 확대가 보장됐다고 착각해 마케팅을 소홀히 여기고 고객의 중요성을 망각한다.

　이런 생각에 빠지면 성장이 아닌 산업 쇠퇴와 사업 실패를 야기한다. 또 소비자의 니즈와 기회에 대응하지 못하고 유통구조에 효과적으로 적응하지 못하거나 경쟁 혹은 보완 산업들과 경쟁하며 제품을 개발하지 못했을 때도 기업은 실패한다. 자사의 특정한 제품에만 너무 집중해 그 쇠퇴를 눈치채지 못할 수도 있다.

　가장 고전적인 사례로 마차의 채찍산업을 들 수 있다. 이 산업은 제품 개선을 하는 데까지 한다고 했지만 사형선고에서 벗어날 수 없었다. 하지만 만일 이 산업이 스스로를 운송산업으로 정의했다면 살아남았을지도 모른다. 이 산업은 살아남기 위해 변화를 꾀했어야 했다. 아니 운송산업까지는 아니라도, 채찍산업의 목적을 '에너지에 자극과 촉매를 제공하는 산업' 수준으로만 정의했더라면, 자동차의 팬 벨트나 공기청정기를 생각해 냈을지도 모르고 여전히 건재할지 모른다.

　또 다른 채찍산업이 될 가능성이 있는 산업이 앞서 말한 석유산업이다. 보통 다른 기업들은 엄청난 기회를 가로채는 것을 보면 그런 일이 다시 생기기 않도록 노력한다. 하지만 석유산업은 아니었다. 석유회사와는 무관한 곳에서 자동차용으로 새로운 연료를 개발해도 이를 무시했다. 앞에서의 석유램프와 백열전구 이야기와 똑같다. 석유산업은 고객의 니즈에 맞춘 새로운 연료, 제조법, 석유로부터 새로운 원료를 개발해야 하는데도, 그저 탄화수소 연료 개량 정도만 시도했다. 램프를 사용하던 시대에 석유의 품질이나 개선하려 했듯이 말이다.

다음은 비(非)석유회사들이 하고 있는 일들이다.

- 12개 이상의 회사들이 내연엔진을 바꿀 진보된 에너지 시스템을 개발하고 있다. 이 시스템의 주유 시간을 단축시키고 성가신 주유과정을 없앴다는 점에서 우월하다. 이 시스템들은 대부분 연소과정 없이 화학물질로부터 직접 전기에너지를 만들도록 설계해 대부분 석유추출물이 아닌 화학물질, 일반적으로 수소와 산소를 사용한다.
- 일부 기업들은 진보된 전기저장 배터리로 자동차를 움직인다. 그 중에는 전기회사들과 함께 일하는 항공기 제작사도 있다. 전기회사는 전력을 사용하지 않는 시간에 밤새 플러그를 꽂아두면 에너지가 자동충전되도록 계획했다. 배터리를 이용하는 한 중소기업은 보청기에 쓰이는 소형건전지 제조 경험이 풍부한데, 현재 자동차 생산업체와 협력하고 있다. 최근에는 로켓에 필요했던 작고 힘센 동력 저장장치를 개선했다. 덕분에 동력의 과부하나 급증을 견딜 수 있는 상대적으로 작은 배터리를 개발할 수 있었다. 침전판과 니켈, 카드뮴 기술을 이용하는 게르마늄 다이오드와 전지 역시 에너지원에 일대 혁명을 예고하고 있다.
- 태양 에너지 전환 시스템 역시 관심을 모으고 있다. 디트로이트의 자동차회사 간부도 곧 태양열 자동차가 보편화될 것이라고 조심스레 언급한 바 있다.

한 연구소 책임자의 비난처럼, 석유회사들은 그저 개발을 지켜보는 방관자로 일관했다. 일부는 연료전지를 연구하기도 했지만 거의 석유에서 나오는 탄화수소에만 국한됐다. 아무도 열성적으로 전지, 배터리, 태양열을 연구하지 않았다. 이 중요한 분야를 연구하는 데는, 휘발유 엔진 연소실 등 흔해 빠진 일들에 투자하는 몇분의 몇도 할애하지 않으려 든다. 한 재벌 석유회사는 잠깐 연료전지 시험을 해보고는 이런 전망을 내놓았다.

"이 분야에 뛰어든 회사는 열의를 다할 것이고 결국에는 성공하기를 바라겠지만, 우리가 보기에 성공이 언제 나타날지는, 글쎄요…. 너무 까마득해 보이는군요."

물론 석유회사들이 왜 군이 다른 일을 해야 하냐고 물을 수도 있다. 연료전지나 배터리, 태양 에너지가 현재의 석유 생산라인을 없애기라도 한단 말인가? 그렇다. 이것이 석유회사들이 다른 에너지원을 경쟁사들보다 먼저 개발해야 하는 이유다. 그래야 자신들의 영역을 지킬 수 있고 아울러 산업도 유지할 수 있다.

경영이란 스스로를 보전하기 위해, 해야 할 일을 하는 것이다. 만일 이 산업이 에너지산업이라고 생각한다면, 제품을 지향하지 말고 고객에게 눈을 돌려야 한다. 그저 석유를 찾고 정제하고 판매하는 것으로 끝나서는 안 된다. 만일 사업의 목적을 한번이라도 사람들의 이동 욕구(transportation needs)에 맞춘다면, 석유회사는 엄청난 이윤을 거두고 성장할 것이고, 누구도 이를 막을 수 없을 것이다.

창조적 파괴만이 유일한 구원자다

고객 입장에서 생각해 보자. 운전자들은 주유소에 가기 귀찮아 하고, 기름 넣을 때 시간 걸리는 걸 싫어하며 기다림에 짜증을 낸다. 그런데 왜 사람들은 주유소에 갈까. 보고 맛보거나 만질 수도 시험해볼 수도 없는 휘발유를 사려고? 그들은 차를 계속 운전할 수 있는 권리를 사기 위해 주유소에 간다. 이때 주유소는 차를 이용하는 대가로 내는 정기적인 요금을 받는 세금 징수인과 같다. 그래서 주유소는 그다지 반갑지 않은 장소이고 유쾌하거나 즐거운 공간이 아니다.

이런 좋지 않은 평판을 극복하려면 주유소 자체를 없애는 수밖에 없다. 어떤 사람도 세금 징수인을 반가워하지 않는다. 어떤 매력적인 서비스도 일부러 운전을 멈춰 이 보이지 않는 제품을 사게 할 수는 없다. 만약 이렇게 자주 주유소에 올 필요가 없는 대체연료를 개발한 회사가 있다면 그 회사는 엄청난 환영을 받을 것이다. 그 회사는 만들어낸 제품 때문이 아니라, 소비자들의 강한 요구를 만족시킨 대가로 확실한 성공의 대로에 들어서게 될 것이다. 또한 그 대체연료는 해로운 냄새도 없을 것이고 대기오염 또한 유발하지 않을 것이다.

만일 석유회사가 다른 모든 논리적인 기업들처럼 고객만족의 중요성을 깨달았다면, 더 효율적이고 지속적인 연료를 개발하는 것외에는 다른 선택의 여지가 없다는 것을 알았을 것이고, 슈퍼마켓 사업에 뛰어든 대형 식료품 체인이나 반도체에 뛰어든 진공관회사처럼 행동을 취했을 것이다. 생존을 위해서는 지금 손에 쥔 달콤한 사탕, 석유 자산을 기꺼이 포기해야 한다. 다시 말해 '창조적 파괴'만이 유일한 구원자다.

창조적 파괴를 강조하는 이유는, 경영이란 전통적인 방법에서 탈피하려는 노력을 요구하기 때문이다. 요즘 기업들과 산업은 풀가동(full production)의 경제성에 사로잡혀 위험한 제품 지향주의에 빠져든다. 경영이 스스로의 방향을 잃게 되면 제품과 서비스에만 몰두하게 되고 "팔아 치워, 이익을 내야 해!"까지는 아니더라도, 자기도 모르는 사이 쇠퇴의 공식을 답습하게 된다. 기존의 산업을 뛰어넘어 새로운 성장산업이 되고, 또 새로운 성장산업이 기존의 산업을 뛰어넘는 일련의 역사는 제품 중심의 편협성을 스스로 파괴해온 역사다.

잘못된 믿음 ④ _ 더 나은 제품을 만들면 저절로 팔린다

회사의 성장을 위협하는 또 하나의 위험은 경영진 수뇌부가 연구개발로 인한 수익 가능성에 지나치게 골몰할 때다. 그 위험성을 단적으로 보여주는 2가지 사례를 통해 지금 당신의 기업이 그렇지는 않은지 살펴보자.

제품혁신에 대한 맹목적 믿음을 버려라

전자제품 분야의 대기업들은 종종 큰 위험에 직면한다. 연구개발에 투자하지 않아서가 아니라, 너무 과도한 투자를 하기 때문이다. 전자회사가 가장 빠른 성장률을 기록할 수 있었던 이유는 기술개발 때문이 아니라, 대중들이 이 새로운 첨단기술을 비정상적으로 지지했기 때문이다. 또 군사보조금으로 확보된 시장이 이를 지지하고 있었고, 대부분의 전자회사는 생산설비가 갖춰지기도 전에 이미 군대의 주문을 받는 상황이었다. 즉 그들의 성공은 마케팅 노력없이 이뤄졌다.

그래서 그들은 더 나은 제품을 만들기만 하면 자동으로 팔릴 것이라는 환상을 품었다. 이런 상황이니 더 좋은 제품으로 성공했던 회사들이 계속 제품 지향으로 나가는 것은 당연하다. 그런 회사들은 지속적인 성장이 지속적인 제품혁신과 개선에 달렸다고 생각한다.

다음은 이런 잘못된 믿음을 더욱 강하게 만드는 요소들이다.

- 전자제품은 매우 복잡하고 정교하기 때문에 이를 만드는 엔지니어와 과학자들이 경영의 중요한 사항을 결정한다. 이들은 기술연구와 생산을 위해 마케팅을 희생시킨다. 또한 조직은 고객만족을 위해 있다기보다는 제품생산을 위해 있다고 생각한다. 즉 마케팅을 제품생산이라는 필수작업이 끝나고 난 뒤에나 하는 '기타 활동' 쯤으로 취급한다.

- 제품의 연구개발이나 생산에만 치우치는 경향과 더불어 제어 가능한 변수만을 다루려는 경향도 나타난다. 기술자와 과학자들은 기계, 시험관, 생산라인, 대차대조표 같은 눈에 보이는 사실들에 익숙하다. 그들이 친근하게 느끼는 이 추상 세계는 유클리드의 법칙처럼 고작

해야 연구실에서 시험해볼 수 있을 뿐이다. 간단하게 말해 이런 회사의 경영진들은 세심한 연구와 실험, 통제에만 몰두하고 싶어한다.

엔지니어 출신 경영자들은 '소비자들은 예측하기 어렵고 다양하고 변덕스럽고 어리석고 근시안적이며 완고하다'고 생각한다.

때문에 소비자에게 집중하느니 그들이 알고 있고 제어할 수 있는 제품 개발이나 기술, 생산에 집중한다. 더 많이 생산할수록 생산원가가 감소한다는 매력적인 상황에서는 더욱 그렇다. 공장을 풀가동하는 것만이 최고로 수익을 얻는 방법이라 여기는 것이다.

과학, 기술, 생산을 지향하는 많은 전자회사들이 잘하고 있는 것처럼 보이는 이유는 그들이 이미 확실한 시장으로 개척된 군수산업에 집중하고 있기 때문이다. 이 회사들은 시장을 찾거나 소비자 니즈를 발견할 필요 없이, 소비자가 자발적으로 특정 신제품을 요구할 때 그것을 만족시키기만 하면 된다. 만약 컨설턴트에게 고객 지향 마케팅의 발전을 방해할 만한 사업 시나리오를 달라고 한다면 아마 지금까지 설명한 전자회사들의 사례야말로 가장 완벽한 시나리오일 것이다.

잘못된 순서로 일하는 기업들

석유회사의 사례는 과학, 기술, 대량생산이 주요한 업무에서 기업들을 얼마나 멀어지게 하는지를 놀랄 정도로 잘 보여준다. 그들도 때때로 소비자 조사를 실시하지만, 그 초점은 어디까지나 현재 활동을 개선하기 위한 참고자료를 수집하는 정도다. 그들은 더 설득력 있는 광고, 효과적인 판촉활동, 시장점유율, 석유회사와 주유소에 대한 고객들의 호감도 등을 소비자 조사의 전부라고 생각한다.

어떤 석유회사도 원유의 기본 특성을 탐색하듯 고객의 기본 니즈를 탐색하려 들지 않는다. 누구도 고객과 시장에 대해 기본적인 질문을 던지지 않고, 마케팅을 의붓자식 취급한다. 신경 써야 하는 부분이지만, 진지한 고민이나 헌신적인 관심의 대상은 아니다. 그래서 어느 회사도 사하라 사막에서 석유를 찾을 때처럼 고객을 찾는데 열정을 쏟지 않는다.

계간지 〈미국석유협회〉는 1959년 백 주년 특집호를 발행하면서 펜실베이니아 주 타이투스빌 유전 발견을 기념해 이 산업의 위대함을 설명하는 21개 기사를 실었는데, 이 중 마케팅 성과에 대해 언급한 기사는 단 1개뿐이었다. 그것도 그저 주유소 건물의 변화를 사진과 함께 다룬 것이었다. 또 '새로운 지평선'이라는 제목으로 실린, 석유가 미국의 미래에 어떤 역할을 할 것인지에 대한 특집기사 또한 지극히 낙관적이었다. 어디에도 미래에 석유회사가 위협적인 경쟁상대를 만날지 모른다는 언급은 없었다. 원자에너지에 대한 기사도 어떻게 석유산업이 원자에너지의 성공을 도울 것인가에 관한 보잘것없는 카탈로그 수준의 설명이었다. 어느 기사도 석유회사의 영향력 또한 위협받을 수 있다는 사실을 말하지 않았고 지금의 고객들을 위해 더 나은 서비스를 제공해야 한다는 기사도 없었다.

그러나 뭐니뭐니해도 마케팅에 대한 소홀한 대우를 가장 잘 드러낸 기사는 '전자공학의 혁명적 잠재력'이라는 특별 단문 기사였다.

그 기사의 소제목은 다음과 같았다.

"석유탐사에서"

"생산과정에서"

"정제과정에서"

"배관공정에서"

명백하게 마케팅은 빠져 있다. 어째서일까? 전자공학이 '마케팅에서' 혁명적 잠재력이 없다고 믿거나, 잡지 편집자들이 마케팅에 대해 논하는 것을 깜빡한 것일까.

4가지 사업분야가 나열된 순서 또한 석유회사가 고객으로부터 얼마나 멀리 떨어져 있는지 보여준다. 석유산업은 석유탐사로 시작해서 정제하고 유통을 하면 끝난다고 암시적으로 정의하고 있다.

하지만 석유산업은 제품에 대한 소비자의 니즈에서 시작해야 한다. 이 것이 석유산업의 정의에서 가장 처음에 와야 하는 내용이다. 그 다음 계속해서 중요도가 낮은 영역으로 이동해 맨 마지막은 '석유탐사'가 돼야 한다.

방향을 완전히 바꿔라

산업 활동은 제조과정이 아니라 고객만족과정이다. 모든 경영자는 이 것을 기억해야 한다. 산업 활동은 고객의 요구에서 시작하는 것이다. 특허, 원자재, 혹은 판매기술에서 시작하는 것이 아니다. 기업은 고객의 니즈가 생기면, 그것을 충족시키기 위해 무엇을 줄 수 있는지를 생각해야 한다. 그리고 나서 일부분이라도 충족시키는 물건(the things)을 만들어야 한다. 어떻게 물건이 만들어지는가는 고객과는 상관이 없다. 그러기 때문에 특정 형태의 생산, 공정, 기타 사항을 사업 활동의 본질이라고 보기는 힘들다. 결국 제품을 만드는데 필요한 원재료는 맨 마지막에 찾아내야 한다.

연구개발 지향적인 산업의 모순 중 하나는, 고위 경영자 자리에 있는 과학자들이 회사 전체에 필요한 것과 목적을 정할 때 완전히 비과학적이라는 점이다. 그들은 과학적인 방법에서 맨 처음 거론되는 2가지 규칙을 어긴다. 첫째, 회사의 문제를 인식하는 것, 둘째는 그것들을 해결할 검증 가능한 가설을 만드는 것이다. 그들은 실험실 작업이나 제품 실험처럼 손쉬운 분야에서만 과학적이다.

그들이 고객과 고객 니즈의 충족을 '문제'로 인식하지 않는 것은 문제가 없다는 확신 때문이 아니다. 조직이 지금까지 겪어온 시간들이 마케팅은 의붓자식으로 취급하며 반대 방향으로만 향하도록 경영을 조건화했기 때문이다.

판매를 무시하라고 말하는 것이 아니다. 오히려 반대다. 다시 강조하지만, 판매와 마케팅은 별개다. 이미 지적했듯이, 판매는 사람들이 물건과 현금을 교환하도록 만드는 기술이자 수법이다. 즉 판매는 그 교환이 지향하는 가치에는 관심이 없다. 또 판매는, 고객의 니즈를 발견하고 만들고 불러일으키고 만족시키는 총체적 노력인 마케팅과는 다른 시각을 갖는다. 판매에서 고객은 적당히 속여 푼돈을 뜯어낼 수 있는 '저 바깥쪽 누군가'로 인식된다.

사실 기술 지향 기업은 판매 활동에도 관심이 없다. 그들에게는 신제품을 받아주는 확실한 시장이 있기 때문에, 진정한 시장이 무엇인지 알지 못한다. 그들은 계획경제 속에서 기계적으로 자신들의 제품을 회사에서 소매점으로 옮기면 된다고 생각한다. 그러나 '제품에 집중해서 성공한' 경험을 금과옥조로 여기는 동안 먹구름은 서서히 시장에 잠식한다.

다른 운명을 개척하려는 기업들에게

20세기 초만 해도 미국의 철도산업은 월스트리트에서 각광받았다. 유럽의 군주들도 철도산업에 많은 투자를 했다. 수천 달러를 모아 철도 주식에 투자하면 누구나 신의 축복 같은 부를 영원히 누리게 되리라 생각했다. 다른 어떤 교통수단도 속도, 유연성, 지속성, 경제성, 성장 잠재력 면에서 철도를 따라잡을 수 없었다. 자크 버전은 이렇게 말했다. "19세기가 저물 무렵만 해도 철도는 하나의 사회제도, 남성적 이미지, 영광의 규칙, 시의 원천, 소년적 욕망의 산실, 가장 고상한 장난감, 영구차와 어깨를 나란히 하는 엄숙한 기계, 인류의 신기원을 보여주는 상징이었다."

승용차, 트럭, 비행기가 출현한 뒤에도 철도 거물들의 자신감은 변함없었다. 만일 이때 누군가 그들에게 30년 안에 철도산업의 쇠락으로 파멸해서 정부 보조금으로 연명하게 될 것이라 말했다면, 그들은 그를 미쳤다고 생각했을 것이다. 심지어 이런 논의나 의심조차도 제정신인 사람이라면 할 수 없는 일처럼 여겼다. 사실 이런 분위기야말로 진짜 말도 안되는 것이었음에도 말이다. 그러나 당시 미친 생각으로 여겨지던 것들이 지금은 당연한 것이 됐다. 와인을 즐기는 백 명의 승객을 태우고 지상 2만 피트를 경쾌하게 날아가는 백 톤 무게의 금속동체, 즉 항공산업이 철도를 완전히 무너뜨린 것이다.

이런 운명에 처하지 않으려면 어떻게 해야 할까? 고객 지향적이 되려면 어떻게 해야 할까? 이에 대한 답은 지금까지의 사례와 분석 속에 이미 있다. 특정 산업마다 무엇을 해야 하는지 자세히 말하려면 또 하나의 책을 써야 할 것이다. 그러나 분명한 것은, 효과적인 고객 지향 회사를 만들고자 한다면, 단순히 목적이 좋거나 판매 술책이 좋은 것 이상이 필요하다. 조직도 인간적이어야 하고 리더십도 필요하다. 여기서는 일반적으로 요구되는 것들을 논하기로 한다.

고객을 열렬한 추종자로 만들라

회사는 생존에 필요한 일들을 해야 한다는 말은 당연하다. 시장의 요구에 적응하는 것 역시 늑장 부리지 않고 빨리 해내야 한다. 그러나 단순한 생존은 그냥 숨만 쉬는 것이다. 사람은 누구나, 심지어 거리를 헤매는 부랑자도 어떤 식으로든 살아남는다. 여기서 말하는 생존은 당당하게, 상업적인 지배력을 만끽하면서 살아남는 것이다. 성공의 달콤한 향기에 취하는 대신, 훌륭한 경영을 하고 있다는 내적 충만감을 가진채 생존해야 한다.

성공하겠다는 강력한 의지를 가진 열성적인 리더가 없다면 어떤 조직도 위대해질 수 없다. 리더는 높은 비전으로 다수의 열성적인 추종자를 만들어낼 수 있어야 한다. 비즈니스에서, 이런 추종자들은 바로 고객이다.

기업들은 이런 고객을 만들기 위해 고객창조, 고객만족의 유기체가 돼야 한다. 일단 경영자는 경영을 제품 생산이 아닌 고객창조를 위한 가치 제공으로 봐야 한다. 또 이런 생각과 그 의미, 요구하는 바를 조직의 구석구석에 불어넣어야 한다. 이 작업은 지속적이어야 하며, 여기에는 직원들을 흥분시키고 자극하는 일종의 직감이랄까, 센스, 육감(flair)같은 게 필요하다. 그렇지 않으면 그 회사는 통일된 목표나 방향감각이 없는, 그저 비둘기집 같은 부서들의 집합일 뿐이다.

다시 말해 조직은 제품을 생산하는 것이 아니라 고객을 사는 일이라 생각해야 한다. 즉 고객이 내 회사와 거래하도록 만드는 일을 하는 것이다. 그리고 최고경영자는 스스로 이런 환경, 관점, 태도, 영감을 만들 책임이 있다. 최고경영자는 회사의 스타일, 방향, 목표를 정해야 한다. 다시 말해 현재의 위치와 가고자 하는 방향을 정확히 알고 회사 전체가 열정적으로 그 위치를 인지하도록 만들어야 한다. 이것이 리더십의 첫 번째 조건이다.

어디로 가야 할지를 모른다면, 그저 흘러 가는 대로 가던 길을 가게 된다. 그래도 상관이 없다면, 그냥 가방을 챙겨 낚시나 하러 가는 게 낫다. 조직이 나아가야 할 방향을 모르거나 신경도 쓰지 않는다면, 허울뿐인 사장을 내세워 그 사실을 광고할 필요도 없다.

마케팅 근시안에서 벗어나라

놀라운 문학적 성공을 거둔 소설가 아이작 싱어는 성공에 따라오는 문제에 대해 이렇게 말한다. "일단 책이 출판되면, 그것은 더 이상 내 것이 아니다. 독자들은 나름대로 가치를 발견할 것이다. 글쓴이는 독자에게 자신의 의도는 그것이 아니었다고 말할 수 없다." 이 제1장도 마찬가지로 내 의도와는 상관없이 널리 읽혔다. 그리고 충성도 높은 지지자도 많았지만 그에 못지않게 비판자도 많았다.

이 장은 일부 기업에게 자신들이 하고 있는 사업이 무엇인지에 의문을 품게 만들었다는 점에서 강력했다.

여기서 제시한 전략도, 결과적으로 여러 경우에 매우 극적인 영향을 미쳤다. 가장 잘 알려진 사례를 들자면, 석유산업이라고 생각했던 산업을 '에너지산업'으로 바꿔 생각하도록 만들었다는 것이다. 일부 사례에서 그 결과 엄청난 성과(예를 들어 석탄으로 진출)를 거뒀고, 또 다른 경우는 형편없는 결과를 얻기도 했다(연료전지 연구에 많은 투자를 했으나 그 결과는 불투명했다). 또 다른 성공사례는 소매 신발가게 체인이다. 이 회사는 스스로를 중저가의 구매빈도가 높은 광범위한 소비재 판매업체로 정의했고 극적인 판매량, 수입, 자산 증가라는 결과를 얻었다.

몇몇 기업들도 자신들이 특정 기술의 대가가 돼 시장을 추구하기를 원하는지, 아니면 그 시장의 주인이 돼 고객을 만족시킬 제품과 서비스를 추구할지를 처음으로 자문했다.

한 유리회사는 전자를 택했다. "우리는 유리공학 전문가다. 우리는 그 전문기술을 발전시키고 확장시켜 고객을 끌어올 수 있는 창의적인 제품을 만들고자 한다." 겉으로 보기에 이들은 유리 제조에 힘을 쏟았지만, 이런 식의 결정을 통해 시장과 고객에 민감한 시야를 갖게 됐다. 또 한 화장품회사는 시장에 집중하겠다고 결정했다. 그들은 "우리는 고객들이 아름다움과 젊음을 추구하는 걸 돕고 싶다"고 말했다. 이 회사는 제품 라인을 확장했을 뿐 아니라 전매 약품과 비타민 제품으로 영역을 넓혔다.

이 모든 사례는 이 장에 등장하는 아이디어의 결과다. 더불어 실무에서는 고객과 구매자에 더 민감하게 반응하는 긍정적 결과도 있었다. 기술 및 연구개발 부문은 용도, 사용자, 시장에 대해 '외부 지향성'이 강화됐다. 경영진은 일방적인 '내부 편중'에서 벗어나 판매 부문과 마케팅에 더 관심을 기울여야 한다는 것을 깨달았다. 재무부서는 시장조사와 마케팅 실험에 더 많은 예산을 배정했으며, 판매자들도 단순히 제품을 '강매'하기 보다는 고객의 요구와 불만을 더 잘 듣고 이해하는 훈련을 받기 시작했다.

산업재 기업들 눈을 뜨다

이 책은 소비재 기업보다는 산업재 기업들에게 더 큰 영향을 미쳤는데, 산업재 기업이 덜 고객중심적이기 때문이다. 그렇게 된 데에는 2가지 이유가 있다. 산업재 기업은 자본 집약적 경향을 띤다는 점과 과거에 자신이 만들고 판매한 물건의 기술적 측면에 많이 의존한다는 점이다. 이 2가지는 보다 상세한 설명이 필요하다.

자본 집약적 사업은 규모에 집착한다. 특히 한번 투자한 자본을 이동하고 조정하거나 제품을 다양하게 바꾸기란 쉽지 않다. 화학공장, 제철소, 항공사, 철도산업 등이 그렇다. 그래서 그들은 큰 규모와 높은 가동 효율성을 추구해 생산기기의 가격을 빼고 수반비용을 만족시키려고 한다.

이렇게 되면 기업의 힘은 생산담당 임원이나 재무담당 임원에게 지나치게 쏠린다. 미국에서 최대 규모를 가진 기업들의 구조만 보더라도 그 회사의 최고 실권자는 최고경영자가 아닌 재무위원회 위원장이라는 것을 알 수 있다. 이런 배경을 가진 대부분의 경영인들은 구별되고 때로는 더 작은 규모의 시장을 찾아내기보다는 크고 동일한 고객을 목표로 하는 것이 '규모를 키우는' 방법이라고 생각한다.

이런 경영진은 주변에서 일어나는 경쟁에서의 변화를 알아채는 변화를 관찰하긴 하지만, 대부분 그 심각성을 평하해 경쟁자들로 인해 자신들의 점유율이 하락할 수 있다는 위험을 과소평가한다.

그런데 이런 자본집약적 회사의 경영자들이 세분시장과 사업영역, 고객이라는 개념에 관심을 가지면서 기존의 주요 업무와 '대불지금' 또는

'손익계산' 같은 업무 간 균형을 맞춰야 한다는 것을 알게 되었다. 또한 세분화시장, 사업영역, 고객에 더 많은 관심을 갖는 것이 최선이라는 것도 깨달았다.

또 산업재 기업은 기술적인 재화나 서비스를 고객에게 판매할 때, 일대일 판매방식을 고집한다. 제품이 복잡하다는 이유로 고객보다 제품에 대해 더 많이 아는 세일즈맨을 양산했다. 이들은 고객의 니즈를 알고 문제가 무엇인지 알기보다는, 회사에 어떤 제품이 있고 그 제품으로 무엇을 할 수 있는지 설명하는 데 바쁘다. 그 결과 제품 지향적이 되고 고객 서비스의 질도 떨어진다. 물론 판매자들은 "우리는 고객에게 서비스를 제공해야 한다는 것을 알고 있다"고 말하지만, 이는 창문을 통해 밖을 보는 것이 아닌 거울을 통해 안을 보는 것이다. 그들은 창문 밖의 고객을 보고 있다고 생각하지만, 사실 그들이 보고 있는 것은 거울 속에 비친 제품 지향의 편견을 보고 있는 것이다.

의심하면서 받아들이라

이 논문의 결과가 모두 장밋빛인 것만은 아니다. 희한한 일들도 일어났다.

• 몇몇 회사들은 이른바 '마케팅 편집증'에 사로잡혔다. 고객 하나하나의 변덕에 과도하게 휘둘린 것이다. 그러다 보니 대량생산 운영체제는 과거 수공업 같은 체제로 퇴보했다. 원가가 올라갔고, 어쩔 수 없

이 고객의 구매 욕구를 자극하지 못하는 비싼 가격을 매겨야 했다.

- 몇몇 회사들은 복잡해진 운영을 관리할 만한 적절한 통제 시스템 없이 새 사업라인과 제품라인을 추가했다.

- 마케터들은 충분한 사전 지원도 없이 급속히 조직과 연구예산을 확대했다. 그러나 지원을 받고도 그에 걸맞은 결과를 내지 못했다.

- 기능별로 조직된 회사들은 즉시 나타날 기적 같은 결과를 기대하며 제품, 브랜드, 시장 중심으로 변화했다. 그 결과 모호함, 좌절, 혼란, 손실이 생겨났다. 결국 그들은 상황을 나쁘게 만들었던 그 기능별 조직으로 되돌아갔다.

- 몇몇 회사들은 고객을 '모셔오기' 위해 복잡하고 화려한 제품과 서비스를 제공하고자 했다. 그러다 보니 고객들은 제품 사용법을 익히는 데 힘들어했고, 그 위험부담이 역효과를 냈다. 삽을 쓰는 법도 모르는 사람들에게 굴착기를 팔려 했던 셈이다. 이런 문제는 금융, 보험, 컴퓨터 서비스 같은 소위 서비스산업 분야에서, 그리고 저개발 국가에 제품을 파는 미국 기업에서 반복적으로 나타났다.

이 장은 분석이나 처방을 위한 것이 아니다. 그저 선언문일 뿐, 균형적인 시각을 취하는 척도 하지 않았고 새로운 아이디어를 내놓은 것도 아니다. 피터 드러커, J. B. 맥키터릭(J.B. McKitterick), 로 엘드슨(Wroe Alderson), 존 하워드(John Howard), 네일 보든(Neil Borden) 같은 이들이 '마케팅 개념' 면에서 이미 필자보다 독창적이고 균형 잡힌 연구를 해놓았다. 필자가 한 일이란 마케팅을 비즈니스 정책의 내부 궤도에 좀 더 가까이 연결시킨 것 뿐이다. 특히 피터 드러커의 《기업의 개념(The Concept of the Corporation)》과 《경영의 실제(The Practice of Management)》는 많은 영감을 주었다.

독자들, 특히 관리자와 경영자들이 애매하거나 얼버무리는 것을 견디지 못하리라는 것을 알고 이를 매우 직접적으로 설명하려고 노력했다.

이 책의 주장은 경영인들과 교수, 그 외 각계의 지식인으로부터 많은 호응을 받았지만, 다음의 말로 마지막 당부를 드린다. "아이디어는 그것을 믿는 사람에 대한 책임을 지지 않는다." 그러니 독자들도 이 책에서 아이디어를 발견하되, 그 책임은 묻지 말아 달라.

02
마케팅 상상력으로 승부하라
The Marketing Imagination

마케팅 상상력은 사람의 마음을 읽는 것이다

상상력은 진보의 원동력이다. 생각은 행동을 앞서간다. 예외가 있긴 하지만 이것은 인간의 의지로 어찌할 수가 없다. 그러나 생각은 의식적으로 할수 있으며, 이때 상상력이 그 엔진이 된다. 발전은 상상으로 시작되지만, 행동을 통해서만 현실이 된다. 상상에서 나온 아이디어나 새로운 관념이 의도했던 결과를 얻으려면, 그것을 적용할 때도 상상력을 발휘해야 한다. 아이디어를 만들어내며, 아이디어를 효율적으로 이용하게 하는 힘 또한 상상력이다.

마케팅 상상력은 마케팅 성공의 출발점이다. 이는 고객의 요구, 문제점, 관심사, 관행을 이해하기 위한 독특한 통찰력이라는 점에서 다른 종류의 상상력과 구별된다. 사람들은 물건이 아닌 문제해결 방법을 산다. 이 당연한 사실에서 우리는 마케팅 상상력의 의미를 찾을 수 있다. 즉 마케팅 상상력은 사람들이 어떤 문제를 해결하고 싶어하는지를 알아내는 것이다. 이런 상상력의 예는 찰스 레브슨이 레브론사에 대해 내린 유명한 평가에 잘 드러나 있다. "우리는 공장에서 화장품을 만들지만, 상점에서는 희망을 판다." 이 표현은 왜 사람들이 3/4인치 드릴을 사는지에 대한 레오 맥 지네바의 표현과도 일맥 상통한다. "그들은 3/4인치 드릴이 필요한 것이 아니라, 3/4인치짜리 구멍을 원한다." 이는 레이먼드 A. 바우어 교수의 지적과도 연결된다. "구매자들이 유명한 브랜드를 선호하는 것은 그 브랜드를 좋아해서라기 보다는 위험을 회피하기 위해서다."

이러한 재개념화(reconceptualizations)는 소비자 행동에서 더 깊은 의미를 찾아내도록 만들었다. 또 마케팅 프로그램은 고객을 확보하고 유치할 수 있는 더 나은 방식을 구축할 수 있게 했다. 소비자를 끌어당긴다는 것은 행동을 바꾸도록 유도하는 것이다. 다시 말해 고객은 판매자가 이끄는 방향으로 행동을 바꾼다. 판매자는 브랜드와 제품을 차별화시켜 사람들이 그와 거래하도록 만들거나 최소한 선호하도록 해야 한다. 이처럼 의미 있는 차별성을 찾아내는 것이 마케팅의 핵심이다. 즉 마케팅이란, 하는 일과 일하는 방식을 경쟁자와 차별화해 고객을 확보하는 것이다. 그밖의 것들은 다 여기서 파생된 것뿐이다.

보이는 것을 보는 것은 다른 기업도 한다

차별화란 고객에게 자신과 거래해야 할 이유를 제공함으로써 잠재 구매자에게 창의적으로 반응하는 것이다. 제품을 차별화하려면 고객을 동요시키고 매혹시키는 것이 무엇인지 알아야 한다. 또 고객 각각의 차이점과 그 차이점을 바탕으로 그들을 상업적으로 가치 있는 세분시장으로 묶어낼 수 있는지를 판단해야 한다.

세분시장을 생각하지 않는다면 아무 생각도 하지 않는 것이다. 이를 생각했다면 무엇이 고객과 고객 집단을 움직이고 있는지, 왜 고객들이 그것을 선택하는지 알게 된다는 의미이기도 하다. 세분화는 명백히 보이는 것 이상을 생각하는 것이다. 많은 사람들은 세분시장을 특정 인구, 산업, 사용자 집단, 구매 습관, 영향력 있는 집단 등으로 나눈다. 그러나 핵심은 그런 평범함을 초월해 생각하는 것이다. 다음의 광고를 보자.

> 남자라면 위험한 여행을 원한다. 낮은 보수, 지독한 추위, 몇 달이나 지속되는 칠흑 같은 어둠, 끝없는 위험 속에서 살아올지도 확실치 않다. 그러나 성공할 경우 명예와 인정을 얻으리라.

이는 그 유명한 섀클턴 경이 쓴 탐험대 모집 광고로 1900년 런던의 신문에 실렸다. 곧이어 예상치 못한 엄청난 반응이 쏟아졌다. 이 광고는 명예와 자부심을 전부로 생각하는 남자들을 격양시키는 독특한 매력을 발산했다. 큰 위험과 끔찍한 작업을 감수하고라도 명예와 인정을 바라는 남자의 욕망에 호소했다는 발상뿐만 아니라, 솔직하고도 눈에 띄는 간단한 표현방식도 신선했다.

마케팅 상상력의 본질은 이처럼 사물의 단순한 본질을 발견하는 것이다. 1974년 GCA사의 밀톤 그린버그 사장은 반도체 기기 제조에 사용되는 다양한 장비에 투자 비율을 늘렸다. 그의 경쟁기업들 중 공정에 필요한 기계 전체를 생산하는 기업은 한곳도 없었다. 때문에 반도체 공장들은 여러 업체에서 들여온 장비를 설치해야 했다. 또 각 장비들은 반도체 생산 공정 단계별로 그 역할이 달랐다. 만일 GCA가 제품의 시장점유율을 높이려면, 경쟁사보다 월등한 장비를 개발해 자사제품의 장비를 더 나은 것으로 교체해야 했다. 그러나 이 회사는 경쟁우위의 더 빠르고 싼 장비를 생산하는 대신 다른 방법을 선택했다. 즉 여러 생산 공정을 한번에 할 수 있는 기기를 만들어 타사 제품들을 몰아낸 것이다. 그 결과 만들어진 DSW 웨이퍼는 타사 제품들보다 느리고 3배나 비쌌지만, 기술적으로 상업적으로 엄청난 성공을 거뒀다. 하나의 장비로 몇 단계 생산공정을 가능하게 만들어 오염은 줄이고 산출량은 늘렸다. 게다가 장비의 측면 두께는 줄이고 높이는 높게 만들어 차지하는 바닥 면적도 줄였다. 또 사진 석판에서 쓰이는 렌즈를 개선해 라인 넓이를 줄였고, 결과적으로 기기가 만들어내는 반도체 칩의 가동력을 높였다.

결국 현재의 장비를 단순히 개선하는 대신 아예 새로운 제품개발에 집중한 결과, DSW 웨이퍼는 단숨에 시장을 장악했다. 그러니까 시장에서 가치 있는 게 무엇인지를 따짐으로써 성공한 것이다. 보다 많은 생산량, 칩의 능력 향상, 공장 바닥 면적의 효율화가 목적이자 결과가 됐다.

업계 전문가들은 이를 천재적인 기술적 성과라고 평가했다. GCA는 물론 그 평가를 부정하지 않았지만, 회사의 직원들은 이를 사실상 훌륭한 마케팅의 성과였다고 평했다. 무엇을 해야 하는지 정확히 알고 있었기 때문에 성공했다는 것이다. 여기서 '무엇'이 바로 마케팅 상상력이다.

상상이란 현재 존재하거나 존재하지 않는 것, 지금까지 실제로 경험해 본 적 없는 것들을 머릿속에서 그려보는 것이다. 그래서 상상력을 향상시키려면 창조적이어야 한다. 때로는 지적이거나 예술적인 발명이 필요하기도 하다. 누구나 이것을 할 수 있고 실제로 하고 있지만, 불행하게도 대부분은 관례나 설득에 대한 중압감에 막혀 백일몽이나 환상 속에서만 이 창의력을 발휘한다. 현장에서 상상력을 발휘하려면 이런 제약에서 벗어나는 것은 물론 동시에 지금까지 존재해온 것들에서 벗어나는 훈련도 필요하다. 즉 본질적으로 서로 다른 사실과 생각을 새로운 의미의 융합체로 합치는 과정이 필요하다.

마케팅 상상력으로 쏘아올린
듀폰과 아메리칸익스프레스

마케팅의 목표는 고객을 확보, 유지하고, 고객이 경쟁기업이 아닌 당사와 거래하도록 만드는 것이다. 마케팅 상상력은 이 목적에 초점을 맞춰야 한다.

듀폰의 예를 보자. 수년간 의료용품 생산 원료의 가격은 떨어졌고 유사 경쟁업체의 사정도 마찬가지였다. 이러한 현상을 조사한 듀폰은 지난 수년간 경쟁사들에 비해 약간의 프리미엄을 누렸으나 그 프리미엄이 해가 갈수록 적어진다는 사실을 발견했다. 그나마 당시 듀폰의 시장점유율은 안정세였다. 그래서 고객기업의 디자인 기술자, 구매담당자, 공장장들과의 심도 깊은 인터뷰를 진행했는데, 그 결과 듀폰의 원료가 타사의 원료와 화학적으로는 같아도 듀폰의 원료가 더 순도 높고 개선 가능성도 높다고 여겨지고 있음이 드러났다. 듀폰의 프리미엄은 거기에서 시작됐다.

이 모든 발견은 사실성을 따지기 전에 상당히 상상적이다. 또 듀폰은 이 발견을 마케팅에 활용했는데, 이 역시 드라마틱할 정도로 상상적이었다. 듀폰은 무역 관련 잡지에 낸 일련의 광고와 무역 전시회를 통해 제품의 순도를 유지하기 위해 특별한 주의를 기울이고 있음을 보여줬다. 또 광고 장면에서는 전자 분광기를 사용해 생산 단계마다 품질확인을 해왔음을 보여주었으며, 무역 전시회에서는 관람자들이 직접 전자분광기로 생산과정별로 분류된 원료의 순도를 검사해볼 수 있도록 했다.

이후 놀랍게도 듀폰의 가격 프리미엄은 다시 치솟기 시작했다. 시장점유율도 올라갔다. 사후 조사 결과, 제품 순도에 대한 듀폰의 명성이 높아졌기 때문으로 확인됐다. 마케팅 상상력이 큰 힘을 발휘한 것이다.

이번에는 아메리칸익스프레스를 보자. '집 떠날 때는 아멕스카드와 함께'라는 캠페인은 그 자체로 멋진 상상력의 힘을 보여주지만, 아메리칸익스프레스의 초록색 카드는 법인카드로도 인기가 많았다. 아메리칸익스프레스는 직원들이 쓸 경비를 현금 대신 카드로 발급해 주라고 설득함으로써, 기업들이 현금을 아끼고 지출 내역은 더 자세히 알 수 있도록 했다. 1982년 아메리칸익스프레스는 법인카드 부서를 여행 서비스부로 옮겼다. 이 서비스 부서는 여행사를 운영하면서 비행기와 호텔 예약, 티켓 확보 업무를 담당했다. 서비스부는 규모가 크고 지역적으로 분산된 회사일수록 여행 일정이 길어지고 일인당 출장비용이 많아지리라고 항공요금 규제가 풀리고 호텔 숙박료에 대한 흥정이 증가하자, 출장 가는 중역들이나 그들의 비서, 회사 내의 출장 담당자들은 점점 출장비용을 산출하는 데 어려움을 느꼈다. 기업의 재무담당자들은 총경비가 여러 다른 프로젝트 예산에 속해 있어 한 해 기업 전체의 출장비용 규모를 가늠할 수 없었다. 이때 아메리칸익스프레스는 회사들의 출장 경비 규칙을 마련하는 데 도움을 주고, 여행서비스부의 수신자 부담 800번 전화를 통해 회사 내 모든 출장 준비를 해결해주었다. 즉 회사 차원의 출장경비를 통제하도록 도와준 것이다.

이들은 각 직급별로 가장 낮은 항공료, 가장 저렴한 일정, 가장 낮은 호텔 숙박료를 찾아 연결해줬다. 또 매달 출장비용 분석 자료에 의해 출장경비가 초과되는 비율이 줄어든다는 지표와 함께 총 여행경비를 분석해 거래처 재무담당자들에게 보냈다. 또 각 회사들에게 법인카드에 대한 사용료를 빼고도 출장예산이 3천 만 달러가 넘을 경우 최소 10% 이상 절감된다는 것을 보여줬다.

아메리칸익스프레스는 저 먼 세상을 바라보는 시야를 획득한 것이다. 아메리칸익스프레스의 관리자들은 물건 가격은 오르기 마련이라는 사실을 알고 있었고 물가에 점점 더 예민한 시각을 가지고 돈의 가치, 즉 여행비를 가장 효율적으로 사용하는 방법을 찾았다. 또한 여행 및 여행비용을 잘 알았기에 '우리가 아는 지식으로 재무담당자들이 경비 관리를 도울 수는 없을까?'라고 자문했다. 물론 이 아이디어의 실천은 쉽지 않았다. 그러나 이처럼 독특하고 상상적으로 접근한 아메리칸익스프레스가 아니었다면 누구도 이 일을 해내지 못했을 것이다. 이들은 '고객과 회사는 따로'라는 일반적 상식을 버리고 그 둘을 결합했다. 또 그 안에서 새로운 질문 을 창조해내고 이전까지 경험하지 못한 영역으로 시야를 넓혔다.

최선의 방법, 마케팅 상상력

경쟁의 핵심은 지금껏 살펴봤듯 차별화에 있다. 즉 경쟁사보다 더 나은 제품을 더 잘 공급하는 것이다. 기능적으로 아무리 차별화하더라도 고객들에게 제대로 인식되지 않으면 팔리지 않을 때가 있다. 특히 화장품이나 다른 소비재의 경우 이런 현상이 흔하다. 듀폰의 경우도 마찬가지였다. 애플컴퓨터의 놀라운 성공 또한, 아주 낮은 가격과 작은 크기의 본체에 놀라운 기능을 넣었다는 것만으로는 설명될 수 없다. 컴퓨터 하면 다들 잘 알고 있는 시장 상황이었는데 어째서, 그 가격에 이름도 없는 회사에서 만든 장난감 같은 기계를 샀을까? 애플의 소프트웨어는 디지털에큅먼트, 데이터제너럴, 프라임, IBM 제품에서도 사용이 가능했다. 애플의 성공 요인은 자신들의 제품 이미지를 새로운 소형컴퓨터, 초소형컴퓨터 대신, 완전히 다른 개인용 컴퓨터로 설정한 데 있다. 그러지 않았다면 애플의 제품도 하나의 초소형 컴퓨터로 간주돼 그저 DEC, DG, IBM보다 저렴하거나 성능이 좋다는 말만 되풀이해야 했을 것이다. 또 그것은 무명회사로서는 무거운 짐이었을 것이다. 그들은 대신 이렇게 말했다. "우리 컴퓨터는 타사가 갖지 못한 새로운 세대의 완전히 새로운 제품이다. 우리는 다르다. 이 제품들은 회사의 컴퓨터 전문가를 위한 것이 아니라 보통 사람인 당신을 위한 개인용 컴퓨터다."

마케팅 상상력이 가장 강력하게 작용하는 분야는 금융서비스다. 팔고 사기 쉽고 고이율의 균형 잡힌 포트폴리오를 형성하는 뮤추얼펀드가 가장 좋은 예다.

또 다른 상상력의 예로는 무이자 이율이나 현금증식 회사채다. 이들은 상환가격에서 많은 할인을 적용해 발행하기 때문에 채무자도 주기적인 이자 지불이나 관련 회계 비용을 피할 수 있다. 또 채권자들도 만기까지 세금 의무가 없다. 금융권의 이 같은 놀라운 상상력은 이후, 이자 없는 채권 형식의 순 할인채권 등을 곧바로 연달아 등장시킴으로써 정점에 올랐다.

1981년 레이건 정부가 내놓은 경제회복 법안이 통과되자 기업투자에 대한 세제 상의 혜택들이 주어졌다. 그러자 금융업계는 재빠른 기지를 발휘해 가지고 있던 채권을 이런 법안으로 혜택을 볼 수 있는 타 회사들에게 몇 주만에 팔았다.

물론 금융상품을 새로 고안해 생산하는 것은 유형제의 고안과 생산보다 더 쉽고 싸게 먹힌다. 탄력적인 전자 및 우편으로 된 금융 유통경로가 있다면 마케팅에도 유리하다. 그럼에도 미국 금융권은 2가지 사실에서 눈에 띄게 혁신적이다. 첫째, 서유럽이나 남미의 선진 금융권은 수년간 높은 물가상승에 부딪혀 이런 제품들을 개발하지 못했다. 즉 미국의 경우는 특별한 혁신인 셈이다. 둘째, 그들은 이런 제품을 관리하고 배급할 만한 전자 및 우편 시설을 설치하지 못했지만, 미국의 금융권은 소비자나 시장조사를 거의 하지 못했음에도 일부 구성원들은 멀리 있는 고객의 니즈와 가치를 찾아내는 효과적인 방식을 알고 있었다. 이것은 최선의 방법이었다. 고객의 입장에서 그들의 언어로 이야기하고, 고객의 머리로 생각하고, 고객의 피부로 느끼며 그들의 작은 행동에도 반응했던 것이다. 이것이 금융권 전체의 행동 방식은 아니었다. 하지만 일부 소수의 힘이 때로는 전체에 영향을 준다. 하나의 제품이 성공적으로 도입되거나 새로운 유통경로를 성공적으로 설정하면, 수많은 모방자들이 몰려들어 모든 것들을 바꿔놓는다. 이런 현상은 보험, 상업은행, 신용카드, 증권업, 옵션거래, 모기지 금융, 저축 금융, 그리고 다른 많은 분야에서 일어난다.

기업가적인 용기와 열정이 지난 10년간 금융서비스 분야를 움직였다.

그 주역들은 대부분 새로운 참여자들이거나, 시티코프 사의 월터 리스턴, 메릴린치 사의 도널드 레건, 드레이퍼스펀드 사의 잭 스타인 같은 새로운 생각을 가진 옛날 기업가들이었다. 이들은 조직의 부분이 아닌 개개인의 입지에서 이러한 혁명을 일으켰다. 그들은 비전을 가지고 아이디어를 회사 전체에 보급하고 조직을 환기시켰다. 그들은 새로운 비전과 이를 현실화시킬 결단력과 끈기, 용기를 가지고 있었다. 산업의 경쟁력과 진보를 가로막는 오래되고 모호한 규칙을 그저 소극적으로 따르거나 단순히 비판하는 대신, 없애거나 변화시켰다. 시티코프가 발명한 예금 증서나 메릴린치가 개발한 어음관리계좌(CMA) 등이 좋은 예다. 또 이러한 노력도 일회성에 그치지 않았다. 그들은 계속 일련의 유사한 창조적 혁신을 진행했다. 즉 이 두 사례는 각각의 기업이 해결해야 할 퍼즐의 한 조각이었다. 그들은 기업문제 해결에 마케팅 콘셉트를 활용했다. 즉 멀리 있는 고객을 창조하기 위한 합리적인 통찰력을 중시했다. 고위층의 의사결정도 바로 이 같은 빈틈없는 통찰에 기초했다.

진정한 차별화는 어디에서 나오는가

기업의 목적은 고객의 확보와 유지라는 점을 다시 떠올려보자. 아무리 뛰어난 기술과 현명한 현금관리, 전문적인 운영지식이 있어도 고객이 없다면, 그 회사는 굴러갈 수 없다. 단순한 최저 가격, 원하지 않는 물건을 팔거나, 지불능력이 있는 소수에게만 팔리는 물건을 만든다면 파산은 막을 수 없는 결과다.

하지 말아야 할 일을 잘하는 것은, 오히려 사태를 악화시킨다. 기업이 해야 할 일은 시장에서 고객이 무엇을 하고, 할 수 있고, 할 가능성이 있는지 파악한 후에 정해진다. 아무리 대단한 상상력도 부적절한 목표를 가진 회사를 구원할 수는 없다. 모든 성공적인 회사들은 상황마다 적절한 방법으로, 적절한 때 적절한 목적을 추구했다. 이는 불황을 극복하기 위해 기업이 집중분야를 선정하는 것과는 다르다. 수많은 기업들이 같은 목표에서 충돌하지만, 성공은 그 기회를 남보다 우월한 결과로 만드는 능력에 달렸다.

낮은 가격을 무기로 높은 시장점유율을 확보한 저비용 생산자의 경우, 확실하고도 강력한 우위에 있다. 그러나 이 회사는 필연적으로 확대되는 고객의 요구를 만족시키기 위해 다른 일들도 함께 진행해야 한다. 낮은 가격은 곧 당연시될 것이다. 그 때는 다른 혜택이나 다른 제품, 서비스 등을 제공해야 한다. 가격경쟁력이란 고객들이 원하고 가치를 부여하는 여러 장점들을 함께 충족할 때만 새로운 의미를 가진다. 이때 가격경쟁력과 다른 경쟁력을 합치는 것이 능력이다. 이 능력은 가장 경쟁력 있는 가치를 낳는다.

미시건 대학에 재직했고 현재는 커밍스엔진에 있는 윌리엄홀 교수의 연구 결과가 이를 입증한다. 그는 역사 깊은 8개 사업을 대표하는 기업들의 금융실적을 조사했다. 이 중 넷은 자동차, 생활가전, 술, 담배 등의 소비재 생산기업이었고, 나머지 넷은 철강, 타이어와 고무, 대형트럭, 건설장비 등의 산업재 생산기업이었다. 그는 상당 기간 이들 선두기업이, 이른바 일류 기업들을 능가했음을 발견했다. 즉 성장산업의 리더라고 할 수 있는 필립스 석유, 기술 리더인 제록스, 이스트만코닥, 텍사스인스트루먼트, 디지털이큅먼트, 다각화의 선두주자 제너럴일렉트릭, 유나이티드테크놀로지 등을 앞선 것이다. 심지어 IBM과 3M보다도 실적이 좋았다. 홀 교수가 사용한 실적 측정치는 주식당 수익, 자본당 수익, 평균 연간 수익 증가율이었다.

그리고 엄청난 실적을 올린, 보기에는 화려하지 않은 이 회사들은 바로 내셔널스틸(철강), 미쉐린(타이어), 파카(트럭), 존디어(농기계), 다임러벤츠(자동차), 메이테그(세탁기), 하일러만브로잉(주류), 그리고 필립모리스(담배) 등이었다. 이들의 월등한 실적은 그들이 제품에서 의미 있는 차별화를 고민했다는 것으로 설명된다. 차별화는 제품 자체와 동시에, 총체적인 부문, 즉 구매 후 서비스, 부품구입 가능성, 자문 도움, 배달 조건과 신뢰도 같은 무형의 부분에서도 이뤄진다. 즉 그들은 '확장 제품'의 개념을 이해한 것이다.

홀 교수는 이처럼 차별화에 성공한 기업들이 동종의 저원가 업체에 비해 좋은 성과를 거두었음을 발견했다. 즉 저비용 하나만 내세우는 것보다 의미 있는 차별성을 꾀하는 것이 경쟁력 측면에서 더 효율적이었다. 캐터필러트랙터 사의 경우, 이 두 전략을 함께 도입해 놀라운 성과를 거뒀다.

이 모두는 단순해 보이지만 결과는 강력하다. 즉 사업은 적절한 가격으로 많은 고객을 차별적으로 계속 유치해야 성공한다. 여기서 중요한 것은 마케팅의 관점, 즉 고객의 확보와 유지라는 마케팅의 정의다. 이 말은 마케팅 전략이 기업 전략의 중심에 놓임을 의미한다.

이 전략은 해야 할 일을 정한 뒤 그 결과를 극대화할 수 있도록 자원을 할당하는 것이다. 극대화란 시장에서 의도하는 결과를 얻는 것이다. 저원가 생산도 물론 중요하다. 그러나 더 넓은 소비자 욕구를 파악하지 못해 좋지 않은 제품이나 유통경로에 집중하는 경우가 많다.

창조적 상상력으로 정보를 분석하라

정확하게 무엇을 어떻게 해야 할지를 결정하려면, 고객과 경쟁사, 시장에 대한 정확한 데이터 뿐만 아니라 이런 데이터를 의미 있고 실용적인 정보로 바꿔 줄 상상력도 필요하다. 최선의 방법은 순전히 계량적인 차원을 넘어 보다 근본적이고 필수적인 차원에서 전망을 내다보는 것이다.

그러기 위해서는 데이터와 정보의 차이를 구분해야 한다. 데이터는 사실 그대로를 모아놓은 것이지만, 정보란 이런 사실을 독창적으로 해석하고 의도적으로 조직화한 것이다. 따라서 직접적이면서도 체계적인 지식으로 세상을 바라보는 일이 필요하다. 또 목표 고객의 생활과 업무를 속속들이 파헤쳐야 한다. 날것 그대로의 데이터는 별개의 사건을 시간에 따라 기록한 것에 불과하다. 그러나 정보는 모아진 데이터에 순서와 분류,

아이디어를 더한 것이다. 이를 단순히 통계 수학적으로만 접근한다면, 그 데이터가 표현하고 있는 중심된 맥을 놓치게 된다. 이는 마치 성 연구서 《하이트 보고서》를 읽고 성에 대해 모두 안다고 자신하는 것과 같다.

고객에 대한 정확한 데이터에 기초한 좋은 정보는, 적절한 방향으로 전략적인 결정을 강화시키는 힘을 준다. 많은 이들이 전략적 계획을 '해야 할 가능성에 따라 원료를 분배하는 것'이라고 기계적으로 정의한다. 이는 잘못이다. 왜냐하면 이 정의는 그 '가능성'을 쉽게 알 수 있다고 전제하기 때문이다. 그러나 이때 가장 중요하고 창조적으로 해내야 할 과제는 선택 대안들 자체의 가능성이 무엇인지 생각하는 것이다. 이 선택은 적절성의 문제가 아닌 선호의 문제다. 가능성은 이 선택 이전에 미리 확보돼 있어야 한다는 뜻이다. 즉 선택 대안들의 가능성 자체를 생각하는 것이야말로 창조적인 상상력이다.

밀턴 그린버그가 DSW 워터 스페터를 만들 때를 보자. 그는 개량 대신 새로운 고안을 꾀했다. 그 결과 회사의 방향을 선회할 수 있었다. 이 특별한 개념화는 시장에서 기본적으로 요구되는 바에 대한 근본적으로 단순하고 명료한 생각에 기초한다. 이는 시장이 무엇을 원하는지 모를 때도 마찬가지다. 단순하고 명확하게 생각하는 것이 중요하다. 전략적 의사결정의 힘은 선택안들을 통찰력 있게 고객중심의 가능성으로 창조하는 데 있다.

실행계획의 필요충분조건

해야 할 일이 결정되면 경쟁의 소용돌이 가운데서 실행으로 옮길 수 있는 현실적 계획을 세워야 한다. 만약 현실성이 결여되거나, 행동해야 하는 당사자가 성공 여부를 확신하지 못한다면 그 결과는 끔찍할 것이다. 직원들은 투덜대면서도 마지못해 그 어리석은 프로그램과 계획을 수행하긴 하지만, 현실적이지 않다고 여겨 결코 진지하게 그 프로그램을 수행하지는 않을 것이다.

여기서의 계획은 합리적으로, 바르게, 적당하게, 꼭 해야만 하는 당위성으로 만들어야 한다. 일반적 상식과 맞아야 하며, 쉽게 이해돼야 한다. 그렇지 않으면 오해와 저항이 나타날 수 있고, 때로는 완전한 태만 상태를 초래하기도 한다. 인간이란 근본적으로 말이 안 되거나 적절하지 못한 일, 그리고 이해할 수 없는 일에는 열정을 쏟지 않는다. 극렬하게 반대하거나 태만을 부리지는 않아도, 느릿느릿 일할 것이다. 그리고 동료들에게 이 일은 확신을 가지고 빨리 할 필요성이 없다는 점을 암시적으로 전달하고 서로 공감할 것이다.

전략이 성공하려면, 그것을 단순 명료하게 몇 줄로 표현할 수 있어야 한다. 너무 자세하고 복잡하면, 의사 전달에 많은 시간과 공간이 필요해 이해와 실행도 더뎌진다. 복잡성은 사업이 직면한 현실을 불명확하고 애매모호하게 만든다. 특히 재무상의 문제(부채나 이자 지불, 외상 매입금에 대한 지불문제 등)에서는 더욱 그렇다. 이것들은 종종 헤드라인을 장식하는데,

곧바로 파산으로 연결되기 때문이다. 이런 문제가 생기는 것은 이를 단순히 자금문제로만 한정짓기 때문이다. 이런 문제는 흔히 잘못된 의사결정에서 나온다. 대부분의 잘못된 결정은 시장을 잘못 계산하거나 이에 대해 너무 단순한 가정, 예를 들어 판매는 충분하고, 가격도 충분히 높고, 수취 계정은 적거나 단기일 것이라는 낙관적 가정을 했기 때문이다. 이런 이유로 자금의 실패는 시장에서 비롯된다고도 볼 수 있다.

마케팅은 기업 성과를 측정할 때 절대 빼놓을 수 없다. 그 이유는 마케팅이 기업의 운명을 결정하는 수익의 수준과 원천을 다루기 때문이다. 마케팅이란 경쟁사와 비교해 고객을 확보하고 유지하는 것을 뜻하는데, 경쟁사 대비 차별성을 얻으려면 마케팅 상상력을 키워야 한다. 판매 제품의 가격이 합리적이고 경쟁적이라면, 고객을 확보하고 유지하는 방법을 발견하는 것은 마케팅 상상력이 담당해야 할 임무다. 이는 보통 긴 시간과 인내와 노력을 요구하며, 그 자체가 많은 상상력을 요구한다. 그리고 무엇을 할지 적절한 결정을 내리지 못했다면, 상상적으로 옳지 않다면 그 무엇도 그 기업을 어려움에서 구할 수 없다. 적절치 못한 목표를 향해 노력하는 것은, 적절한 목표를 위해 노력하지 않는 것보다 더 위험하다. '무엇이 사업의 목적인가?'를 결정하는 핵심 도구는 '마케팅 상상력'이다.

03

모든 것을 차별화하라

Differentiation-of Anything

모든 제품은 차별화할 수 있다

세상에 똑같은 제품은 없다. 모든 제품과 서비스는 차별화가 가능하며, 이미 차별화돼 있다. 일반적으로 차별화는 소비재에만 어울린다고 생각하지만, 산업재나 서비스에도 해당된다. 차별화는 모든 시장에 존재한다. 생산자이든, 조립업자든, 판매자든, 중개상이든, 대리인이든, 매매상이든 자신의 제품을 차별화하기 위해 노력한다. 심지어 원광석, 곡식, 화학원료, 플라스틱 또는 화폐를 생산하거나 거래하거나 구매하는 사람들조차 이런 노력을 한다.

이미 만들어진 소비재 및 산업재를 보면, 그 차별화가 일련의 제품 특징으로 구현된다. 눈에 보이는 것도 있고 때로는 피상적이기도 하며, 혹은 어떤 가치를 약속하는 숨은 특징일 수도 있다.

이는 소비재 및 산업재 서비스의 경우에도 마찬가지인데, 여기서는 이를 '무형의 재화'라고 부르기로 한다.

금속, 곡물, 돼지 등을 거래하는 딜러들은 전혀 차별화되지 않은 본원적인 제품 또는 無브랜드 제품을 교환하지만, 그들 스스로는 자신들만이 적용하는 상거래 방식으로 판매를 차별화한다. 즉 고객을 대신해서 거래를 잘 성사시켜주고 주문에 잘 응해주는 실행능력, 명확성, 체결확인의 신속성 등으로 나름 차별화하는 것이다. 간단히 말해 본원적인 제품, 즉 재무성 단기 채권 선물, 금괴 등은 그 속성은 같지만 제품은 차별화된다.

즉 고객을 창조하는 방식과 유지하는 제품 전달 방식에 차이가 있는 것이다. 시카고에 널리 알려진 어느 중개사의 중역 파트너가 있다고 치자. 만일 그가 딱 맞는 녹색 싸구려 양복에 구찌 브랜드 구두를 신고 뉴욕의 은행에 나타났다면, 그 결과는 비참할 것이다. "IBM 세일즈맨은 IBM다운 정장을 입어야 한다"고 단호히 주장한 IBM 창업자 토마스 왓슨의 주장은 당연하다. 옷차림은 사람을 만들어주지는 않지만 영업에는 도움을 준다. 이것이 바로 차별화의 의미다.

제품 차별화가 별 도움이 안 된다는 주장이 있다. 제품은 어차피 가격으로 좌우되니 값만 싸면 잘 팔린다는 생각이다. 경제학 교과서에나 있는 얘기다. 현실에서는 아니다. 현실의 시장에서는 가격경쟁이 치열할 때조차 그 밖에 다른 것들이 판매에 영향을 미친다. 가격 차이에 따른 판매 정도를 측정할 수 있다는 애기는, 가격이 판매에서 중요한 요인임을 말해주는 동시에 잘못된 근거라는 이야기다.

물론 가격은 중요한 요인이다. 그러나 아무리 가격경쟁이 치열해도 가격 하나가 모든 것을 결정할 수는 없다.

공급이 지속적으로 수요를 초과하거나 걷잡을 수 없는 가격경쟁이 한창일 때는 가격에 신경 쓸 수밖에 없다. 이러한 상황에서는 객관적인 가격비교가 가능해져 가격경쟁의 효과가 상상을 초월하기 때문이다. 또 이같은 가격요인에 의한 영향력이 과도해지면서 다른 요인에 의한 영향력은, 예를 들어 개별 판매 강화, 광고의 개선과 확대, 더 좋은 서비스 제공 등은 상대적으로 희박해진다. 이 영향력을 알아보려면 일단 제품이 무엇인지 정확하게 알 필요가 있다.

제품 이상의 제품이 살아남는다

제품은 유형과 무형의 것이 있고, 유무형의 복합적인 제품도 있다. 자동차는 단순히 이동을 위한 기계가 아니다. 자동차는 디자인, 크기, 색상, 선택사양, 배기량, 연비 등 눈으로 보고 분석할 수 있는 것들을 통해 차별화된 상품이며 사회적 지위, 취향, 계급, 성취, 목표, 경제성을 표출하는 복합적 상징물이기도 하다. 또한 주문 발주, 배달, 영업사원 채용, 교육, 훈련, 감독, 동기부여, 자질 향상 등 자동차 회사들이 쏟는 어마어마한 노력들 역시 소비자가 구매하는 제품의 일부이며, 따라서 이것들도 차별화의 대상이 될 수 있다.

컴퓨터도 마찬가지다. 컴퓨터는 단순히 데이터를 저장하고 처리하고 계산하고 조회하는 기계가 아니다. 컴퓨터에는 특정한 소프트웨어에 의한 운영체계, 또 사후 유지 및 수리에 관한 회사의 약속까지 포함돼 있다.

탄소섬유는 휨 방지, 중량 경감, 부식 및 마모 방지에 쓰이는 첨가제로서 다른 재료와 혼합해 쓰면 제작비용이 경감된다. 그러나 초보자들도 쉽게 알 수 있도록 차별화하지 않으면 쓸모없는 물건에 불과하다.

유가증권 인수인은 발행인에게는 자금을, 매수자에게는 약속을 준다. 그 약속은 아주 세부적이고 긴 유가증권신고서에 세심하게 기록돼 있으며, 그 중 일부만이 관련 법률 규정에 따라 기재된다. 나머지 부분은 제공 상품에 대한 홍보인데, 신고서 안의 광고 페이지에는 인수인단의 명칭이 의례적인 순서에 따라 기재돼 있다. 인수인 간의 이미지 우위를 점유하기 위한 의례적인 광고다. 수천 페이지에 달하는 주 계약 제안서나 기업체에 제출되는 5페이지짜리 컨설팅 제안서와 마찬가지로, 상품은 상업적 약속을 의미한다. 그 상업성은 신고서의 본질적 내용뿐만 아니라 제안자가 공들여 쌓은 명성과 제출된 신고서의 세심한 포장에도 영향을 받는다.

경쟁상품들 간의 본질적인 차이가 미미할 때, 판매자들은 구매자가 영향을 받을 수 있는 다른 차별적 요인에 집중한다. 예를 들어 모건스탠리, 록히드, 매킨지, 레브론이 한 일은 본질적으로 차이가 거의 없다. 공개적으로는 모두들 자신들의 제품이 우월하다고 주장하지만, 실제로는 모두 독창적으로 보이기 위해 겉치레에 크게 의존한다. 겉치레에 신경쓰는 게 어느 정도는 효과를 발휘할 수 있다. 그러나 특별한 독창성은 본질적인 제공물을 뛰어넘는 곳에 존재한다. 위에서 언급한 기업 모두 본원 핵심제품 이외의 제품을 제시한다. 본원적인 핵심역량 자체만으로는 경쟁력이 없기 때문이다. 차별화는 필수적이다.

제품은 가치만족의 종합선물 세트다

차별화에 어떤 사람들이 반응하는가. '모든 사람'이 반응한다. 세계에서 가장 큰 회사의 대표이사와 그 연구소의 박사 등도 예외없다. 한 유명한 미국의 투자은행은 출입구가 2개다. 이들은 업무용 편지를 보낼 때, 출입문을 구별해서 보낸다. 방문객은 은행이 보낸 우편물 상단에 어떤 출입문으로 들어오라고 안내했는지만 봐도 은행이 자신을 어떻게 평가하는지 알 수 있다. 이런 것은 고객의 기대를 은행 출입구에서부터 충족시키는 차별화 판매기법이다. VIP 대접을 받은 고객들이 VIP 상품을 구매하리라 기대하는 것이다.

기업체 연구소의 박사급 연구자들은 실험실 기자재 납품업자를 선정할 때 어떤 방법을 선택하는가? 다음은 이와 관련된 복합 신산업재료의 구매 행태를 세밀히 연구한 보고서다.

…… 실력 있는 연구자들은 그들보다 실력이 덜한 연구자들보다 판매회사의 명성에 예상과 달리 더 많은 영향을 받는 것으로 추정됐다. 기술적으로 복잡한 제품을 기술 전문가들에게 팔 때 제품의 기술적인 장점만을 강하게 부각시키는 것은 바람직하지 못하다. 기술 전문가라고 해서, 냉철한 계산에만 의거해 구매와 제품사양을 결정할 것이라고 생각하는 것은 잘못된 생각이다.

사람들이 유형의 제품이건 무형의 제품이건 또는 이 2가지의 혼합 제품이건 제품을 사는 것은 문제를 해결하기 위해서다. 문제해결의 도구로서 제품을 구입하는 것이다. 만일 구매자가 디자인이나 활용 측면에서 부족하다고 느낀다면, 그것은 문제해결의 필요성을 충족할 수 없는 제품이다. 제품으로서의 가치가 부족하다는 뜻이다. 또 제품의 스타일이 마음에 안 들거나 제품 배달이 미심쩍거나, 구매 조건이 못마땅하거나 사후서비스가 어렵다거나 판매사원이 귀찮거나, 판매점에서 냄새가 나거나 제조원의 지명도가 미덥지 못하거나 하는 이유로 잠재고객이 구매를 하지 않은 일 또한, 고객이 제품을 공장에서 생산된 본원 제품 이상의 것으로 생각하고 있다는 뜻이다. 즉 제품설명서가 말하는 편익 묶음이나 판매자가 보여주는 아이템 이상의 것으로 제품을 보는 것이다.

잠재고객에게 제품은 가치만족을 위한 복합체다. 제품 그 자체가 제품의 본질은 아니다. 그것은 포커게임의 판돈처럼, 게임을 시작할 때 게임으로 불러들이기 위한 최소한의 필요조건, 게임에 참여할 수 있는 권리일 뿐이다. 일단 게임에 참여하면, 그 결과는 다른 많은 요인들의 영향을 받는다. 대개는 게임 참여 기회가 된 판돈, 일반제품의 크기보다는 게임을 어떻게 운영하느냐에 판가름이 난다. 모든 게임이 그러하듯 사업에도 경쟁이 존재한다. 그러나 사업에서의 경쟁은 구매력 있는 고객을 유치하는 것이다. 고객들은 자신의 문제해결을 위해 제품 기능에 가치를 부여한다. 따라서 모든 제품은 오로지 구매자 또는 최종 사용자의 관점에서만 다양한 의미를 획득한다. 다른 것들은 부수적일 뿐이다. 가치라는 것은 당사자가 원하거나 인식할 때에만 존재하는 것이다. 오직 구매자, 사용자만이 제품에 가치를 부여할 수 있다.

이 같은 사실은 디트로이트의 자동차 회사들의 강판 구매 방식에서 분명하게 확인할 수 있다. 이 회사들은 아주 까다로운 기술적인 사양에 맞춰 구매를 진행하지만, 강판 자체의 품질 외에도 다양한 기술적 조건을 제시한다. 또한 제품 인도와 제품 인도의 유연성, 가격 및 지불조건, 신속한 재구매 등에 대한 조건도 따라붙는다. 그들은 여러 공급자를 선택해 제시한 구체적 조건에 따라 공급자의 점수를 매기고, 그 결과에 근거하여 매년 강판 구매처를 부분적으로 교체한다.

디트로이트의 자동차 회사들은 강판을 단순한 강판 이상의 것으로 생각한다. 이 회사들은 다양한 가치 기준을 적용해 제품을 구매하며, 따라서 본원적 제품(generic product) 그 자체는 그들이 구매하는 다양한 가치 중 하나에 불과하다. 만일 배송조건과 배송의 융통성이 기대를 충족해주지 못하거나, 불규칙하다거나 마지못해 이뤄지거나 부분적으로만 충족된다면, 자동차 회사는 기대하는 제품을 얻지 못한 것이다. 자동차회사가 제시한 여러 가치 기준에 대해 한 공급자가 10점 만점에 6점, 7점을 받고, 다른 공급자가 9점과 10점을 받았다면, 다음 해에는 후자에게 더 많은 공급물량이 배정된다. 어느 회사든 강판 자체는 똑같을지라도 고객에게는 모두 다른 제품이다. 디트로이트의 자동차회사들은 302호 강판, 즉 72인치짜리 열연탄소강판이 단순한 1차 산품이 아니라는 것을 안다. 이것은 눈에 띄게 차별화된 제품이다. 단지 철강 뿐만 아니라 소맥, 기계부속, 투자은행업무, 기술자문, 산업시설보수, 신문인쇄, 순도 99%의 알코올 역시 단순히 본원적 제품이라고만 볼 수 없다. 그것들은 분명 차별화가 가능하다. 고객을 유치하고 고객을 만족시키려면 효과적인 제품 전략을 구상해야 하지만, 그런 사례를 찾기란 정말 힘들다. 어찌하다 보니좋은 제품이 나오고, 대개는 정말 뜻하지 않게 좋은 결과가 나왔을 뿐이다.

제품의 4차원을 이해하라

제품전략 관리 방법을 알려고 할 때 제품전략을 도식화해보면 도움이 된다. 다음에 설명된 〈그림 1〉은 제품을 일련의 가능성을 가진 대상으로 표현하고 있다.

각 원 안의 점선은 구체적인 활동이나 유형적 특징을 나타낸다. 예를 들어 '기대 제품' 안에는 인도조건, 설치서비스, 사후서비스, 수리, 예비

부품, 교육, 포장의 편의성 등이 포함돼 있다.

본원적 제품 The generic product

본원적 제품은 시장에 참여할 기회를 제공하는 기초적 제품을 말한다. 즉 게임의 판돈에 해당한다. 강판 생산자의 경우에는 강판이, 은행의 경우라면 대출재원이, 부동산 중개인의 경우에는 부동산 매물에 해당하는 것이 바로 이 본원적 제품이다. 또 공구 제작자의 경우에는 공장선반, 평삭기, 기타 장비 등 전문 제작 공구가 본원적 제품이며, 소매상의 경우에는 판매제품이 진열된 가게가, 변호사의 경우에는 자격증, 사료 생산자의

:: 그림 1 | 총체적 제품의 개념 ::

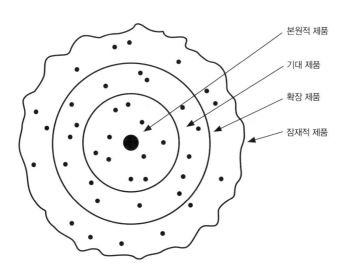

본원적 제품
기대 제품
확장 제품
잠재적 제품

• 각 원 안의 점선은 구체적인 활동이나 유형적 특징을 나타낸다. 예를 들어 '기대 제품' 안에는 인도조건, 설치서비스, 사후서비스, 수리, 예비부품, 교육, 포장의 편의성 등이 있다.

경우에는 사료가 이에 해당한다.

예를 들어 화학원료 생산자가 벤젠을 판매한다고 해서 벤젠 판매자가 되는 것은 아니며, 성공적인 판매자가 되는 것은 더더욱 아니다. 디트로이트 자동차회사의 예에서 보듯이, 고객들은 제품을 구매할 때 본원적 제품 이상의 것을 기대한다. 기대가 충족될 것 같지 않으면 구매는 이뤄지지 않는다. 또 팔리지 않으면 제품도 존재하지 않는다. 살 사람이 없으면 제품도 없다. 고객은 늘 제품 이상의 것을 기대한다.

기대 제품 The expected product

기대 제품은 〈그림 1〉에서와 같이 본원적 제품 외에 추가로 고객들이 기대하는 모든 것을 가장 작은 원으로 보여준다. 이것은 고객이 기대하는 최소한의 요구사항으로 구성된다. 그 기대치는 고객별, 산업별 등에 따라 다르겠지만, 모든 고객은 본원적 제품을 포함하는 최소한의 구매조건을 요구한다. 예를 들어 벤젠은 가격이 적정해야 할 뿐 아니라 배송이 잘 이뤄져야 하는데, 여기서 배송이 잘 이뤄져야 한다는 것은 수량, 일정, 장소, 시점의 적절함을 말한다. 지불 조건 또한 좋아야 하며, 기술적 지원에 대한 기대가 포함되기도 한다.

이 같은 일반 원칙은 언제 어디서나 어느 제품에나 적용된다. 부동산업자가 너무 누추한 사무실에서 일한다면, 부동산 매매를 유도할 때 장애요인으로 작용할 수 있다. 또 탁월한 경력의 화려한 사무실을 가진 변호사라도, 그 인격이 엉망이라면 잠재고객은 적을 수 밖에 없다. 또 어떤 고객은 다른 건 다 마음에 드는데 불량품 구별력이 필요 이상으로 뛰어나다는 이유로 정밀한 수치제어 장치가 달린 기계의 구입을 포기할 수도 있다. 그 고객은 아마도 덜 정밀한 기계를 기대했을 것이다. 그런 고객에게는 매력적인 가격이나 월등한 성능이 더 좋은 것을 의미하지는 않는다.

밀처럼 품질 균등한 제품마저도 고객은 단순히 제품 그 자체만을 사는 것이 아니다. 미국에는 3가지 종류의 밀이 유통된다. 겨울 밀은 미국 밀 생산량의 30% 가량을 차지한다. 기능성 특수 밀인 듀럼은 세부적인 기능성에 따라 다시 여러 종류로 나뉘는데, 그 중 가장 생산량이 많은 것은 거친 밀가루인 세몰리나로, 파스타 재료로 쓰인다. 미국산 듀럼의 90%는 노스다코다 주 동부지역의 3개 군에서 재배되지만 가격은 천차만별이라, 동일한 등급의 세몰리나일지라도 가격 차이가 난다. 대부분의 세몰리나 농부들은 군 소재 곡물 창고업자와 거래를 한다. 창고업자들은 밀을 살 때 단백질 및 수분 함량 시험을 실시해 결과에 따라 이전 시세 또는 현재 시세 대비 할인 또는 할증해 구매한다. 프린스스파게티 같은 구매자는 전분 및 글루텐 함량 시험을 추가로 실시해 추가적인 가격조정을 한다. 즉 해고 대량 사용자의 곡물창고로 직접 인도할 수 있게 됐고, 더불어 중간상인의 창고 경유에 따른 품질저하 요인을 피할 수 있게 되었다. 즉 구매자로부터 프리미엄을 받을 수 있는 기회가 더 많아진 셈이다.

마찬가지로 대평원 지역 창고업자들도 멕시코 만 향발 기차수송을 활용해 동업자간에 수송을 조직화했다. 트럭 10대 분량으로 단일 수송을 하면 상당한 철도 수송세 절감 혜택을 받을 수 있기 때문이다. 이로 인해 지역 창고업자들이 재배농으로부터 밀을 구매하고 배달받는 양과 일정을 조정했고, 이것은 생산자들의 배달설비와 일정관리 행태도 바꿨다.

즉 같은 등급의 밀 또한 얼마든지 차별화가 가능하다. 구매자들도 이 차별화를 기대한다. 분명히 말하면 제품은 고객이 핵심적으로 기대하고 판매자가 핵심적으로 그것을 제공하는 일 이상의 것이다. 고객이 본원적 제품 이상을 기대할 때는 그 기대가 충족돼야만 판매가 이뤄진다. 또 판매자들은 고객의 기대를 충족시키기 위한 각기 다른 방법을 사용하면서 자신들의 제품을 구분 짓는다. 즉 고객의 기대를 따르면서 차별화는 이뤄진다.

확장 제품 The augmented product

고객의 기대에 부응했다고 차별화가 끝나는 것은 아니다. 고객이 생각하고 필요로 하고 기대하는 것 이상을 제공하면 제품의 범위도 확장된다. 예를 들어 컴퓨터 제조판매업자가 소프트웨어 진단모듈을 내장해 컴퓨터 작동오류 원인을 자동적으로 찾아내도록 했다면, 현재 몇몇 업체가 그러하듯, 고객이 요구하고 기대했던 이상으로 제품을 확장한 것이다. 건강 및 미용 보조품 제조업자가 유통업자들을 대상으로 창고운영에 관한 자문 프로그램을 운영한다면, 그 제조업자 역시 소비자의 기대나 요구 이상으로 그 제품을 확장한 것이다.

〈그림 1〉의 기대 제품을 둘러싼 띠는 이처럼 기대되는 제품에 대한 자발적인 제품성 강화를 나타낸다. 이 같은 제품 확장이 반복되면 구매자

는 그 확장된 제품성을 기대하게 된다. 만일 한 판매자가 더 좋은 배달 및 지불조건을 제공하면, 그 구매자는 다른 모든 판매자에게 같은 조건을 기대하게 되고 판매자는 다시 고객을 유지하고 유치하기 위해 더 다양한 편익을 제공하게 된다. 즉 고객들의 기대는 그들이 가능하다고 보는 수준까지 상승한다.

그리고 이로 인해 제품의 범위와 내용은 3가지로 구성된다. 첫째는 본원적 제품, 둘째는 그 기본 위에 고객이 요구하는 여러 조건을 충족시킨 기대 제품, 마지막으로 판매자가 경쟁력을 추가하기 위해 만든 확장 제품이다. 제품의 확장은 제품 차별화의 수단이다. 제품 차별화를 의식해서 의도적이고 체계적인 노력을 하는 경우는 드물지만, 거의 모든 판매자가 이 제품 확장을 시도한다.

한편 모든 제품의 모든 고객이 모든 상황에서 이 차별화 전략에 매료되는 것은 아니다. 어떤 고객은 확장된 가치보다 저렴한 가격을 선호할 수 있다. 또 어떤 고객은 그 확장된 가치가 아예 필요하지 않을 수도 있다. 예를 들어 보자.

- 중간 유통업자 없이 제조업자로부터 직접 구매를 할 수 있거나 자체적인 유통센터를 보유한 큰 규모의 소매상에게는 앞에서 언급했던 유통센터 및 그에 관련된 교육이 불필요할 것이다.
- 성숙기에 접어든 제품의 경우, 구매자들이 이미 전문가 수준에 이르러 기술적 지원이 필요하지 않을 수 있다. 철강시장이 성숙하면서 독

립적인 강판 유통센터가 급증한 것이 좋은 예다. 고객들이 제조업자들에게 교육받을 필요가 줄어들었기 때문이다. 대신 독립한 철강 유통센터들은 신속한 배달, 다양한 제품 구성, 소량거래 등을 통해 제조업자와 차별성을 확보한다. 또 부분적인 제작능력과 특정 기능 활용서비스를 제공함으로써 그들만의 제품성을 확장했다.

판매자가 제품 사용법을 잘 교육시켜 시장을 확장할수록 고객을 잃게 될 가능성 또한 높아진다. 더 이상 판매자의 도움이 필요 없게 되면 고객은 필요한 또 다른 가치를 가진 제품을 찾게 된다. 그 가치는 흔히 가격인 경우가 많다. 그러나 미국 내 독립적인 강철 유통센터가 성업하는 것을 보면, 가격만이 고객을 유치하고 유지하는 유일한 요인은 아니다.

구매자가 제조업자의 기술적 지원에 의존하는 경우를 보자. 이때는 제품 증폭을 위한 체계적인 프로그램에 집중해야 한다. 또 비용절감 및 가격인하에 집중해야 한다. 즉 제품 성숙은 다음과 같은 모순을 가져온다. 가격경쟁이 심해지고 가격인하가 중요해질 때는, 추가비용을 들여 새로운 제품 증폭을 해야만 이득을 볼 수 있다.

이 같은 제품 증폭은 시장이 성숙하고 고객의 수준이 높아진 상황에서 주로 나타난다. 그것은 숙련된 고객이 부가 제품의 이점을 향유할 수 없어서가 아니다. 가격경쟁의 늪에서 허덕이지 않으려면 판매자도 고객이 어떻게 반응할지를 시험해 볼 필요가 있기 때문이다. 고객들이 더 이상 확장 제품의 전부 또는 일부를 원하지 않는다면 어떻게 할 것인가?

그에 대한 대답은, 앞으로 고객들에게 제공 가능한 잠재적인 제품성이 무엇인가를 고민하는 것이다.

잠재적 제품 The potential product

잠재적 제품은 고객의 관심을 끌 수 있는 잠재적인 모든 것을 포함한다. 확장 제품은 제공했거나 제공하고 있는 모든 수단이었지만, 잠재적 제품은 제공할 수 있는, 즉 제공 가능한 것을 뜻한다.

이것이 가능하다는 것은, 고객과 경쟁자에 관한 정보에 기초해서 상상하는 것과는 다르다. 이 가능성은 일반적으로 변하는 조건에 크게 의존한다. 사업을 하는 사람들이 "요즘 사업 어때?"라는 의례적인 인사말 대신, "뭐 새로운 일 없어?"라고 묻는 것도 이 때문이다. 더 실질적인 정보를 얻기 위해서다. 이 같은 질문은 지금 일어나고 있는 변화를 설명하고, 또 그 변화된 조건 하에 효과적으로 경쟁할 수 있는 제품을 정의하는 데 도움을 준다.

미국의 강철 유통업자들은 철강 소비자들의 제조업자들에 대한 기술적 의존도가 줄어드는 것을 깨닫고, 해외 제조업자들로부터 수입물량을 늘렸다. 또 배달 기간을 줄이기 위해 재고시설을 확장하고 가공능력도 높였다. 또 미국 제조업자들의 자체적인 유통망과 제작시설을 확장했고, 때로는 고객과 더 가깝게 유통을 확장하는 전방통합을 실시했다. 또한 해외의 경쟁 제조업체들로부터 필요한 상품 일부를 수입하기도 했다.

하버드 경영대학원의 레이먼드 코레이 교수는 이 모든 것을 3가지로 간결하게 묘사했다.

1 시장전략 구상 시 제품의 형태는 확정적이 아니라 가변적이다. 제품은 시장의 요구에 따라 계획되고 개발된다.

2 제품은 그 기능을 통해 정의된다. 제품은 고객이 구매를 통해 얻게 되는 갖가지 효용의 총체다. 좁은 의미로 보면 모든 제품이 같아 보여도, 개별 공급자는 서비스, 확보 가능성, 브랜드 이미지를 통해 경쟁자와 자신이 공급하는 제품을 차별화시킬 수 있다. 이런 차별화들은 시장영역을 개발하는 기초다.

3 넓은 의미에서 제품은 각각의 고객에게 각각의 의미를 가진다. 시장선택과 가격책정 시 이 점을 반드시 고려해야 한다.

마지막으로 언급된 사항인 '시장선택과 가격책정'은 또 다른 차별화의 주제를 암시한다. 이것은 지금까지 얘기한 모든 게 서막에 불과하다는 점을 일러줄 것이다.

마케팅만큼 강력한 차별화는 없다

마케팅 관리 방식은 가장 강력한 차별화를 만들어낸다. 코레이 교수의 시장선택과 가격책정에 관한 선택 대안은 마케팅과정이 어떻게 진행되는지를 보여준다. 제조업체는 무엇보다도 마케팅과정을 통해 차별화되는 것이 현실이다. 마케팅은 가장 중요한 차별화 유형이다.

브랜드 경영과 제품 경영은 다른 경영수단과 비교하면, 큰 강점을 지닌 마케팅 수단이다. 특정 유·무형 산업재가 여러 곳에 사용될 때의 경영도 장점이 있다. 회사가 전체 시장에서 같은 방식으로 구매되고 사용되는 제품(예 : 소매유통망을 통해 판매되는 포장 세제)의 관리와 산업별로 다른 방식으로 구매되고 사용되는 제품(예 : 제조업자에게 직접 판매하거나 유통업자를 통해 제조업자에게 간접 판매되는 이소프로판올)의 관리를 전담인력에게 맡긴다고 한다면, 회사는 경쟁력 있는 강점 요소를 중심으로 조직을 구성하게 된다.

기본적인 속성이 비슷한 소비재 제품들은 브랜드, 포장, 광고, 가격 등으로 차별화를 시도한다. 그러나 가격에 의한 차별화는 다른 차별화와 동시에 이뤄져야만 성공률이 높다.

얼마 전까지만 해도 차별화되지 않았거나 그 정도가 덜했던 것들 중에 상당한 차별화를 이뤄낸 소비재 제품들(예 : 커피, 비누, 맥주, 설탕, 쌀, 바나나, 닭 등)이 있다. 무형의 소비재들(예 : 은행, 렌터카, 신용카드, 항공, 미용, 놀이공원, 뮤추얼펀드 등)도 최근 브랜드 차별화에 박차를 가하고 있다. 유무형 복잡 소비재(예 : 패스트푸드, 보석, 스포츠용품, 서적, 자동차용품 등)도 마찬가지다.

이들 각각의 사례 중 특히 유형 소비재의 경우, 차별화에 대한 이해도가 낮은 사람들은 포장이나 광고만이 차별화의 강력한 도구라고 생각한다. 심지어는 제품 자체의 본질적인 차이는 사소한 문제고, 진짜 중요한 것은 광고와 포장이라고 생각한다. 이것은 가장 잘못된 인식이다. 제너럴 푸드, P&G의 제품들이 시장 우위를 점유하고 있는 것은 단순히 광고나 포장의 차별화 때문만이 아니다. 또 IBM, 제록스, ITT, TI가 성공한 이유 또한 제품 자체가 본질적으로 우수했기 때문만은 아니다.

이들 기업들이 성공할 수 있었던 요인은 바로 차별화된 마케팅 관리 방식에 있었다. 다만 그 세심하고 다양한 분석 작업과 통제, 마케팅 현장업무 등이 가시적인 광고와 본원 제품의 독창성에 가려져 있었을 뿐이다.

홍보와 포장이 전부일까

브랜드 제품을 파는 식료품회사는 자동차회사와 마찬가지로 광고에 힘을 쏟는다. 그들은 자동차회사처럼 체인점 형태의 유통점이 없는 대신 도매 및 소매점과 밀착해 일을 진행한다. 자동차회사와 마찬가지로 유통업자들과 손발을 맞추는 것이다. 또 이 유통업자들은 많은 경쟁제품들을 취급하고 있고 제품의 유통경로 역시 길고 복잡하므로 식료품회사들은 이 유통업자들과 긴밀한 관계를 유지하려고 노력한다. 물론 대부분의 도소매 식품점들은 많은 경쟁제품들을 취급한다. 이것들은 브랜드만 다를 뿐 그 용도는 모두 같다. 세제만 해도 20개 이상의 브랜드가 판매되는데, 이것들을 파는 슈퍼마켓이나 소규모 편의점들은 이 물품들을 슈퍼마켓 체인점의 창고, 도매업자 협동창고, 또는 다른 도매업자들의 창고로부터 공급받는다. 보통 도매업자들은 경쟁 브랜드 모두를 취급한다. 때문에 전국적인 브랜드들은 홍보와 판촉을 통해 소비자를 유치하는 한편, 소매상과 도매상에게도 상당한 관심을 기울인다. 소매 단계에서 유리한 판매대를 차지하고 소매상으로부터 직접적인 홍보를 지원받기 위해서다. 또 도매 단계에서도 각고의 노력이 필요하다. 몇 년 전 제너럴푸드는 유통창고의 물품관리에 관한 대규모 연구를 진행했고 그 연구 결과를 사업에 유용한 권고안으로 만들어 잘 훈련된 전문가 집단을 통해 유통업계 종사자들에게 제공했다. 전문가들의 역할은 업계 종사자들이 그 권고안을 잘 따르도록 도와 그들의 지원을 얻어내는 것이었다.

이 회사는 또 소매업자들에게도 유사한 방법을 사용했다. 회사는 소매업의 공간 활용과 수익성에 대한 연구를 진행했고 소매업자들에게 공간 활용을 통해 수익성을 높이는 방법을 제시했다. 제너럴푸드는 이를 통해 소매업자들의 호감을 얻으려 했다.

비슷한 시기 필스베리(Pillsbury) 사도 소규모 편의점을 위한 프로그램을 제작했다. 효과적으로 매장을 운영할 수 있도록 도와주는 CMS(Creative Marketing Systems) 프로그램이었다. 물론 그 목적은 상점들로부터 필스베리에 대한 우호적 지원을 얻기 위함이었다.

더불어 공급자, 유통업자, 소매업자 간의 개선된 물류 및 물품관리를 위한 협력과정이 지속적으로 이뤄지게 했다. 부품 공급업자가 특정일, 특정시간에 자동차 부품공장에 제품을 배달하는 것처럼, 이 분야에서도 특정일, 특정시간에 배달을 맞춰야 할 때가 있다. 제품 인도 형식이 팔레트(pallets)건, 돌리(dollies)건, 벌크(bulk)건 모두 소비자와 소매업자들의 욕구를 맞춰야 한다. 경쟁자 우위를 점하기 위해서다. 동일한 가정용 제품일지라도 소비자, 소매상, 도매상의 구입 단위가 다르므로 생산자는 각 유통단계에서 무엇을 차별화할지 고심해야 한다.

여기서 끝이 아니다. 하인즈 사는 케첩을 포장, 판매, 인도할 때, 병원, 레스토랑, 호텔, 교도소, 학교 등의 단체에 납품하는 유통업자들에게는 다른 유통경로와 방식을 채택한다. 또 거래 방식도 경쟁업체인 헌트푸드 사와 차별화함으로써 이점을 얻으려 한다. 이 차별화 방식의 대표적 예는 제너럴푸드이다. 제너럴푸드의 특판 사업부는 70년대 중반 학교 식당을 대상으로 풍부한 테마 식단을 제공했다. 주 내용은 '아프리카 사냥 여행'이라는 의미의 사파리 식사로, '우간다 땅콩 스프'와 '모잠비크 생선 요리' 같은 재밌고 맛있는 메뉴가 포함돼 있었다. 또 '원시 사회의 장식물들'이란 테마로 학교 구내식당에 포스터, 콩고의 가면, 아프리카 모자, 호랑이 꼬리, 연꽃 월계관, 종이 원숭이 등을 전시했다. 이 기획은 제너럴푸드의 제품 수요 증가에 큰 영향을 미쳤다.

많은 사람들이 소비재 제품 마케팅은 홍보와 포장이 전부며 그것만이 차별화를 만든다고 착각하지만, 이러한 착각을 깨는 사례는 수없이 많다. 다만 광고와 포장은 눈에 잘 띄는데 반해, 마케팅 경영 방법은 쉽게 드러나지 않을 뿐이다.

마케팅 프로세스까지 차별화하라

언급한 4개의 회사(제너럴푸드, P&G, IBM, 제록스)는 모두 제품 또는 브랜드 관리 라인에 따라 조직(Brand-management lines)을 구성하고 있다. 또 IBM, 제록스의 경우에는 시장 관리자(Market managers)를 통해 이를 관리 보완한다. 차별화는 가시적인 판매가 아닌 마케팅 경영에 달려 있다. 제품 자체의 차이를 만들어내는 것을 넘어 그 모든 과정 또한 차별화해야 한다.

흔히 이소프로판올이라고 불리는 이소프로필 알코올을 만드는 제조회사를 예로 들어보자. 이소프로판올은 석유 정제과정에서 추출된 가스를 화학적으로 합성한 단순하고 전혀 차별화되지 않은 제품이다.

이 제품은 2가지 등급이 있다. 하나는 비정제 등급으로 수분이 9%고, 다른 하나는 정제 등급으로 수분이 1%다. 1970년 미국에서 1백9십만 파운드(86만 700kg)가 생산됐고, 그 중 43%가 아세톤 원료로 사용됐다.

아세톤은 코팅용제 및 화학공정용제, 플라스틱, 합성섬유, 약품 및 기타 화학물 원료 등 다양한 용도에 쓰인다. 또 이소프로판올은 플라스틱, 합성섬유, 페인트, 그 외 코팅제 제조에 쓰이는 이소프로필 아세테이트, 이소프로필아민과 같은 중간 화학제품 제조 원료로 사용되고, 그 외에도 다양한 종류의 래커와 코팅제를 만들 때도 쓰인다.

생산된 이소프로판올 중 일부는 위에서 언급한 품목 생산에 쓰이거나 다른 제조업자 또는 유통업자에게 판매된다.

그러던 1970년, 새로운 아세톤 제조공정이 도입돼 이소프로판올의 공급이 과잉에 이르렀다. 당연히 가격이 크게 하락했고, 수요가 공급능력과 비슷한 수준으로 회복되려면 5년이 걸린다는 예상이 나왔다. 이 무렵 한 대형 생산자가 아세톤과 이소프로판올을 다수의 제조업자들이 있는 대규모 거래시장(merchantmarket)에서 3억1천만 파운드(1억4천4십3만 kg)나 판매하는 실적을 올렸다. 회사 영업부서가 밝힌 판매규모는 다음과 같았다.

당시 이소프로판올과 아세톤의 시장 실세(파운드 당 최저 가격이 아세톤은 4센트, 이소프로판올은 6.7센트까지 거래됐음)가 지나치게 낮았다. 하지만 이 제조업자의 당시 청구서를 자세히 살펴보면, 같은 날짜라도 판매처마다 다른 가격을 제시해 거래했음을 알 수 있다. 이 사실에서 2가지 결론을 내릴 수 있다.

1 거래 당일 시장 실세가 얼마인지 모든 구매자가 정확히 알고 있는 것은 아니다.
2 모든 구매자들이 가격에 민감한 반응을 동일하게 보이는 것은 아니다.

추가 분석 결과, 이러한 가격 차이가 지역 뿐만 아니라 산업분류 및 고객의 규모 면을 따져봤을 때도 난다는 것을 알 수 있었다. 또한 또 다른 가격 세분시장이 확인됐다. 즉 코팅 제조업자들 간에 거래 가격이 달랐던 것이다. 농업화학물 제조업자들과 생화학물 제조업자들의 거래가격

산업 또는 용도	판매량 (단위 : 100만 파운드)
아세톤	124
기타 중간물	20
농업생화학	31
코팅	86
기타	49
합계	**310**

에 상당한 차이가 있었고, 위의 표에 나타난 기타 중간물 제조업자 사이에도 각기 다른 가격이 적용됐다.

마케팅 프로세스를 합리적으로 잘 관리했다면, 제품 관리자는 위에서 언급된 극명한 차이점에 대해 당연히 다음과 같은 의문을 가졌을 것이다.

1 우리 거래처 중에 어느 산업군이 가장 가격에 민감하고 어느 산업군이 가장 둔감한가? 기업 규모별로는 어떠한가? 회사별로는 어떠한가?

2 어느 기업이 가장 충성도가 높고 어느 기업이 가장 낮은가, 즉 어느 기업이 가격변동과 관계없이 우리와 거래하는가? 이유는 무엇인가? 어느 기업이 가격요인 때문에 우리와 거래하는가?

3 기술적 지원이 가장 필요한 회사는? 또 필요하지 않은 회사는?

4 우리가 제공하는 도움을 가장 많이 수용할 회사는?

5 우리가 선별적으로 가격을 올릴 수 있는 회사는? 그렇다면 선별적으로 가격을 지지할 수 있는 회사는?

6 이와 관련된 정보를 영업조직에 전파하고, 영업인력을 관리하고 활용하는 방안은?

이러한 의문을 해결하기 위해서는 상황의 경제성을 고려해야 한다. 뛰어난 영업조직이 정보력이 취약하고 가격변동에 둔감한 기업 고객에게 대량판매를 했다고 치자.

또 분류된 고객집단들이 각각 파운드 당 1센트, 2센트, 또는 5센트 더 높은 가격을 지불했다고 치자. 그렇다면 이 같은 영업방향 조정이 회사에게 줄 수 있는 직접적인 현금 기여도는 얼마나 될까?

다음은 이에 대한 답이다.

즉 판매물량의 10%가 0.1센트 더 비싸게 판매되면, 세전 수입은 3만

산업 또는 용도	판매량 (단위: 100만 파운드)	할증에 의한 추가 현금 기여		
		0.1센트 할증	0.2센트 할증	0.5센트 할증
아세톤	124	$124,000	$248,000	$620,000
기타 중간물	20	$20,000	$40,000	$100,000
농업생화학	31	$31,000	$62,000	$155,000
코팅	86	$86,000	$172,000	$430,000
기타	49	$49,000	$98,000	$245,000
합계	**310**	$310,000	$620,000	$1,550,000
50%, 할증된 가격으로 판매됐을 경우		$155,000	$310,000	$775,000
10%, 할증된 가격으로 판매됐을 경우		$31,000	$62,000	$155,000

1천 달러 늘어날 것이다. 또 판매물량의 50%가 0.1센트 더 비싼 가격으로 판매되면 세전 수입은 15만 5천 달러 증가할 것이며, 판매물량의 50%가 0.2센트 더 비싸게 판매되면 수입은 31만 달러 증가할 것이다.

앞에서 본 시장과 구매자 분석 결과를 보면, 이 정도 수입증가는 실현 가능성이 높아 보인다. 그렇다면 동일한 시장분석 방법을 온라인산업에 적용해도 괜찮을까? 분명 좋은 결과를 봤을 것이다. 그 생산자는 상당히 큰 이익을 얻음으로써 경쟁자와의 차별화에 성공했을 것이다.

제품 관리자와 시장 관리자는 이처럼 세부적인 마케팅 방향을 집중적으로 모색하는 사람이다. 제품 자체의 본질적인 차별화가 어려운 품목, 특히 산업용 소비자에게 원재료나 성분으로서 판매되는 품목 등을 생산하는 제조업자에게는 마케팅 프로세스의 세심한 경영이 강력한 차별화 수단이 된다.

현재 성공적으로 브랜드 경영을 유지하고 있는 많은 소비재 제품 회사들이 이 방식을 꾸준하게 활용하고 있다. 다만 마케팅 관리는 판매하는 제품만 차별화하면 된다고 오해하고 있을 뿐이다. 모든 제품은 차별화가 가능하다. 그리고 겉으로 드러나지 않는 강력한 차별화 방법 중 하나가 바로 마케팅 경영의 차별화다. 바로 이 같은 마케팅 경영을 통해 많은 회사들, 특히 1차 제품을 판매하는 회사들이 함정을 벗어날 수 있다.

PART 2

•

마케팅 상상력으로
수직상승하라

MARKETING
IMAGINATION

04
모방전략을 혁신하라
Innovative Imitation

혁신은 대단하고 모방은 우스운가

우리는 혁신이라는 위대한 신을 숭배하는 기업들과 살고 있다. 혁신이란 단순한 기대가 아닌 회사의 생존과 성장을 위한 필수조건으로 찬양받는다. 고도로 선동된 혁신에 대한 믿음은 어떤 면에서 태양신에 대한 나체즈 인디언 족의 절실한 믿음처럼 강하다. 더구나 사업가들이 믿는 '혁신'이라는 신과 나체즈 족의 장엄한 신 둘 다 똑같은 것, 부활과 생명을 약속한다는 점이 중요하다.

　지금껏 우리의 연구개발 에너지와 상상력은 지나치게 일방적으로 혁신의 창조에만 집중했지만, 지금부터는 비즈니스의 관점에서 혁신을 어떻게 유용하게 할 것인지를 생각해야 한다. 진정 혁신은 우리에게, 약속한 모든 것을 안겨줄까? 혁신이 진정한 자유로움을 줄까? 나아가 혁신은 약속이라는 점에서 신중한 포부와 어떻게 다른가?

우리는 새로운 제품과 방법들이 홍수처럼 쏟아지는 시대를 살고 있다. 혁신이 이 새로움의 가장 큰 흐름은 아니다. 오히려 모방이 혁신보다 더 큰 흐름을 주도한다. 주위를 둘러봐도 모방이 혁신보다 훨씬 많을 뿐만 아니라, 실제적으로도 기업성장과 이익으로 향하는 더 유력한 길로 여겨지고 있다. IBM은 컴퓨터산업에서 모방자의 위치를 선택했다. 텍사스인스트루먼트도 모방으로 트랜지스터산업을 시작했다. 홀리데이인의 모텔사업 역시 모방에서 출발했다. RCA는 텔레비전산업, 리튼은 예금과 대출, 플레이보이지는 출판과 엔터테인먼트의 모방자였다. 앞에서 예를 든 비즈니스보다는 작은 규모긴 하지만 많은 장난감들과 포장음식 등 일상에서 접하는 많은 브랜드 또한 굉장히 모방적이라는 사실을 발견한다. 모방은 어디에나 있는 반면, 혁신은 드물다.

혁신가의 열망은 모방가들의 파도를 불러온다. 소위 신제품은 실제로 널리 눈에 띌 때까지 대개 시장 속에 숨어 있다. 제품이 눈에 보이기 시작하는 것은 그것의 실제적이거나 일시적인 새로움 때문이 아니라 요란하게 그것을 뒤따르는 모방자들의 무리가 얼마나 많은가와 관련이 있다. 즉 고객들이 새로운 것을 깨달았다면 그 새로움은 모방적이고 늦은 새로움일 뿐, 혁신적이고 시의적절한 새로움은 아니다.

혁신이냐 모방이냐

혁신은 적어도 다음 2가지 유리한 위치를 선점한다. 첫째, 이전에는 없었던 새로움이라는 점과 둘째, 해당 산업이나 기업에서 하지 않았던 의미의 새로움이다.

엄밀히 말해서 혁신은 완전히 새로운, 전에는 누구도 한 적이 없는 어떤 것이 출현하는 것을 의미한다. 넓은 의미로 보면, 다른 분야에서는 이미 하고 있으나 특정산업에서는 처음 시도할 때도 혁신이라 할 수 있다. 반면 동종산업 내에서 한 기업이 연이어 혁신기업을 모방한다면, 그들에게는 새로움을 줄지 모르나 그것은 혁신이 아닌 모방이다.

- 하드웨어산업이 실시하는 버블형 혹은 스킨 포장법은 다른 곳에서는 이미 수년간 행해왔던 일이지만 하드웨어 업계에서는 '새로운' 혁신이다.
- 반면 특정 업체에게는 새로워도 그 산업의 경쟁자들이 일정 기간 이용하고 있었다면 그것은 모방이다.

이런 구별을 하며 학술적으로 개념을 따지자는 게 아니다. 이것은 한 기업이 연구개발 예산을 기획하고 기술개발 노력을 구조화하고 제품 정책을 세우는 것과 관련해 중요한 의미를 갖는다. 여기서 이 같은 개념 차이를 간단히 언급한 것은, 이 특성의 중요성을 명확하게 하면 차후에 제안할 시스템의 단계를 설명하는 데 도움이 되기 때문이다.

연구개발에는 많은 돈과 시간이 들지만 자칫 좌절로 끝날 수 있다. 게다가 그것이 완전한 새로움을 추구한다면 상당히 많은 인력과 자본을 쏟아부어야 할지도 모른다. 합리적인 수익에 대한 아무 보장도 없이 말이다. 그러나 그 노력이 다른 곳에서 이미 시도된 것들을 자기 산업이나 조직에 적용하는 것이라면, 필요한 특성과 투입되는 자본도 확실히 달라진다. 이는 상황적으로 매우 특별하며 속도 면에서도 프리미엄이 있다. 모방기업은 혁신기업을 재빨리 따라잡는 것을 원하지 않는다. 대신 마찬가지로 촌각을 다투고 있는 다른 모방기업은 추월하려고 한다.

이 같은 노력의 목적이나 성격을 '혁신'이라 부르는 것은 삽을 굴착기로 오해하는 것과 같다. 굴착기는 그저 삽을 더 크게 만든 것이 아니라 전체적인 특성 자체가 다르다. 일반 삽은 저렴하고 사용하는 사람도 특별한 훈련을 받을 필요가 없으며 유지비도 들지 않는다. 그러나 일정 기간 많은 삽이 투입돼야 할 일을 굴착기 하나로 해결할 때도 있다. 삽을 사용할 때는 비싼 물적 자산을 활용할 필요가 없이 그저 그에 대한 제어와 지휘를 담당하는 관리조직이 필요할 뿐이다.

이와 비슷하게 '획기적인 새로움'을 창조하기 위한 연구개발은 모방적인 연구개발과는 큰 차이가 있다. 후자는 단순한 디자인개발에 불과하다. 잘해봐야 남들이 이미 해놓은 것을 역추적해서 복제품을 만드는 것과 별반 다르지 않다.

이러한 차이는 어떤 노력과 정성을 쏟는가를 분별하는 데 중요하다. 때로는 연구개발과 혁신에 대한 비논리적 믿음이 혼란을 초래할 수 있다. 기업들은 그들의 경쟁과 성장전략에 대해 보다 신중한 경쟁전략과 성장전략을 추구해야 한다.

모방도 전략이다

혁신은 간혹 위험 부담이 따르지만 성공으로 향하는 생산적인 길이다. 그리고 오늘날 혁신적인 가능성에 대해 진취적으로 대처하지 못하는 기업은 반드시 경쟁의 위험 속으로 내몰리게 된다. 더군다나 이런 기업들의 구성원들은 편협한 사내 분위기와 행동 패턴을 가지는 경우가 많다. 그러나 혁신에 대한 탐구는 마케팅 지향의 일부다. 특히 신제품, 신제품 속성, 고객 서비스에서의 혁신 추구가 핵심이다.

그러므로 혁신의 기회를 찾아내려는 기업들은 우선, 자세를 바로할 필요가 있다. 이런 자세는 모빌오일(Mobil Oil) 사가 창안한 새로운 자동차 검사 수리센터처럼 '대규모 혁신'을 추구하거나, 눈금이 그어진 병에 분유를 직접 타도록 한 미드존슨(Mead Johnson) 사의 엔파밀 이유식처럼 성숙제품의 수명주기를 연장하거나 시장을 확대하는 '소규모 혁신'을 추구할 때 모두 유용하다. 존 스튜어트의 논문에서도 알 수 있듯이, 혁신은 기업 이미지를 진보적이고 리더적인 것으로 끌어올리는 등 이미지 구축 수단으로 효과적이다.

물론 오늘날 혁신을 수용하는 것은 모성애를 추종하는 것처럼 자연스러운 현상이다. 동시에 혁신에 반대하는 것은 모성애를 부정하는 것보다 더 놀라운 일로 여겨질 것이다. 피임약, 루프, 생리주기 조절, 사전점검이 가능한 산아제한 시대에, 의도하지 않은 임신은 용납할 수 없는 부주의함이나 제어할 수 없는 열정의 결과로 비춰지는 것처럼, 폭발적인 과학, 엔지니어링, 시장 조사, 새로움을 받아들이는 급격한 소비자 태도 변화의 시대에 혁신에 반대하는 것은 만회할 수 없는 순진함이나 가망성 없는 무지를 드러내는 것이다.

필요한 것은 세상을 바라보는 균형 잡힌 안목이다. 말하자면 혁신은 필연적이어야 하지만 동시에 현실에도 부합해야 한다. 그렇다고 혁신에 현실적인 모든 것을 반영하기란 어렵다. 모든 기업이 자신들의 업계에서 혁신적인 리더십을 지속하는 것이 불가능하기 때문에, 해당 업계를 리드하는 혁신자가 되려면 불필요한 위험도 감수해야 한다는 점을 알아야 한다.

아무리 의지와 상상력, 자원이 많아도 하나의 기업이 모든 경쟁자들을 제치고 동종업계의 혁신제품 모두를 최초로 생산하는 것은 불가능하다. 어떤 기업도 이 모든 것을 해낼 만큼 규모가 크거나 능력이 뛰어나지 않다.

더구나 단독으로 모든 분야에서 선구자가 되려는 시도조차 힘들다. 치러야 할 대가가 너무 크고 상상력, 에너지, 경영 노하우는 이미 업계에 골고루 분배돼 있어, 큰 무기가 되지 못한다.

필자는 혁신에 대한 연구를 통해, 대다수가 암묵적으로 알고 있는 하나의 결론을 내릴 수 있었다. 모든 기업들이 균형잡힌 혁신정책을 착실히 실행하지 않는다는 점이다.

'빠르게 모방하기'도 전략이다

만일 한 기업의 혁신 가능성이 몇몇 주요 측면에서 제한적이라는 사실을 알게 됐다고 가정하자. 그 즉시 우리는 생존과 성장전략으로서 모방을 생각하지 않을 수 없다. 이때 아무리 규모가 크고 경영 상태가 좋고 자원이 풍부한 회사라도, 경쟁적 관계의 압력으로 무모하게 혁신을 해서는 안 된다. 오히려 혁신은 신중히 개발된 전략의 일환으로 사용해야 한다.

이 말은 제품과 생산에 대해 적극적으로 역 연구개발을 수행해야 함을 뜻한다. 즉 이미 개발된 혁신적인 제품에 상응하는 모방 제품을 개발해야 하는 것이다. 더불어 업계에 완전히 새로운 제품이 등장하는 속도가 빠를수록, 동종업체들은 확실한 모방전략을 발빠르게 구사해야 한다. 그 전략을 개발하면 꼭 필요한 사업 판단력의 방향을 알 수 있을 뿐만 아니라, 역 연구개발의 방향 또한 정할 수 있다.

많은 산업에서 각 기업의 생존과 성장은, 새로운 제품을 얼마나 빠르게 모방하는가에 달려 있다. 시장 진입이 빠른 모방자일수록 유리해진다.

강력한 연구개발 부서를 가진 혁신기업들이 기본 아이디어 구상에서부터 시장에 내놓기까지의 평균 시간을 조사한 결과, 짧게는 1년, 길게는 3년까지 걸렸다. 그러나 이 중 경쟁기업의 혁신에 대응할 수 있도록 하는 비공식적인 혹은 암시적인 정책을 가진 기업은 하나도 없었다. 또한 역 연구개발에 자원을 투입하려면 어떻게 해야 하는지도 모르고 있었다. 이러한 기준을 만드는 것이 도움이 되는지 알만한 개념조차 없었던 것이다.

아래의 부수적인 조사 결과는 더더욱 놀라웠다.

- 이들 기업들은 어떤 형태로든 공식적인 신제품 계획 프로세스를 갖고 있었다.
- 이들 기업들은 최근 너무 오랫동안 모방에 대한 의사결정을 지체함으로써 상당한 수익을 창출할 수 있는 기회를 여러 번 놓쳤다.

정리하자면, 이 기업들은 신제품 혁신에는 매우 신중한 계획을 가진 반면, 더 중요한 모방에 관련된 작업의 진행 기준은 없었다. 그들에게 역 연구개발은 계획이나 신중한 고려조차 없이 단순히 발생하는 일에 불과했다. 이 연구개발은 대개 임의로 진행됐고, 때로는 타사의 행동에 거의 맹목적으로 대응하는 수준이었다. 또한 이들의 상황을 보면, 모방의 시점 또한 너무 빠르거나 또는 너무 늦어 큰 대가를 치렀다. 대부분의 기업들이 너무 늦게 모방하는 편이었다.

만일 그 모방이 한 해만 일찍 진행됐더라면 막대한 이익을 기대할 수도 있었다. 그 이익의 규모는 모방을 하지 않아 발생되는 판매 손실을 만회하고도 남을 만큼의 상당한 수익이었을 뿐만 아니라 전년도에 고가격으로 시장에 진입해 발생되는 순이익보다 큰 규모일거라 짐작된다.

'먹던 사과 전략' 능숙하게 구사하기

누구나 신제품에는 위험이 따른다는 것과 성공보다는 실패할 확률이 높다는 것을 알고 있다. 경쟁적 모방이 그토록 지체되는 이유가 바로 이것이다. 잠재적 모방자들은 방관자의 시선으로 혁신적인 제품의 운명을 조심스럽게 지켜본다. 만일 그러다가 제품이 성공적으로 출발한 것 같으면 그제야 움직이기 시작한다.

이 조심스러운 기다림 역시 매우 합리적인 비즈니스 기술이다. 필자는 이를 '먹던 사과 전략'이라고 불렀다. 이 전략은 선두로 신제품을 개발하지 않는다는 관행을 의도적으로 신중히 진행하는 것을 말한다. 이것은 "사과 맛을 보려고 꼭 첫 번째로 먹을 필요는 없다. 두 번째나 세 번째로 먹어도 늦지 않는다. 그저 꼭지만 남은 열 번째 조각만 먹지 않으면 괜찮다"고 말하는 것과 같다. 즉 우선은 다른 회사가 개척자가 되도록 놔두는 것이다. 만일 혁신가의 제품이 썩은 사과더라도 모방자들은 손해 볼 게 없다. 또 그것이 신선하고 맛좋은 사과라면 모방자들은 재빨리 움직여 남들보다 빨리 수익성 있는 부분을 잡아채면 된다.

그러나 경쟁업체 수가 적고 이윤폭이 매력적인 초기에 싱싱한 사과를 먹으려면 노련한 기술이 필요하다. 어떤 산업은 신속한 모방이 비교적 쉽다. 착수하는 데 문제가 거의 없고 필요한 자본이 적으며, 비교적 쉽고 빠르게 제품을 모방하는 경우가 여기에 해당하는데, 패션 업계가 그렇다. 그러나 착수 문제가 복잡하고 큰 자본이 필요하고 모방작업에 필요한 역개발도 오랜 시간이 걸릴 경우에는 사과를 두 번째나 세 번째로 베어 무는 데도 수년이 소요되고 동시에 여러 위험을 수반한다.

게다가 좋은 사과로 확인된 제품을 모방한다고 해서 자연적으로 위험률이 감소하는 것도 아니다. 다만 그 위험의 성격이 바뀔 뿐이다. 혁신기업이 자신의 제품에 합당한 시장을 찾지 못해 위험해질 때, 모방기업 역시 다른 경쟁제품들로 포화에 이른 시장에서 가격 경쟁을 벌이는 경쟁업자들로 인해 뚜렷한 위험과 맞닥뜨리게 된다. 그러나 다른 모방자들보다 모방 소요 시간을 줄일 수 있는 모방자는 엄청난 이익을 얻는다. 그는 모방자들의 선두인 동안 훨씬 적은 경쟁기업을 상대로, 안정적인 고가격을 확보하는 축복을 누린다.

목적 있는 모방이 성공한다

대규모이면서 건실히 관리되는 기업들 대부분은 연구개발과정, 혹은 제품개발과정에 대단한 노력을 기울인다. 많은 기업들에게 진정한 제품혁신은, 신중히 연마된 기업전략의 직접적인 결과다. 제품혁신은 임의적이거나 우발적인 것이 아닌 목적이 뚜렷하고 계획적인 것이다. 반면 모방은 규모가 크고 잘 관리된 기업들에서조차 임의적이고 우연히 이뤄지고 있다. 결국 이들의 모방작업은 해당 모방업체의 계획에 의한 결과가 아니라, 경쟁상대인 혁신기업이 계획했던 결과를 따라가는 형태로 나타난다.

다른 기업이 혁신을 계획하고 생산하면, 종종 경쟁자들은 다음과 같은 회의적인 반응을 보인다.

전동칫솔이 처음 소개될 무렵이었다. '휴대용 기기'와 '개인용 치료' 분야의 많은 기업들이 예상했던 뻔한 반응을 보였다. 전동칫솔은 "우리 회사에서 발명하지 않았으니 분명히 실패할 수밖에 없다"는 그럴듯한 이유들이 쏟아져 나왔다. 그러나 전동칫솔은 곧 소형 가전제품의 새로운 강자로 떠올랐다.

물론 휴대용 기기 분야의 모든 업체들은 전동칫솔의 추이를 유심히 지켜보고 있었다. 어떤 업체는 사용자와 가망고객을 대상으로 인터뷰를 진행하기도 했다. 그러나 회의적인 시각을 깔고 있던 탓에 이런 활동들은 경영자들조차 무심하다 말할 수준으로 문제를 처리했다. 심지어 몇몇 소형 전자제품 회사들은 이 조사를 사소한 호기심거리로 치부했다. 즉 자신들이 직접 고안한 혁신, 신중하게 얻어낸 혁신만을 더 절박하게 여기고 흥미로워했다. 만일 이 소형 전자제품 회사들이 경쟁업체의 혁신에 접근할 때 계획 또는 프로세스가 있었더라면, 아마 전동칫솔 산업에 기민하게 대처해 더 많은 수익을 창출했을 수도 있다.

혁신적 모방전략, 이렇게 전개하라

모방의 계획과 생산에 대한 건설적인 접근 방법에 대해 살펴보자. 이를 '혁신적 모방의 정식전략'이라고 명명한다.

단순하게 이렇게 가정해보자. 혁신기업이 만든 새로운 제품이 결국 성공했다. 또 그 제품은 〈그림 1〉처럼 다소 전통적인 수명주기를 따른다. 이

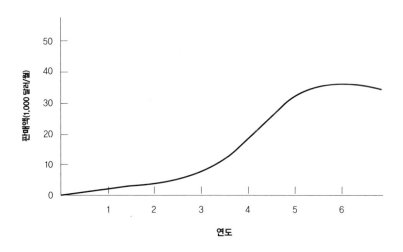

:: 그림 1 | 전통적 제품수명주기 ::

제품이 처음 등장한 시기는 0이다. 이때 경쟁업체 X가 그 존재를 재빨리

파악한다. 경쟁업체 X는 현재가격을 기준으로 이 제품의 전체 시장규모

가 월단위 최소 2만 개가 되지 않는 시장에는 진입하지 않으려고 한다. X

는 시장규모가 월 3만 개 이상일 때 매력을 느낀다.

　처음 혁신이 등장할 때, 제품 생산은 막대한 지출을 발생시키고 상당한

역 연구개발 비용과 시간을 요구한다. 이에 대한 다수의 경쟁자 X의 평균

반응은 다음과 같다.

• **0차년도** 사업 발생년도. 의사결정자는 "저게 과연 팔릴지 의문이네.

　우리는 일단 지켜보도록 하지"라고 말한다. 이것이 전부다.

• **1차년도** 업종과 상황에 따라 6개월이 될 수도 있다. 의사결정자들은

제품이 아직 진열대에 놓여있는 것을 보고 다소 놀랄 수 있다. 이 시기의 전형적인 말은 이것이다. "음, 아직 있군. 하지만 성공하긴 힘들 거야. 내가 전에도 말한 적이 있지만."

- **2차년도** 의사결정자는 이렇게 얘기할 것이다. "장사가 좀 되는 모양이던데. Y업체에서도 나선다는 소식이 들리고. 그러나 두 회사한테까지 떨어질 만한 건 없을 거야. 그것 때문에 파산할지도 몰라."
- **3차년도** 의사결정자는 아직 이 제품이 상승곡선을 타고 있다는 사실에 바짝 긴장한다. 반응은 이렇다. "자, 우리도 진지하게 검토해 보자구. 인력을 바로 투입하도록 하게."
- **3차년도와 4차년도 사이** 폭발적인 거대한 프로그램이 시작된다.
- **5차년도** 기업 X는 모방을 시도한 다른 6개 업체와 같은 시기에 시장에 진입한다.

패턴을 분석해 보자. X업체는 결과적으로 0차년도에는 제품 성공확률을 0%로 잡았다. 결국 모방제품을 준비하고 내놓는 적극적 움직임을 보이지 않기로 했다. 만일 성공확률이 0.1%라도 있다고 판단했다면 임시방편이긴 하겠지만 어떤 식으로든 초기 모방조치를 강구했을 것이다. 그러나 그 후 1차년도와 2차년도에도 아무 조치를 취하지 않았다. X업체의 조치를 보면, 혁신기업이 성공할 확률은 매 시점 0%였다. 그리고 중요한 것은 X업체가 3년째에야 민감함 반응을 보인다는 점이다. 하지만 그럼에도 그들은 역시 성공확률을 0%로 보고 있다.

"자, 우리도 진지하게 검토해 보자." 이 반응은 분명 초조함이 드러나 있다. 그러면서도 X업체가 이 시점의 성공확률을 0%로 잡은 이유는 무엇일까? 그것은 이 무렵에조차 역 연구개발과 관련된 복잡하고 장기적인 작업을 시행하기 위한 아무 조치도 취하지 않았기 때문이다. 제품을 언젠가 생산하려 했다면, 오랜 시간과 막대한 노력을 들여야 하는 이 방면에서 준비를 안 할 리 없지 않은가. 그들이 아무 대처도 하지 않은 이유는, 혁신기업의 성공확률을 0%라고 암묵적으로 생각했기 때문이다.

가능성 판단

명백한 것은 대다수의 기업이 순수한 새 제품이 상업적으로 성공할 거라고는 확신하지 않는다는 점이다. 적어도 1년이나 2년째에 경쟁자의 혁신이 실패하리라고 확신할 수 있는 사람은 거의 없다. 마음속에서는 실패와 성공에 대해 다른 추측을 하고, 어떨 때는 실제적인 가중치를 다르게 부여한다.

하지만 이러한 모호한 태도조차도 건설적인 사업 실행으로 이어질 수 있고, 그래야 한다. X업체는 마케팅 부사장에게 그 분야 주요 혁신기업이 내놓은 모든 순수한 신제품의 성공과 그 척도를 가늠할 수 있는 협력 예상안을 마련하라고 요구해야 한다. 예를 들어 단위 판매량에 대해 정직하고 신중하게 고려해 보라고 했다면, 부사장은 몇 개의 연속적인 시점에서의 성공확률에 대한 보고서를 들고 나타났을 것이며, 그 수치는 아마 아래와 같을 것이다.

0차년도 5%

1차년도 10%

2차년도 15%

3차년도 50%

이러한 예측판단을 성공확률 예상치(SPE, Success Probability Estimate) 라고 하자. 0차년도에 X업체는 마케팅 부사장이 작성한, 신제품을 효과적으로 모방하는 데 소요되는 역 연구개발 비용 측정을 얻었다. 쉬운 이해를 위해, 물론 수백만 달러가 드는 상황도 있지만, 일단 그 비용을 10만 달러라고 치자. 이 경우 올바른 방지책은 〈표 1〉처럼 매 단계별로 신제품의 성공확률 추정치를 측정하고 그 수준에 맞는 역 연구개발 예산을 정하는 것이다.

따라서 3차년도에 이르면 역 연구개발 비용의 절반이 충당되며 그 일

:: 표1 | 역 연구개발비 지출 계획 ::

연도	성공확률	연간 역 연구개발비 할당액	누계
0	5	$5,000	$5,000
1	10	$5,000	$10,000
2	15	$5,000	$15,000
3	20	$35,000	$50,000

부는 이미 사용됐을 수도 있다. 연구개발비는 산업이나 프로젝트마다 달라진다. 어떤 경우에는 0차년도의 성공확률 추정치는 5%, 즉 5천 달러가 된다. 이 비용으로 창업을 한다는 것은 어림도 없어, 예산이 1만 달러까지 치솟을 수도 있다. 또 어떨 때는 새로운 문제가 발생하기도 하지만 전략은 분명하다. 즉 경쟁자가 먼저 진출한 것에 대비해 사전에 대응책을 마련하는 것은 경쟁자가 신규 시장을 성공적으로 장악할 가능성에 대한 방어정책인 것이다. 이는 바람직한 경쟁 감각을 갖게 한다. 마치 보험증권을 미리 준비해두는 것처럼 말이다. 이러한 방어정책은 보험증권에 반영된 액면가치와 프리미엄처럼 모방 상품을 다른 경쟁자보다 시장에 빨리 내놓는 것을 목적으로 하는 역 연구개발과 같은 투자를 의미한다. 시간이 지나면서 보험증권의 액면가치와 프리미엄은 해마다 변화하는 혁신기업의 성공 가능성에 따라 모방자의 연구개발 비용과 예산을 융통성있게 반영하도록 수정되기도 한다.

모방자의 연계대응책

이러한 보험 프로그램을 모방자의 연계대응책(IH, Imitator's Hedge)이라고 부르기로 하자. 만일 X업체가 경쟁전략에 연계대응책을 포함했다면, 시장 속도가 둔화되고 경쟁은 심화되고 수익률도 낮아지는 5차년도에 시장에 진입하는 것을 피하게 될 것이다. 대신 4차년도에 시장에 접근해 재빨리 비용을 회수했을 것이다. 또 이 같은 분명하고 정확한 정책을 갖고 있었다면 신제품에 대한 성공이나 실패 역시 조기에 예측할 수 있었을 것이다. 모방자의 연계대응책은 신제품의 성패를 지켜보는 모든 과정에서 모방자가 보다 신중하고 정교한 의사결정을 내리도록 도와준다. 결과적으로 X업체는 3차년도에 접어든 어느 시점에서 시장에 진입할 수 있었을 것이다.

물론 복잡한 혹은 최소한 비교적 첨단 기술을 동원한 모방제품을 내놓는 것은 역 연구개발보다 더 많은 조건이 붙는다. 일단 생산설비가 준비돼야 하고 공장이 필요하다. 또 시간과 정성, 돈이 들어가는 일이 많다. 그 중에서도 설계와 개발은 신제품과 비슷한 특성을 가진 제품을 생산하기 위해 기존 생산라인을 수정해야 할 경우 가장 많은 시간 투자를 필요로 한다. 예를 들어 전기면도기를 생산하는 공장은 전동칫솔 생산에 쉽게 적응한다. 공기 제어기구 생산 공장은 실험용 펌프를 쉽게 만들어낼 수 있다. 하지만 어떤 경우에는 역 연구개발 문제와는 달리 엉뚱한 문제가 일어나거나 많은 시간이 걸리기도 한다. 연계대응책은 그렇게 쉬운 일이 아니다. 훌륭한 의도만으로 충분치 않으며, 모든 게 난관일 것이다.

엄밀히 연계대응책은 많은 문제가 발생하므로 시간을 고려해야 한다. 즉 경쟁적 모방의 자체 프로그램과 관련된 문제와 그 소요 시간을 최소화하는 모든 방법을 찾아야 한다. 지금 이론적이거나 불가해한 것을 말하자는 것이 아니다. 기술적으로 선진화된 국가의 군사 조직은 무기계획과 개발 등에 이러한 프로그램을 도입시키고 있다. 그들의 시간 절약이 한 국가의 생존을 좌지우지하는 것처럼, 비즈니스에서의 시간 절약은 곧 더 많은 이익으로 연결된다. 어떤 이들은 너무 일찍 신제품에 대한 역 연구개발을 진행해 투자금을 잃기도 한다. 그런 손해를 볼 때, 신중한 기업들이 조심스럽게 사들인 이 연계대응책에 들인 돈은 결코 쓸모없이 버려진 것이 아니다.

어떤 산업에서는 순수한 신제품 등장 속도가 너무 빨라 모든 제품에 수반되는 연계대응책을 세우기가 힘들다. 또 모든 기업이 모든 제품 기회를 이용하려 드는 것도 아니다. 그럼에도 지나치게 많은 연계대응책을 도입하는 것은 오히려 좋지 않은 결과를 낸다. 이 대응책에도 기준을 세울 필요가 있다. 즉 역 연구개발을 진행할 제품과 그러지 않은 제품이 무엇인지 가려내는 것이다. 이 기준은 다양한 형태로 나타난다. 예를 들어보자.

- 새로운 경쟁 제품이 회사의 능력과 얼마나 맞아 떨어지는가
- 기존 제품을 효과적으로 대체할 가능성이 있는가
- 시장 잠재력은 어느 정도인가
- 개발 비용은 얼마나 들 것인가
- 시장이 무르익기까지 얼마나 걸릴까

또 다른 기준 하나가 이것들과 유용하게 관련될 수 있다. 우선 잠재적으로 기업의 주요 제품에 직접적인 위협이 되는 극단적 상황은 없다고 치자. 또 기업은 앞으로 5년 동안 1차년도의 총비용이 Y달러를 넘는 새로운 모방자 연계대응에 전력을 다하지 않을 것이다. 특정 연도 회사의 총

연계대응 비용은 Y달러를 훨씬 웃돌 수 있지만, 모든 새로운 프로젝트들의 1차년도 총 비용은 Y달러를 넘지 않을 것이다.

이러한 정책은 활용 가능한 Y달러를 0차년도에 최고의 성공확률 추정치를 나타내는 계획안에 맞춰 분배하도록 규정할 수 있다. 만일 그 결과 '모방자의 연계대응' 프로그램을 적용할 프로젝트들이 계속 배제된다면, 원래 기준이나 회사의 총 IH 예산 혹은 그 둘 모두를 다시 점검해봐야 한다. 즉 원래의 기준에 문제는 없는지, 회사의 전체 연계대응 예산 규모는 적당한지, 아니면 이 2가지 모두를 검토해야 하는지 말이다.

혁신적 모방을 격려하고 보상하라

특징, 스타일, 포장, 가격으로 기존 제품의 주기를 연장하고 시장을 확대하는 혁신은, 현대 산업이 경쟁에서 사용하는 무기다. 또한 혁신은 흔할 것 같지만 우리가 예상한 것보다는 적을 것이다. 우리는 종종 모방을 혁신으로 잘못 보기도 한다. 혁신가가 몇 년 전 내놓은 제품을 모방한 제품이 눈에 띌 정도로 쏟아져 나오면 그것을 혁신으로 오해하는 것이다.

간단한 산술적 통계만으로도 우리는 혁신보다 모방이 기업들에게 적용될 확률이 월등히 크다는 사실을 알 수 있다. 제품, 공정, 서비스 등 순수한 신제품은 처음에는 보통 하나의 혁신기업에서 시작한다. 그러나 나중에는 무수히 많은 모방자가 생긴다. 어떤 회사도 계속해서 혁신가의 자리에 있을 수 없다. 때문에 어쩔 수 없이 모방자의 자리에 있게 된다. 또 혁신에는 큰 위험이 따른다는 것을 알고 이를 예상하면서 실행에 옮기지만, 모방에 따르는 위험은 잘 인식하지 못한다. 어떤 기업이 다른 모방업체와 같은 시기에 모방제품을 들고 나오면 그 위험률은 엄청나게 크다.

우리는 지금 이처럼 혁신의 가치에 대한 절대적이고 정당화된 믿음이 만연한 시대에 살고 있다. 때문에 많은 기업들이 매우 일방적인 보상체계를 개발한다. 갈채와 격려, 진급은 명백히 혁신자들의 몫이며, 실제로도 그렇다. 그러나 개인에게 혁신을 기대할 때 일어날 수 있는 부정적인 결과 또한 예상해야 한다. 가장 불행한 결과는 부정적인 분위기를 조성하는 것이다. 모방을 자주 행한 사람과 조직을 열등하고 가치 없다고 바라보는 시선이 그렇다. 그런 문제는 보상체계에서 비롯된다. 이러한 보상체계는 초기에 시행된 모방전략을 옹호하는 것을 주저하게 만든다. 모방전략은 회사가 지속적으로 추구해야 하고 효과적으로 활용할 수 있는 성공전략임에도 불구하고 말이다.

모방전략을 지원하는 조직은 모방 행위를 즉시 행동으로 옮기도록 도와야 하고, 혁신가가 인정받듯 창조적 모방자도 인정받아야 한다고 공언해야 한다. 체계적 모방을 거창한 혁신과 동일 선상에 놓는 것이다. 따라서 혁신적 모방 또한 혁신만큼이나 신중하게 진행해야 한다. 이 정책에는 모방자의 연계대응 확립이 필요하다. 어쩌면 이 새로운 제안은 어색하고 혹은 막연히 학문적으로 들릴지 모른다. 그러나 연계대응정책의 합리성과 편리성은 책임보험에 가입하는 것만큼 합리적인 생각이다. 그것은 성공과 관리를 위한 예산설정 개념보다 기발하지도 않다.

혁신을 거짓 메시아라고 하는 것은 과장일 것이다. 마찬가지로 모방을 새로운 메시아라고 하는 것도 잘못이다. 마찬가지로 혁신을 메시아로 보는 편협한 행동, 체계적인 모방의 힘을 폄하하는 행동은 더 큰 실수를 범하는 것이다.

05
서비스 시스템을 디자인하라
The Industrialization of Service

세계 경제의 가상 순환론

선진국의 경우, 한 세기 동안 서비스 분야가 전체 산업의 3/4을 차지하는
비율로 성장했다. 미국의 지난 20년(1956~1976)만 살펴봐도 비농업인력
중 서비스 부문이 재화생산 부문 대비 40% 빠르게 증가했다. 서비스업
의 확장은 정부기관, 학교, 기타 공공 고용 때문만은 아니다. 일반 부문 종사
자만 해도 지난 20년간 4배 가까이 빠른 속도로 증가했으니 말이다.

사실 눈에 드러나지 않는 거대한 서비스 분야도 존재한다. 시스템 설
계, 기기 설치 전 지원, 소프트웨어 수리, 유지보수, 배달, 징수, 부기 등이

대표적인 예다.

혹자는 개발도산국의 산업화 속도가 선진국의 산업화를 따라잡으면서 선진국들이 비교우위를 잃게 될 것이라고 말한다. 실제로 개발도상국에서는 가내수공업이 산업 노동으로, 수공이 기계가공으로 바뀌면서 엄청난 생산성 증가가 일어났다. 반면 이미 산업화가 이뤄진 선진국에서는 생산성은 낮고 노동집약적인 서비스 활동(예: 자동차 수리, 여행, 연예오락, 식당, 쇼핑, 교육 등)이 개발도상국의 제조산업 확장보다 빠른 속도로 성장하고 있다. 그러므로 선진국은 개발도상국에 비해 상대적 이점을 빼앗기게 될 것이라고 말한다.

이런 주장 때문에 선진국에서는 모순된 편집증이 생겨났다. 증가된 서비스 수요가 대량생산의 효율성을 떨어뜨려 물가상승을 촉발한다. 결과적으로는 생활수준이 낮아지고, 비효율적으로 생산된 서비스를 구매하려고 비싼 비용을 지출한다. 그런데 상대적으로 돈 가치는 떨어진다. 게다가 세계적인 경쟁력을 유지하기 위해 허리띠를 졸라매고 있는데도 생활수준은 더 나빠진다.

이것이 바로 세계 경제의 가상 순환론이다. 다시 말해서 우세한 국가 우위가 비효율적 서비스 수요를 늘리면, 저개발 국가는 이를 따라잡기 위해 노력을 하게 되고 결국엔 앞지른다는 논리다. 왜냐하면 그들의 기술이 점점 더 현대적으로 변하고 있기 때문이다. 일본, 독일, 홍콩이 바로 그 따라잡기의 극적인 예다. 반면 영국은 따라잡혀 결국 뒤처져버린 불행한 사례다.

알고 있는 서비스 개념을 버려라

한편으로 영국은, 더 발전된 서비스 집약적 산업 국가가 열세해 생활수준이 낮아질 것이라는 공포가 근거 없음을 보여주는 예이기도 하다. 특히 미국과 비교해서 영국은, 서비스 활동이 GNP에서 차지하는 비중이 높아졌고 그것이 꼭 절대적이거나 상대적인 국가 생산성 하락으로 이어지지 않음을 증명한다.

미국의 서비스 분야는 생산성을 향상시켰다. 그러나 영국은 완전히 반대였다. 그들은 지나치게 전통적인 서비스를 고수해 경제의 경쟁 생명력을 소진시켰다. 영국에서 '서비스한다'는 말은 주종관계를 떠올리게 해 상상력을 무디게 만들고 서비스 효율성을 가로막는다. 영국은 소매가가 무척 높은데도 혁신적인 소매 효율성을 가진 대형 할인마트의 건설법안을 부결시켰다. 이 대형 할인마트는 효율적인 미국의 슈퍼마켓이나 대규모 양판점보다 훨씬 효율적이었지만 소규모 개인 소매상들의 연합단체와 국내 정치인들의 저항을 받았다.

영국에서 일어난 대형마트에 대한 저항은 무엇보다 이 나라 졸부들의 전통적인 소자본가적 편협성을 반영한다. 이는 사실 훨씬 오래전부터 내려온 문화였다. 어느 나라나 역사적으로 계급 차별은 존재했다. 또 최하위 계층은 항상 상위 계층의 이익을 위해 봉사했다. 영국에서 '서비스'란 매우 개별화된 노동이었다. 하인, 하녀, 법무관, 푸줏간 주인, 야채상인, 재단사, 요리사가 개인적인 서비스를 일대일로 제공했다. 옷을 재단하거나 고기를 자르면서 특정한 고객을 위해 모든 것을 맞췄다. 오늘날도 마찬가지다. 경제적 벼랑에서 허우적대는 지금도 영국에는 중급 식당에서조차 과거의 하인을 모방한 직업들이 가득하다. 그들은 개별적이고 사소한 일들을 전문으로 한다. 문을 열고 코트를 보관소로 옮기고 더러운 재털이를 비우지만 설거지는 하지 않는다. 또 사무실에도 잔심부름을 하는 직원들이 도처에 널렸다. 이들의 서비스 목적은 전적으로 형식적이고 의례적이다. 비용과 관련된 문제는 차치하더라도, 무엇을 어떻게 해야 할지를 결정하는 사람들의 사고방식에까지 영향을 미친다.

서비스의 의미와 기능이 무엇인지를 전근대적으로 생각하는 한, 명령과 관습에 따르고 서비스를 맹목적인 순종 즉 노예 부리기쯤으로 생각하는 한, 구시대의 관념이 우리의 생각과 태도를 지배하는 한, 현재 불합리할 정도로 뒤쳐진 서비스 분야의 비효율성을 해결할 수 없을 것이다.

앞서 말한 영국의 서비스 낭비는 그들의 질긴 내구성을 보여준다. 미국의 경우는 이보다 덜하지만, 어쨌든 우리를 유혹하는 서비스 형태와 품질에 대한 오래된 족쇄는 지금도 남아 있다. 서비스란 마치 하인이 주인을 모시는 것처럼, 한 사람이 일대일로 다른 사람을 시중드는 것을 의미하며 그것이 최선이라는 흔한 추정이다. 그리고 이런 가정을 믿는 한, 서비스의 효율성, 신뢰성, 품질은 영원히 발전하지 못할 것이다.

서비스 개선의 기회는 곳곳에 있지만, 미국에서조차 그 기회를 알아보는 사람이 거의 없다. 우리는 과학기술로 놀라운 성과를 얻어낸 먼 곳의 영웅적인 우주비행사의 화려한 업적에는 찬사를 보낸다. 그러나 더 적은 도구와 더 단순한 방법, 덜 복잡한 조직으로, 생산적인 서비스 결과를 얻어내는 우리 주변 사람들의 업적은 무시한다. 필자는 우리가 일상적인 혜택을 누리면서도 얼마나 그것을 깨닫지 못하는지, 또 이런 혜택이 어째서 '서비스의 산업화'에서 비롯된 것인지 밝혀보려 한다.

산업화가 점점 더 진행될수록 서비스 집중 현상이 나타나기 때문에 신진국 경제의 미래 생산성 증가 비율을 고려할 때 몇가지 불리한 측면이 있다고 할 수도 있지만, 신흥 개발도상국들의 경제보다 기술 선진국의 경제 성장 속도가 서비스 집중 현상 때문에 감소한다는 주장은 설득력이 부족하다. 선진국은 기존 서비스의 활동의 효율성, 생산성을 향상시키기 위한 충분한 잠재력을 가지고 있고, 개발도상국들이 현대적인 산업기기와 시스템을 과감하게 채택한다 하더라도 선진국은 서비스의 산업화로 개발도상국보다 오히려 더 빠른 속도로 산업 전반의 생산성을 향상시킬 수 있다.

서비스를 산업화하는 3가지 방식

대형마트로 돌아가 보자. 미국에서 이 분야의 선두주자는 슈퍼마켓과 대량판매 할인점이었다. 일단 이들은 셀프 서비스로 우월한 효율성을 획득했다. 직원이 카운터 뒤에서 고객들의 요구에 따라 무게를 달고 포장하는 대신, 고객 스스로 이 일들을 진행하면서 처리속도도 빨라졌다. 직원이 마치 장인처럼 전체 식료품 목록을 작성하고 고객을 일일이 돌봐주던 모퉁이 식료품 가게는 효율적인 진열대가 있는 슈퍼마켓으로 대체되었다. 조립 라인을 이동하면서 자동차 부품이 조립되는 것처럼 이제 고객들 스스로가 진열장 사이를 돌아다니며 카트를 채운다.

슈퍼마켓과 대형 할인매장은 전통적인 장인제도를 산업화한 것이다. 둘 다 훌륭한 경제성과 효율성, 제품성을 지녔다. 지금의 자동차는 믿을 만하고 저렴하며 내구성이 뛰어난데다 개인 구매자 수백만 명의 요구 또한 거뜬히 처리하고 있다. 즉 소비자들은 낮은 가격으로도 기호를 충족시킬 수 있다. 만약 이런 자동차를 만드는 사람이 독립된 장인이라면 더 독특하고 개인적이고 흥미로운 자동차를 만들지는 몰라도, 너무 독자적이라 지나치게 개성적이고 실험적인 자동차가 탄생했을 것이다. 옛날식 푸줏간 주인도 마찬가지이다. 그는 고기를 부위별로 더 정교하게 자를 수는 있겠지만 값은 더 높게 받았을 것이다.

슈퍼마켓은 서비스의 산업화를 보여준다. 슈퍼마켓은 더 많은 공간과 자본을 가지는 대신 그 수는 적다. 이 과정에서 전통적인 방식의 '서비스'는 새로운 효율성, 낮은 비용, 더 나은 소비자 만족으로 대체돼 효율적인 창조적 파괴과정을 거쳤다.

이미 산업화된 서비스는 이외에도 많다. 대부분 우리 직장에서 볼 수 있는 사례지만 이것을 눈치채는 사람은 드물다. 우리의 삶과 사업이 가지는 혁명적인 중요성을 완전히 이해하는 사람은 더 적다. 우리는 깨끗한 공기와 먹을 음식이 사라질 때, 비로소 그 중요성을 깨닫게 된다. 과거보다 생산적인 서비스를 탄생시킨 산업화는 충분히 주목할 가치가 있다. 이런 관찰은 다른 서비스 활동에 이 원칙들을 도입할 때 큰 도움이 된다.

서비스의 산업화 방식은 3가지다. 하드 테크놀로지, 소프트 테크놀로지, 하이브리드 테크놀로지다.

이 중 가장 명확한 방법은 하드 테크놀로지이다. 하드 테크놀로지는 서비스 작업을 수행할 때 사람 대신 기계, 도구 혹은 다른 유형의 인공물을 이용하는 것이다.

〈하드 테크놀로지의 예〉

1 **심전도계**는 청진기를 사용했던 고임금 의사 대신 저임금 기술자를 고용 가능하게 했다.

2 **소비자 신용카드와 수표 기계**는 번거롭고 시간이 오래 걸리는 수동 신용 체크 방식을 대체했다.

3 **공항의 엑스레이 장비**는 혼잡스럽고 짜증스러운 수동 수화물 검사를 대체했다.

4 **자동 세차기**는 종업원들이 일일이 손으로 하느라 세차 상태도 일정치 않은 손세차를 대체했다.

5 **폴라로이드 카메라**는 현상소에 맡겨 다시 사람 손을 일일이 거치는 현상과정을 대체했다.

6 **자동 요금징수기**는 교각, 전철입구 등의 징수원을 대체했다.

7 **식기세척기, 인스턴트 식품, 다림질이 필요 없는 옷, 화학처리로 먼지가 묻**

지 않는 옷 등은 가정주부들의 수고를 대체했다.

소프트 테크놀로지는 미리 조직화된 체제로 개인적인 서비스 요원을 대신한다. 때로 사용되는 도구나 기술이 수정되기도 하지만, 여기서 중요한 특성은 원하는 결과를 위해 미리 특별한 하드웨어나 작업 순서를 통해 고안해 놓는 시스템이 있다는 것이다.

〈소프트 테크놀로지의 예〉

1 **슈퍼마켓과 셀프서비스 업소들** 간이음식점, 식당과 샐러드 바, 세탁실, 개가식 도서관 등.

2 **패스트푸드점** 맥도날드, 피자헛, 던킨도너츠, KFC 등. 이 시스템은 복잡한 계획이 필요하다. 일부 직원은 중앙창고에서 패티를 준비하고, 일부는 빵, 일부는 샐러드만 준비하는 식이다. 판매 단계에서도 전문화 시스템이 도입돼 신속성과 품질 통제, 청결, 활기, 낮은 가격을 창출했다.

3 **여행 패키지는** 시간이 많이 드는 판매과정과 고객 요구에 맞춰야 하는 번거로움, 지루한 가격흥정 등을 사전에 생략해준다. 아메리칸익스프레스는 가장 많은 종류의 패키지 여행제품을 보유하고 있고 이 제품들을 팜플릿이나 잡지에 광고한다. 이 역시 원칙적으로는 조립 라인과 같다. 그러나 아메리칸익스프레스는 여행을 만들거나 직접 실행하지 않는다. 그 일은 다른 사람들이 한다. 이 회사는 주로 정보

를 모으고 패키지로 만들어서 판매하는 일만 한다.

4 **오프더셀프**(Off-the-shelf) **보험**은 모든 사람에게 동일한 조건으로 보험률이 적용되는 상품으로 한번 계약하면 변경이 불가능하다. 올스테이트(Allstate) 보험사는 이 분야의 대중 마케팅의 선구자로, 이 상품은 집집마다 다니면서 매주 돈을 징수하는 구식 보험판매자들을 대체했다. 또한 이 기업은 우편을 통한 패키지 보험상품을 개발해 판매하기도 했다.

5 주식을 일일히 선택하는 것을 대체한 **뮤추얼펀드**는 모호함과 불확실성, 반복적인 거래마다 이어지는 재판매와 재교육으로 가득 찬 종전의 거래를 대체했다.

6 **크리스마스 쇼핑용 정기적금과 총액 세금공제 시스템**은 둘 다 한번에 판매하고 계약하고 나면 자동적으로 규정에 따라 관리함으로 비용이 감소된다.

7 **우편을 통한 금융거래 시스템**

8 **영업사원 이동 경로선정 시스템**은 이동시간은 줄이고 세일즈와 서비스에 할애할 시간을 최대로 늘렸다.

9 **소득세 세무서비스**는 완전히 체계화됐으면서도 개인 맞춤이면서 가격이 낮고 정확성과 확실성을 보장한다. 이 분야의 선구자이자 지배자는 두말할 것 없이 H.&R. 블록이다. 하이브리드 테크놀로지는 기계장비와 신중히 계획된 산업 시스템을 결합해 서비스과정에 효율성, 체계, 속도를 높인다.

〈하이브리드 테크놀로지의 예〉

1 **컴퓨터를 이용한 장거리 수송트럭의 이용 및 경로선정 시스템**은 도로의 종류와 등급, 정차할 곳, 교통혼잡, 도로통행료에 따라 신중히 프로그램 돼 트럭 이용을 최적화하고 사용 비용은 최소화한다. 이것을 가장 폭넓고 복합적으로 활용하고 있는 사례는 커밍스 엔진(Cummins Engine's)의 '파워 경영 프로그램'이다

2 **무선 조종 트럭 운송 및 경로변경 시스템**은 달라스의 텍사스 인더스트리에서 개척하고 발전시킨 기술이다.

3 **단일 통합열차 개발 시스템**은 볼티모어오하이오 철도사의 석탄이나 리노이스센트럴의 곡물처럼 중간 정차역을 제거해 효율적으로 빠른 장거리 운행을 할 수 있게 한다. 이 시스템은 출발과 도착지, 그 사이에 철저하게 계산된 연계작업이 필요하다. 볼티모어오하이오의 경우, 웨스트 버지니아의 탄광에서 볼티모어까지 21일 걸리던 왕복 운행시간을 7일로 단축했다.

4 **농산물의 원거리 주문 전 출하 시스템**은 캘리포니아의 레몬을 주문이 들어오기 전에 출하시킨다. 기상예보서비스를 이용해 레모네이드 소비가 높아질 지역을 중간 경로로 넣어가며 운송한다. 더운 도시를 그냥 지나치는 것은 판매량을 떨어뜨리는 일이기 때문이다. 스웨이어하우저도 이와 비슷한 재목 운반 시스템을 개발했다. 이 경우에는 일람표 없이 먼 거리에 있는 고객들에게 '즉각적인' 운송이 가능해졌다.

5 서비스를 제한해 빠르고 저렴하게 수리하는 업소, 마이다스 본래 자동차 머플러와 변속기 상점이었지만, 지금은 대량주문, 전문화를 통해 빠르고 믿을만한 서비스를 제공한다.

6 잠재고객에 대한 위험을 측정하고 그 조건을 평가하는 금융서비스 회사는 주기적으로 감사팀을 보내 개별적인 계정 대장에 있는 계정을 평가한다. 예전에는 감사원들이 모든 항목을 손으로 체크했지만, 일단 이렇게 컴퓨터 시스템을 갖추자 소요 시간이 80% 감축됐다. 또 고객기업 쪽에서도 이를 연이어 시도했다.

이상의 예들은 친근하지만 제대로 인식하지 못했던 하드 테크놀로지, 소프트 테크놀로지, 하이브리드 테크놀로지가 산업혁명 이전의 전통적인 작업 방식을 대체한 경우다. 이전의 작업 방식은 늘 장인문화의 연장선상에 있었다. 하인이 주인에게 봉사하는 식의 맨투맨이거나, 초기 산업화 방식에서 보듯 말이나 삽 같은 낮은 수준의 미약한 도구를 더 효율적이고 강력한 기관차나 굴착기 같은 기계로 대체하는 정도였다. 다행히도 요즘에는 더 많은 가능성이 존재한다. 그 중 일부는 기대 이상의 결과를 약속하기도 한다. 하지만 대다수는 이런 기회를 인식하지 못한다. 또한 이것이 얼마나 많이 활용되고 있는지, 얼마나 개선됐는지조차 모른다. 그야말로 우리는 전통유산이라는 족쇄에 묶여 있다. 새롭고 중요한 물건이 발명돼도, 우리가 얻은 게 무엇인지 몰라 응용가능성도 모르는 것이다.

최상의 서비스는 서비스가 필요없게 만드는 것이다

'이보다 믿을 만한 수리 서비스는 없을 것입니다.' 많은 광고들이 이렇게 말한다. 너무 뻔한 상투어다. 하지만 제너럴일렉트릭 서비스센터의 깨끗한 흰색 수리트럭이 집앞에 나타났다고 치자. 아마 당신은 픽업트럭을 타고 온 제대로 교육받았는지조차 의심스러운 수리공에게 시장에서 수용할 수 있는 가장 높은 가격을 지불했던 것보다 더 나은 서비스를 기대할 것이다. 엑슨 A/S센터를 만나도 그런 기대를 할 것이다. 엑슨의 A/S센터는 완전한 장비를 완전히 갖추고 좋은 조명에 온도조절까지 되는 작업시설을 갖추고 있다. 더구나 그들은 유니폼을 입고 미리 정해진 가격대로 견적서를 산출한다. 또 고객과의 약속을 정확하게 지킨다.

서비스 분야는 개선의 기회가 많은 분야이긴 하지만, 먼저 2가지 전제가 충족돼야 한다. 첫째, 서비스 기업이 산업적인 사고방식을 가질 것과 둘째, 풍족한 자본을 확보할 것.

엑슨 A/S센터를 보자. 작업이 효율적이려면 우선, 분업이 가능해야 한다. 변속기 설계전문가가 오일교체 같은 단순작업을 해서는 안 된다는 뜻이다. 반대로 최저임금을 받는 오일교체원에게 변속기 수리를 맡겨서도 안 된다. 또 분업의 효과를 보려면 일단 규모가 커야 한다. 넓은 부지 위에 세워진 커다란 공장과 노동력 절감을 위한 최첨단 장비, 진단, 수리 기계에 대한 전문적 관리는 물론, 보다 넓은 지역으로부터 더 많은 운전자를 매료시킬 설득력 있는 광고도 필요하다. 또 멀리 사는 운전자들을 위해 직접 견인하는 서비스도 있어야 한다. 이 모두를 하려면 고정비용이 많이 든다. 즉 서비스의 효율성을 높이는 일이나 제조업의 효율성을 높이는 일이나 똑같이 공장, 장비, 광고 등에 투자를 필요로 한다. 신모델의 자동차를 효율적으로 생산하기 위해 계획, 조직화, 훈련, 통제 등의 과정을 설계하는 것과 같다. 서비스의 효율성 제고를 위해서는 우선, 서비스가 무엇이고 어디까지 개선될 수 있는지, 재정적인 관리는 어떻게 해야 하는지 알아야 한다.

여기서의 키워드는 바로 규모다. 그러니까 단위당 생산비용을 낮출 수 있는 시스템과 기술을 도입해도 될만한 충분한 작업량을 확보하고 있느냐가 관건이다. 소규모 사업장은 이런 개선의 필요성을 느끼지 못한다.

그리고 규모의 법칙은 다른 유망 산업에도 똑같이 적용된다.

1 전문적이고 고도로 자동화된 의료진단 클리닉

다몬코포레이션(Damon Corporation)은 현재 미국 전역에 이 같은 클리닉을 125개 운영하고 있다. 이들은 125명의 의사와 22명의 박사와 1천4백 명의 첨단 의료 기술자들을 고용하고 있으며 현대 장비를 통해 광범위한 진단을 실행하고 있다. 이 클리닉이 생기기 전에 환자들은 여러 의사와 클리닉을 거치며 몇 배의 시간과 돈을 써야 했다.

2 분야별 전문가를 갖춘 선불제 건강관리센터

캘리포니아 주 오클랜드의 카이저재단이 개척한 이래, 현재 미국 전역에 이 건강관리기구 HMO(Health Maintenance Organizations)가 수

백 개나 설립됐다. 회원들은 연회비만 내면 각 분야별로 첨단기술을 갖춘 의료전문가와 기술자들에게 진료를 받을 수 있다. 외래 환자만 받을 수 있었던 값싸고 신속하고 편리한 의료서비스도 마찬가지다. 또한 1970년 애리조나 주의 피닉스에서 처음 시작된 이동외과시설 ASF(Ambulatory Surgical Facilities)은 백 개 이상이 운영되고 있다. 그들은 위험도가 크지 않는 125종의 수술을 집도할 수 있는 장비와 2개 이상의 수술실, 회복실, 진단센터를 가지고 있다. 만약 편도선 수술을 받는다고 하면 검사, 수술, 회복, 퇴원을 하루만에 마칠 수 있다. 몇 년 전 비영리 법인 미첼리스병원의 편도선 수술비용은 548달러였다. 반면 시카고의 영리이동외과시설인 노스웨스트의 서지케어(Surgecare)에서 수술을 하면 169달러가 든다. 메트로폴리탄 보험사는 22개 이동외과시설을 활용해 3년간 백만 달러 이상을 절약했다고 추정했다.

3 컴퓨터 자동수정 타자기를 갖춘 워드프로세싱 스테이션

많은 비서들이 큰 회사의 사무실에 흩어져 근무하며 많은 시간을 단순 타이핑 업무에 할애한다. 이때 비서 대신 이 워드프로세싱 스테이션에 타이핑을 집중시키면, 많은 양의 반복적인 타이핑 업무가 수월해지며 이를 관리, 계획할 수 있게 된다.

4 신선하고 맛있는 음식과 샌드위치를 편의점, 개인 클럽, 사무실 등에 제공하는 중앙집중식 조리센터

스튜어드샌드위치 사 같은 몇몇 회사들은 정기적으로 배달도 하고 고객에게 적외선 오븐이나 전자레인지도 제공한다.

서비스를 향상시키는 특별한 두 번째 방법이 있다. 바로 제품 디자인 단계에서부터 제품수리를 쉽게 할 수 있도록 만드는 것이다. 여기에 가장 유명한 해결법을 제시한 사례가 모토로라의 '박스형 부품교환' TV다. 모토로라는 훌륭한 사원이나 사원교육에서 더 나은 서비스가 나온다는 전통적인 생각을 버리고, 수리공이 아예 필요없도록 만들었다. 즉 TV를 모듈식으로 조립해 손상된 주요 모듈만 교체하면 즉각 수리가 가능하도록 한 것이다. 이는 '삼각 편대 유지보수'라는 군대식 개념을 본뜬 것으로, 신속한 복원을 강조한다. 모토로라 역시 이를 통해 고장 난 TV를 재빨리 원상태로 돌려놓았고, 판매량 증가로 이어졌다. 그 결과 모토로라는 효율적으로 저가격 TV를 만드는 방법을 터득했다. 판매 후 유지보수 서비스에 관심이 없는 산업 장비 취급업체들은 이렇게 말한다.

"서비스는 비용이 너무 많이 든다."

"서비스는 시간이 너무 많이 든다."

"서비스는 정말 무서운 것이다!"

반면 허니웰(Honeywell) 사는 부품교체가 어려운 실내 자동온도 조절기를 재설계해 몇 개의 부품교체만으로 A/S가 가능하도록 했다. 또한 그 과정에서 모든 유통업체가 보유해야 했던 창고를 없애는 대신, 유통업자들에게 제품 전체를 싣고 다니며 더 빠른 서비스를 제공하라고 요구했다. 이를 통해 허니웰의 부품들은 신속한 상호보완이 가능하게 됐다.

앞서가는 기업의 서비스 따라잡기

트랜스아메리카, 업무를 단순화하다

트랜스아메리카 재산소유권 보험회사는 매주 콜로라도, 웨스트코스트와 사우스웨스트, 미시건의 수많은 소규모 대리점에서 수천 건의 재산소유권 보험신청을 받는다. 서기들과 법정권리 양도 대리인들은 이 조건부 발효증서를 접수할 때마다 자산기록을 통해 신중한 권원조사를 실시한다. 먼저 조건부 발효증서를 발부하는 대리인들은 구매자에게 재산소유권 보험신청과 관련하여 구매 후 요구, 결함있는 자산조사, 명백한 선취, 세금 미납, 일부 판매자들의 권원을 무효화시키는 유언장의 발견과 같은 사례를 검토해 안전하게 계약할 수 있도록, 또 계약 발효 후에도 클레임을 요구할 수 있도록 예비적인 보험정책을 마련한다. 이러한 예비정책의 준비에는 수많은 전화통화, 산더미 같은 서류작업, 불만사항에 대한 잦은 요구 등이 수반된다. 또 구매자, 판매자, 부동산 중개인, 임대인, 세무사, 감정사, 철저한 검사원 등 거래 관련 당사자들의 도움이 필요하다. 이런 모든 소음, 활동, 압력의 소용돌이 속에서 미납 세금, 이자율, 각종 부과금 등과 같은 신용과 빚에 관한 정확한 계산을 해야 한다. 또 각 당사자의 잔여 의무에 대해, 이것이 어디까지 어떻게 부과되는지에 대해서도 교육해야 한다. 즉 수많은 법정 양도 대리인들은 이 모든 수속을 빠르고도 효율적으로, 오류 없이 매일 진행해야 한다.

트랜스아메리카는 이런 복잡한 일들을 체계적으로 산업화했다. 수행돼야 할 다양한 기능들을 신중히 평가하고 중요도에 따라 몇 개의 차별적인 부분으로 나눴다. 사무실 직원이 모든 일을 다 하는 대신, 일부는 타이틀 탐색만, 일부는 감사만, 일부는 최종 서류작성만, 일부는 최종적인 정책만을 담당했다. 그 결과 생산성과 업무 정확도가 폭발적으로 올라갔다. 재정상의 계산과 타이핑의 전산화가 더 큰 도움을 주었다. 동시에 획일화된 작업들이 관성화되는 것을 막기 위해 작업 할당 시스템을 주기적으로 순환하고, 경력사다리를 만들어 전문화된 직원들에게 승진과 자기계발의 기회를 줬다.

스피드를 시스템화한 어느 신발수선 기업

미국의 한 포장재 회사의 유럽 주재 생산관리자인 힐스턴은 신발굽을 가는 데 2주나 걸린다는 사실을 납득할 수 없었다. 그래서 그는 동료 한 명과 함께 신속한 신발수선 시스템을 만들었다. 당시 딱 맞는 장비가 없어, 한 생산업체를 설득해 필요한 장비를 만들도록 했는데, 한 켤레의 신발 굽을 가는 데 2분 이상 걸리지 않도록 설계됐다. 그들은 브뤼셀의 가장 큰 백화점을 설득해 그 안에 40평방 피트(약 1.2평)의 즉석 수리점을 개업했다. 그러자 손님들이 두 블록이나 줄을 서서 기다리기 시작했고, 그들은 4년 동안 유럽 전역의 백화점, 기차역, 그리고 슈퍼마켓에 1천4백 개의 점포를 냈다. 그 비결은 무엇일까? 그들은 스피드를 시스템화한 것이다. 시스템을 지원하는 장비를 고안했을 뿐 아니라, 질과 작업률의 기준, 직원의 선택과 교육, 재고품의 배치 방법까지 만들었다. 또 접착제와

재봉틀의 종류를 개발했고 고객들이 기다리는 동안 작업 진행과정을 직접 볼 수 있게끔 좌석을 새로 배치했다. 또 소음이 적은 기계와 전기 집진기를 골라 작업장과 주위 상점이 불편을 겪지 않도록 했다. 그렇다면 소비자들이 지불하는 가격은 어땠을까? 물론 더 낮았다.

포드, 전화로 자동차를 팔다

판매비용을 줄이기 위해 업종별로 여러 가지 방법을 구사한다. 이를테면 판매기능을 제거한 셀프서비스 점포를 운영하는가 하면, 단 한 번으로 다수의 판매를 대체하는 뮤추얼펀드, 미리 짜인 일정으로 협상을 대체하는 패키지 여행 상품, 그리고 산업재 판매에서도 셀프서비스 발주가 가능하도록 품목 및 부품 카탈로그를 발행하기도 한다. 또 정교한 직접 우편과 신문과 잡지에 주문서 양식을 넣는 방법도 증가하고 있다. 또한 DM이나 카탈로그 방식을 적용한 판매기법도 빠르게 성장하고 있다. 여기서 주목할 점은, 제품이 아예 광고 매체들을 감안해 만들어진다는 점이다. 실제로 몇몇 생명, 상해, 실비보험, 상당수의 음악 앨범이 우편, 신문, 혹은 TV 판매용으로 특별히 만들어진다. TV-전화 응답 판매로 연간 수입 1억6천4백 달러를 거둬들이는 케이텔(K-Tel) 사가 대표적이다.

실제로 전화 판매는 세일즈 세계에서 인기있는 방법이다. 1975년, 하루 평균 7백만 명의 미국 소비자들이 광고 관련 전화를 한 번 이상 받았다. 그 중 3백만 명은 그 설명을 들었고 46만 명은 제품을 구매했다. 평균 구매 비용은 6십 달러로 하루에 2천8백 달러, 연간 6십억 달러였다.

처음 대중 마케팅 전화 캠페인이 도입된 건 10년 전 포드사에서였고, 그 첫 실행은 텔레마케팅 서비스에서 가장 전문화된 기업인 CCI에서 이뤄졌다. 이들은 1만5천 명의 가정주부를 고용하고 교육시켜 집에서 2천만 통의 전화를 걸도록 했다. 그들은 꼼꼼하게 작성된 대본에 따라 자동차 구입의 유리한 조건들을 제시했다. 한 통화는 평균 1분 이내였다. 그들은 3만4천 명의 가망고객들을 찾아냈고(행사 기간 중 포드의 2만3천 명의 자동차 딜러 1인당 하루 2건), 그 중 6개월 내에 자동차를 구매할 것이라고 답한 유효고객은 1만8천7백 명이었다. 즉 이 프로그램으로 판매된 자동차 1대당 65달러가 소요됐는데 이는 다른 판촉 활동에 비해 아주 저렴했다.

이후 CCI는 〈세터데이리뷰(Saturday Review)〉지의 전 편집장이었던 노먼 키즌즈가 만든 잡지 〈세계(World)〉를 판매할 때 전화를 이용한 정기구독 유도를 계획했다. 이 역시 신중히 선택한 전화번호 목록과 전화 접근법을 사용했고, 동시에 역시 신중하게 고안된 직접 우편광고와 비교 실험을 실시했다. 그 결과 전화광고가 우편광고보다 3배 더 많은 정기구독자를 모집했다.

뉴욕 전화회사는 대중들에게 텔레마케팅의 향상된 기술과 방법을 무상으로 조언하고 교육해주는 전문가와 강사들을 수십 명 고용하고 있다. 그들 성과의 특징은 신중한 관리와 고도로 구조화된 접근방식이다. 그들은 텔레마케터를 채용·교육하고 작업환경을 만들고 전화내용과 주요 멘트를 구성할 때, 자동차를 조립하듯 신중하고도 세밀하게 계획하고 실행한다. 거의 모든 회사들이 전화를 점점 더 많이 이용하고 있는데, 대다수 분야별 특화된 전문조직의 힘을 빌려 실행한다. 이를테면 판매나 주문, 미납 요금 재촉, 회심 고객의 개선, 직접 우편의 후속 작업, 문의를 판매로 전환, 기존 고객의 활성화, 가게 매매 활성화, 새로운 산업 검토, 새로운 제품의 유통경로 도입, 특정 고객에게 녹음된 메시지 전달, 협회나 대중을 위한 기금 조성, 투표 예상조사 등에 전화가 이용된다.

광역전화서비스와 인바운드 광역전화서비스인 800 수신자부담 서비스가 도입되고 장거리 전화요금이 낮아지고 상대적으로 우편요금과 개인 판매비용 증가로 텔레마케팅은 다양한 방식의 판매와 판매 관련 커뮤니케이션의 주요 수단이 됐다.

서비스 전문화로 성공한 기업들

컴퓨터 산업은 그 기능을 최종 사용자와 산업의 요구에 맞게 전문화했다. 대다수의 컴퓨터 제조회사들이 판매, 프로그래밍, 장비 서비스에 초점을 맞춰 분화를 실시한다. 그러나 영업직원과 프로그래머들은 기종별이 아니라 고객기업과 응용 프로그램에 따라 전문화돼 있다. 일반적 분업화는 아니지만, 필자가 이 방법을 '생산적이다'라고 언급하는 이유는, 컴퓨터 산업은 '서비스'를 그 제품 묶음의 중심으로 여기기 때문이다. 컴퓨터 시장 초기에 잠재 소비자들은, 컴퓨터가 무엇을 할 수 있고 그것을 어떻게 이용할지를 모르기 때문에 기업의 서비스는 제품 자체의 핵심 부분이 될 수밖에 없다. 즉 판매 인력, 프로그래밍 서비스를 최종 이용 고객의 목적에 맞춰 전문화한 기업은 그렇지 않은 기업보다 훨씬 높은 판매와 소비자 만족을 얻어낸다. 이 전문화는 분업이 의도하는 목표, 낮은 가격과 신뢰할 만한 대량생산의 첫 단계가 됐다.

사이러스맥커믹(Cyrus McCormick) 사는 이 아이디어를 선구적으로 실행한 회사로, 시연 판매자를 호밀 농장에서 일하게 하고 수리공을 현장에 파견했다. 한편 듀폰은 응용제품 전문가들을 섬유와 의류 산업에 현장 적응 전문가로 최초 파견했다. 이 사례에서 판매자가 제공하는 제품이란, 공장 제조품이라기 보다는 그 분야에 대한 실질적인 도움과 조언이라는 사실이 분명해졌다. 즉 서비스는 제품이었으며, 오늘날에도 서비스는 눈에 보이는 것 이상의 제품이다. 고객은 물건과 문제를 해결할 수 있게 해주는 방법까지 구입하는 것이다. 그리고 고객의 문제점을 잘 알고 있는 전문가들은, 장비에만 해박한 사람들보다 더 큰 만족을 고객에게 줄 수 있다.

전문화라는 개념은 사실 우리가 인식하는 것보다 더 일반화돼 있다. 우리는 상호은행과 상업은행이 나란히 운영되는 모습에 익숙해, 사실은 그들이 서로 다른 시장을 전문적으로 다루고 있음을 잊고 있다. 상호은행은 주로 주택 구입자들에게 모기지론을 제공하고, 상업은행은 더 다양한 단기 현금 관련 서비스를 제공한다. 전문화의 예는 은행 이외에도 많다. 보험, 부동산과 같은 전문 서비스상점, 신발, 책, 운동용품 전문 소매상, 굴착, 지진파실험회사, 주요 분석회사 등으로 전문화된 석유탐사기업들, 다양한 소프트웨어, 데이터베이스, 처리 회사로 분류된 컴퓨터 관련 회사들, 화학, 의료 실험회사, 투자자문회사, 소액 개인 투자자 혹은 대규모의 법인 고객만을 위한 투자 서비스 등 그 수는 폭발적으로 늘고 있다.

이들 전문화된 회사는 너무 넓은 범위에 경영자의 재능과 주의력이 쏠리는 것을 원하지 않는다. 필요한 곳에만 역량과 관심을 집중시키는 단순함을 추구한다.

서비스 산업화는 일대 혁명이다

2백여 년 전 아담 스미스는 이 같은 전문화 흐름에 '분업'이라는 이름을 붙였다. 앞서 언급한 사례는 아담 스미스가 말한 고전적 분업과는 다르다. 현재의 분업은 독립된 기업과 제품으로 구체화됐고, 회사 자체는 일의 분화로 전문화돼 제품을 만들어내고 있다. 즉 우리가 목격하고 있는 것들은 진짜 새로운 건 아니다. 다만 전문가들과 제품 전문성을 만들어낸 이 진화과정이 산업화 속에서 설명된다는 점이 새로울 뿐이다. 이처럼 실용적인 상상력 속에서, 생산 분야 곳곳에 효율적으로 작용하는 이 경영 합리성은, 서비스 산업에서도 만족할 만한 결과를 가져온다. 우리는 수천 년간 존재해 오다가 현 시대에 와서야 가속도가 붙은 서비스 산업화의 가능성에 막 눈을 떴을 뿐이다. 이는 화학에서 라부아지에의 발견과도 같은 것이다. 즉 사람들은 '공기'가 연소에 관여한다는 사실을 알고도 라부아지에가 연소과정에서 산소가 어떤 역할을 하는지 구체적으로 밝혀

내기까지 이러한 현상은 수수께끼였다. 그리고 이 발견은 현대 화학의 기초가 됐다. 오늘날 우리는 기업과 제품의 성공 이유를 이해할 수 있고, 그것들이 공통적이고 명백한 합리성을 가지고 있음을 이해한다. 이 이해는 화학에서의 라부아지에의 통찰력만큼이나 강한 잠재력으로, 산업 세계에 혁명적인 영향을 미칠 것이다.

산업화라는 개념도 마찬가지다. 이것은 역사적으로 지속돼왔지만, 이제 가속화되는 서비스의 전문화가 실질적으로 무엇인지를 설명해준다. 사람은 때로 빵이 아닌 캐치프라이즈로 살아간다. 믿고 느끼는 것, 감정이 재물보다 더 결정적으로 작용하며, 사랑, 미움, 분노, 기쁨, 공포, 질투, 소외감, 충성심이나 이념, 종교처럼 마음속에 있는 것들이 결국 우리의 삶과 행동을 결정하고 통제한다. 살펴본 것처럼, 비재화생산 분야의 성공적인 전문화는 일련의 업무 추진과정이 독특하게 조합되고 있음을 보여준다. 이것은 선진국의재화 생산부문을 이끌고 있는 핵심은 기능적 합리화가 아니라 실제적인 서비스의 산업화이며, 이러한 현상을 그대로 이해하고 인식하는 것은 새로운 인식체계와 경영 방식을 현대 기업들이 적용한다는 것을 의미한다. 현대 기업들이 적용하는 '서비스의 산업화'는 연소에서의 산소의 역할처럼, 우리가 행동하는 방식 즉, 앞으로 무엇을 어떻게 어떤 방향으로 가야 하는가의 문제들을 변화시키고, 다루기 힘든 고질적인 문제에 대한 새로운 해결방안을 찾게 할 것이다. 이는 과거 산업혁명이 세계에 가져왔던 것과 같은 종류의 도약을 가져올 것이다.

06
무형제품은 유형제품처럼
유형제품은 무형제품처럼

Marketing Intangible Products and Product Intangibles

눈에 보이지 않는 것이 마케팅을 결정한다

'서비스' 마케팅은 '제품' 마케팅과 어떻게 다른가?

사실 정확하게 어떻게 다른지 말하기 어렵다. 원칙은 같을지 몰라도 실행에 옮길 때는 큰 차이가 발생하기 때문이다.

그 차이를 이해하기 위해 일단 우리가 사용하는 용어를 다른 말로 바꿔보자. 제품을 유형제품으로, 서비스를 무형제품이라 칭하자. 이렇게 하면 이것들이 적용될 때의 차이를 더 쉽게 알 수 있다.

유형제품은 직접 보고 만지고 냄새 맡고 맛보고 테스트할 수 있다. 즉 직접경험이 가능하다. 구입 전에 차를 시운전하고 향수를 뿌려보고 증기 발생기의 설치를 살펴보거나, 금속성형기계를 시운전해 보는 것과 같다. 반면 교통, 보험, 컨설팅, 컴퓨터 프로그램, 투자증권, 교육, 의료보험, 회계 등과 같은 무형제품은 시험과 경험이 불가능한 경우가 많다.

그러나 요즘은 유형제품 조차도 제대로 된 경험이 사실상 불가능할 때가 있다. 증기발생 공장의 경우, 다른 지역에 있는 공장을 시찰하고 판매자의 자세한 계획안과 디자인을 뜯어보는 것만으로는 불충분하다. 컴퓨터를 올바르게 설치해야 하는 것과 마찬가지로, 상품의 특성이나 물리적인 설치 이상의 훨씬 많은 것들이 요구되기 때문이다. 보고 만져봐서 금방 알 수 있는 유형제품을 산다 해도 마찬가지다. 샅샅이 살펴보고 나서 협상을 통해 수백만 달러의 가격을 지불하기로 동의했더라도, 그 시설이 제 시간에 만들어지고 설치되고 원활하게 작동하기까지의 전 과정에 상품 이상의 것들이 개입된다. 더 중요한 것은 복잡하고 유동적이고 까다로운 무형적인 요소들이 그 상품의 성공을 깨뜨릴 수 있다는 점이다. 식기세척기나 샴푸, 냉동피자와 같은 소비재들도 마찬가지다. 만약 샴푸가 그 효과를 내지 못하거나 냉동피자가 잘 데워지지 않는다면 그 결과는 심각하다. 그러므로 모든 상품은 어떤 측면에서는 무형적이라고 말하는 것이 옳다. 아무리 공들여 디자인하고 설계해도, 잘못 설치하고 잘못 사용하면 제대로 작동되지 않는다. 이런 사실들은 마케팅의 중요한 점을 말해준다. 즉 유형제품의 마케팅은 무형적 요소가 좌우한다는 점이다.

실체가 없으면 실체를 만들라

　유형제품의 일반적 특징에도 예외가 생기고 있다. 캔에 든 정어리나 박스 안의 비누는 유형제품이지만 시식해보거나 열어 볼 수 없다. 구매 빈도가 높은 중저가 소비재들 중 많은 것들이 그렇다. 시험 불가능한 유형제품의 구매욕을 높이고자 한다면 간단한 사용설명서 광고, 라벨 등 활자상으로 고객에게 제안하는 약속 그 이상을 줄 수 있어야 한다. 그 중 제품 포장을 바꾸는 일은 광범위하게 사용되는 방법이다. 투명한 유리병에 담긴 피클, 셀로판을 덧댄 구멍이 있는 박스에 든 쿠키가 그렇다. 통조림은 라벨에 식욕을 강하게 자극하는 사진을 담고 건축가들은 건축물의 투시도를 더 매력적으로 보이기 위해 갖가지 재료를 사용하며, 나사(NASA)에 내는 제안서는 고급 가죽 바인더로 포장한다. 이 모든 사례들은 약속은 했지만 미리 체험할 수 없다는 불리한 점을 극복하기 위해 시각 표현물과 같은 유형적 대용물을 제공하는 발상이다.

　무형제품에는 더 예외가 많다. 호텔방은 예약 전에 직접 둘러볼 수 있고, 컴퓨터 프로그램도 사기 전에 샘플을 살펴볼 수 있다. 그러나 통조림 이상으로 이 무형제품도 소비자들에게 눈에 띄는 대용물을 제공하고 있다. 소비자들은 빛나는 해변가에 세워진 리조트 호텔의 우아한 방 사진이 담긴 팜플릿을 볼 수 있고 프로그램의 경우 이미 사용하고 있는 사람들에게 그 작동 여부가 어떤지 물을 수 있으며, 투자은행가와 유전굴착업자에 대한 평판도 같은 방식으로 얻을 수 있다. 토목회사, 신탁회사, 교수,

외과의사, 사립학교, 미용사, 컨설턴트, 수리점, 선적회사, 프랜차이즈회사, 시공업체, 장례업자, 연회업자, 건설회사 등 그 경우는 수없이 많다.

예비 고객들이 맛보고 테스트하고, 느끼고 냄새 맡고, 제품을 미리 작동시켜볼 수 없을 때, 고객들이 구입하는 것은 단지 만족할 것이라는 약속이다. 만져볼 수 있고 테스트해볼 수 있는 제품들조차 구매해 사용해보기 전에는 단지 약속일 뿐이다.

상징과 은유를 사용하라

그러나 소비한 뒤의 만족감은 소비하기 전의 기대치나 약속한 것에 못미치기 마련이다. 어떤 경우는 유난히 많은 것을 약속한다. 이는 제품의 특징, 디자인, 유형의 정도, 프로모션의 종류, 가격, 그리고 소비자들이 그 제품을 통해 얻고자 하는 바가 무엇인지에 따라 달라진다. 어떤 제품들은 명시적으로 또는 상징적으로 약속한 기대치에 못 미친다. 잘 맞는 색상을 바르면 누구나 매력적인 여자가 될 수 있다고 광고하는 아이섀도의 경우가 좋은 예다. 열성적으로 아이섀도를 구입하는 소비자들도 이 미사여구를 완전히 믿지 않는다. 그럼에도 회사들은 판매량을 높이기 위해 이 방법을 고수한다. 성공한 건축가가 예술적으로 만든 조감도를 보자. 조감도에는 건물 안 푸른 숲에 편안한 점심시간을 보내는 직원들의 모습이 있지만, 이 건물만 세워지면 자동적으로 직원들이 활기차고 생산적이 될 것이라고 보는 이들은 없다. 그럼에도 건축가들은 그 덕을 본다. 예비 구매자들이 상품을 미리 맛보고 느끼고 꺼내 써보는 것이 불가능할 때,

이 같은 상징이나 은유가 주는 확신은 마케팅에서 더욱 중요하다. 실체 없는 약속이 매혹적인 여자나 한가로운 직원들 이미지로 실체화하는 것이다. 즉 이러한 은유법은 미리 체험하거나 제공할 수 없는 것을 유형화한다.

이러한 사례들을 보면 왜 많은 법률사무소들이 딱딱하고 무겁게 꾸며진 에드워드 시대 풍의 분위기를 연출하고 투자증권사들은 왜 하나같이 우아하고도 질서정연한 분위기를 연출하는지 알 수 있다. 또 컨설턴트가 짙은색 정장을 즐겨 입는 이유와 새 기계제어장치 설명 문구는 왜 그토록 자세한지도 이해할 수 있다. 보험회사들이 '지브롤터 바위산'(푸르덴셜), '담요'(네이션와이드), '우산'(트래블러스), '오므려서 모은 양손'(올스테이트) 등을 심볼이나 슬로건으로 사용하는 것 또한 이를 통해 든든한 보호, 보상, 신뢰를 전달하려는 이유에서다.

유형제품조차 상징과 은유를 쓸 필요가 있다. 컴퓨터는 무엇보다도 잘 돌아갈 것처럼 보여야 한다. 그래서 현대적인 느낌으로 신뢰가 가는 포장이 필요하다. 소비자들이 제품의 외양에서 그 기능을 가늠할 것이기 때문이다. 이런 관점에서 보면 1백만 달러짜리 컴퓨터, 2백만 달러짜리 제트기 엔진, 그리고 5십만 달러짜리 수치제어 절삭기에 대한 마케팅 아이디어는, 5십 달러짜리 전기면도기나 1달러 50센트짜리 립스틱 포장에 숨겨진 마케팅 아이디어와 별반 다르지 않다.

소비자들은 겉모양으로 그 실체를 판단한다. 그 제품이 고가인지 저가인지, 기술적으로 복잡한지 단순한지, 구매자들이 그 기술에 대해 알고 있는지 그렇지 않은지, 또 구매자 자신을 위한 구입인지 직원을 위한 구입인지는 중요하지 않다. 중요한 것은 그 제품의 겉모양이 풍기는 인상이다. 인상의 중요성은 제품 자체에만 국한되지 않는다. 즉 선박의 속도, 기능과 정확성, 립스틱의 색감과 질감, 또는 바다가재의 맛과 크기를 가늠할 때도 중요하다.

CEO도 제품의 구성요소다

투자은행을 생각해 보자. 철저하고 설득력 높은 추천과 보증이 있고, 흠 없고 실적 높기로 명성이 자자한 은행이라도 CEO가 젊은 청년이라면 10억 달러 상당의 기업 재무담당 부사장은 계약을 주저할 것이다. 제품은 부분적으로는 '누가' 제공하는가도 중요하다. 여기서 '누구'란 제공기업뿐만 아니라 그 기업의 대표도 포함한다. 기업과 기업의 대표는 제품과 뗄레야 뗄 수 없는 관계로, 예비 구매자는 구매 전에 이를 반드시 평가한다. 즉 제품이 무형적일수록, 그 제품에 대한 평가는 어떻게, 누가 내놓는지, 은유와 직유, 상징, 실물의 다른 대체물이 암시하는 바가 무엇인지 등의 포장에서 판가름난다.

유형제품도 마찬가지다. 이 제품들도 그 본질로만 평가받는 건 아니다. 1억 달러짜리 증기보일러 기기 입찰에 뛰어든 전자제품 회사의 판매담당자는 투자은행 회사의 파트너와 마찬가지로 제공된 보일러의 강력한 일부분으로 큰 영향을 미친다.

그 이유는 명백하다. 두 경우 모두, 배달되기 전까지는 그 실물이 존재하지 않기 때문이다. 설치되고 작동할 때 비로소 그 가치가 드러난다.

즉 투자신탁과 대형 보일러 모두, 판매과정에서 연속적인 관문을 성공적으로 통과할 수 있는 포장이 필요하다. 이것은 여인을 향한 구애와 흡사하다. 양쪽 당사자 모두, 구애 기간 동안 문제가 있으면 앞으로도 문제가 있을 거라고 직감할 수 있다. 청혼자가 구애 기간 동안 꼼꼼하지 못하거나, 분위기나 요구에 둔감하거나, 무응답으로 일관하거나 스트레스나 공격성을 보인다면, 결혼까지 도달하는 데 문제가 생길 것이다. 하지만 결혼과는 달리 계약에는 이혼이 없다. 계약이 맺어지는 순간 결혼과 임신이 동시에 시작되고, 상황은 되돌리기가 힘들어진다. 투자은행의 경우도 비슷하다. 인수업무를 하기도 전에 고객 회사와 몇 달 동안 공동작업을 하는 경우가 대다수다. 또 전력발전소의 경우에는, 건설에만 수년이 걸린다. 모든 신생아들이 얼마간은 가벼운 감기에도 걸리지 않도록 각별한 신경을 써야 하는 것처럼, 주식과 채권은 너무 빨리 가격이 하락하지 않도록 관리해야 하며, 보일러는 몇 주나 몇 달 만에 갑자기 고장나지 않도록 해야 한다. 만일 그럴 경우 신속한 정상복구가 필요하다. 이때 고객은 모든 것을 주의 깊게 살펴 각각의 구애자들이 장차 어떤 남편, 어떤 아버지가 될지 판단한다.

이런 의미에서, 한 제품이 어떻게 포장되고 누가 제시하는가 역시 그 제품의 일부가 된다. 이것은 구매자의 구입결정에 최종적으로 영향을 준다.

확신과 암시는 판매를 좌우한다

제품이란 1억 달러짜리 보일러처럼 외형 하나로 판가름 난다 할지라도 유형의 물건 이상의 의미를 가진다. 구매자의 관점에서 제품은 하나의 약속이며, 그 제품을 구성하는 무형의 것에 대한 기대는 유형의 것에 대한 기대만큼 중요하다. 구입 전에 만족시켜야 하는 조건들도 있으며, 그것을 만족시키지 못하면 판매가 이뤄질 수 없다. 투자은행이나 보일러를 생산하는 기업의 경우를 보자. 만약 회사 대표자들이 입찰 전까지의 구애과정에서 고객을 소홀히 대하거나 고객의 특별한 상황을 인식하지 못하면, 판매는 이뤄지기 힘들다. 그 약속한 제품, 즉 제품 전체가 불만족스럽기 때문이다. 제품의 일부분에 결함이 있거나 작동하는 데 문제가 있다고 보는 것은 잘못이다. 중간에 판매 담당자를 바꾸는 것도 도움이 되지 않는다. 두 경우 모두 판매 기업이 그때쯤 이미 자사, 즉 해당 제품에 대해 나쁜 말을 해 버린 격이 된다. 또 이러한 구애 기간 동안 가망고객들은 의문을 품게 된다. 과연 제품은 어떨까? A/S는 괜찮을까? 만일 이때 문제점을 직감한다면, 그 소비자는 그 제품에 대해 한 가지 확실한 메시지를 저장한다. 즉 '제품이 별로'라는 메시지 말이다.

무형제품의 독특한 점은, 구매 전까지는 아무것도 존재하지 않기 때문에 미리 살펴보거나 훑어보는 것이 불가능하다는 점이다. 때문에 고객은 유형제품을 살 때보다 훨씬 더 상품이 주는 확신이나 암시에 의존하게 된다. 그러므로 무형제품의 확신과 암시는 유형제품의 경우보다 신중하게 진행돼야 한다. 유형제품과 무형제품의 마케팅이 이렇게 세심해야 함에도 실상은 그렇지 못하다. 제품 구입 후에도 판매자와 구입자 사이의 상호관계가 중요한 유형제품의 경우에는, 구매 전의 확신과 암시가 판매에 큰 영향을 준다. 특히 유지·보수에 판매기업의 도움(부품의 조달, 구입 후 기기조절, 사용지원) 등이 필요한 유형제품들이 그렇다. 그러므로 타경쟁업체들과 자사를 차별화하는 것이 판매의 가장 중요한 요인이 된다.

기업들은 자사의 유형제품을 차별화하기 위해 디자인, 작동 특징, 특별 추가 기능을 이용한다. 무형요소들은 차별화를 꾀할 때 주로 대체물을 이용한다. 유사한 상품이 많을수록 이 차별성은 매우 중요한데, 상업은행의 국제부서에 납품할 소형컴퓨터를 예로 들어보자. 디지털이큅먼트(Digital Equipment Corporation : 이하 DEC)는 각각의 부서에 필요하다고 생각되는 니즈를 파악해 소프트웨어 패키지를 판매한다. 반면 DEC의 경쟁기업들은 그 은행의 전체 정보처리와 현금관리 필요성을 고려한 소프트웨어를 강조한다.

하지만 DEC는 국제부서가 은행 이윤의 중심인 만큼 주요 관심사도 다를 것이라고 믿었다. 즉 기록이나 현금관리에 몰두하는 중앙데이터관리부서가 선호하는 프로그램보다는 고객을 상대로 한 업무를 통제할 수 있는 상품이 그들에게 더 매력적일 것이라고 본 것이다. 그리하여 DEC는 컴퓨터 기기의 용량보다는 고객기업의 특정 사용자층에게 인센티브를 제공해 경쟁우위를 끌어올렸다. 즉 단순히 돈을 지불하는 고객 기업의 요구보다는 그 특정 사용자층의 요구를 확실히 만족시킴으로써, 경쟁의 또 다른 포지션을 차지한 것이다. 또 소프트웨어, 팜플렛, 그리고 각 부서들

의 독특한 요구와 관행을 이해하고 그에 부응해 자신들의 차별성을 유형
화시켰다.

무형제품만의 특성을 이해하라

판매를 위해서는 더 많은 고객을 확보해야 한다. 그러나 확보한 고객을
유지하는 것은 차원이 다른 문제이며, 그 점 때문에 무형제품은 매우 특
별한 문제점을 가진다.

기대를 충족시키기 어렵다

무형제품은 특성상 생산과 유통과정에서 많은 인력을 필요로 한다. 이
러한 관점에서 은행의 기업재정 서비스는 미용이나 컨설팅과 크게 다르
지 않다. 더 많은 인력을 필요로 할수록, 개인적인 판단과 경향, 실수, 지
연이 일어날 가능성도 높아진다. 일단 고객에게 무형제품을 팔았더라도
그 기대를 만족시키는 데는 실패할 수도 있다. 유형제품은 공장에서 철저
한 감독 하에 생산되고 일반적으로 잘 정돈된 전달체계를 통해 배달되므
로, 무형제품보다는 약속에 따른 기대를 충족시키기가 쉽다. 비교를 해
보자.

'제품은 생산되는 것이고 서비스는 실행되는 것'이라고 존 래스웰은 말
한다. 유형제품은 일반적으로 디자인 전문가들이 디자인하고 시장분석

전문가, 과학자 등이 참여해 가이드라인을 잡는다. 제품은 다른 전문가 집단이 특별히 고안된 시설과 장비를 이용해 생산한다. 그 과정에서 꼼꼼한 감독 하에 믿을만한 품질관리가 이뤄진다. 이 때 고객의 제품 사용은 제품 자체에 내재된 한정된 범위의 가능성에서 크게 벗어나지 않는다.

하지만 무형제품은 완전히 다른 양상을 보인다. 컴퓨터 소프트웨어 디자이너라면, 고객의 입장에서 연구를 진행해 기능들 사이의 복잡한 연결망을 이해해야 한다. 그런 뒤에는 그 입장에서 시스템과 소프트웨어를 고안한다. 즉 그는 고안과 동시에 제품을 생산한 격이 된다. 이처럼 무형제품은 고안과 생산이 동시에, 그리고 대부분 동일인에 의해 이뤄진다. 마치 작업장의 숙련공처럼 말이다. 더욱이 무형제품은 제품의 생산과 전달이 확연하게 구분되지 않는다. 컨설팅의 경우, 고객의 입장에서 보면 이 서비스는 생산되는 동시에 전달되는 것이다. 만약 상품 전달에 변화를 주기 위해 컨설팅이나 다른 전문가 조언 서비스처럼 구두보고를 할 경우, 내용이 아무리 괜찮아도 전달과정이 나쁘면 제조생산이 불량한 것처럼 여겨지게 된다. 즉 불량 제품이 돼버리는 것이다. 식당부터 교육자, 트레이너, 회계법인, 건축가, 운수회사, 병원, 정부기관, 은행, 렌터카 회사, 보험회사 등도 컨설팅과 마찬가지로 생산과 전달을 실질적으로 구분할 수 없다.

이런 사업들은 대단히 인력 집약적이어서, 품질 관리에 상당한 애로사항이 있다. 자동차 생산 라인이 경우, 품질 관리가 시스템 자체에 포함돼 있다. 만약 빨간 차에 노란색 문짝이 달린다면, 라인의 누군가가 그것을 지적할 것이다. 만약 차 왼쪽 바퀴가 끼워지지 않았다면, 다음 순서 작업자가, 특히 볼트를 조이는 작업자가 라인을 중지시킬 것이다.

하지만 만약 은행가가 재정상품의 중요한 항목을 빠뜨렸다고 치자. 그의 과실은 너무 늦게 발견되거나 아예 발견되지 못할 수도 있다. 만약 렌터카에 재떨이가 깨끗이 치워지지 않았다면, 그것을 발견했을 때는 이미 일이 벌어진 뒤다. 아무리 다시 치운다고 한들 고객은 이미 화가 났을 것이다.

사람에게 지나치게 의존해서는 안 된다

서비스를 제공할 사람들을 철저히 훈련시키고 효과적으로 동기부여를 한다 하더라도 사람들은 이따금 실수를 하거나, 자신의 역할을 망각하기도 하고 때로는 경솔한 처신을 하기도 한다. 그래서 사람에게 지나치게 의존하는 시스템은 지양해야 한다. 이런 이유 때문에 자동전화 교환장치는 사람이 하는 수동식보다 더 저렴할 뿐만 아니라, 훨씬 믿을 만하다. 서비스의 산업화란 전적으로 인력 집약적이었던 활동을 여러 기술들로 대체하는 것을 말한다.

하드웨어적인 기술로는 앞에서 언급한, 교환수를 대신하는 자동전화 다이얼 장치, 반복적인 신용거래를 대신하는 신용카드, 생산과정의 일괄 테스트를 대신하는 컴퓨터 모니터링 등이 있다. 또 소프트웨어적 기술로는 장인생산을 작업 그룹으로 분업화하는 것을 말한다. 건물 청소를 예로 들면, 각 작업자들이 혼자서 모든 일을 처음부터 끝까지 다 하는 대신, 한 가지 또는 몇 가지 제한된 일(먼지떨기, 왁스 바르기, 진공청소기 돌리기, 창문 닦기)로 전문화해서 사무실 빌딩 청소에 노동력을 조직하는 것이다. 한편 혼합형 기술은 하드와 소프트를 합친 것으로, 건물 바닥에 왁스를 칠할 때 손을 쓰는 대신 기계를 사용하고, 감자튀김은 패스트푸드 식당에서 마무리로 튀기기만 하도록 공장에서 잘라 개별 포장한다. 또 미국 국세청은 훈련된 점원이 자료를 입력하기만 하면 컴퓨터가 스스로 계산을 해서 세금 관련 서류의 모든 항목을 채워주도록 한다.

이 같은 시스템 산업화는 품질을 관리하고 비용을 절감하는 데 도움이 되는데, 그런 결과를 얻기 위해서는 관련된 사항들을 인식하는 것이 중요하다. 산업화 시스템은 직원들이 일을 더 잘하기를 바라는 대신, 직원들이 다른 방식으로 일할 수 있도록 일 자체를 바꾼다.

19세기 처음으로 제품 생산에 적용됐던 경영의 합리성을 서비스(생산, 창조, 그리고 대부분의 무형재화의 전달)에 적용한 것이다. 수확용 농기구, 재봉틀, 자동차가 19세기의 진수를 요약해준다. 이것들은 모두 일괄 제작보다는 조립 방식으로 고안돼 장인의 예술성보다는 미숙련 작업자들의 단순하고 정형화된 업무에 의존하게 됐다. 상호교환 가능한 부분들이 적절하게 고안, 생산, 지시돼 조립할 제품들이 리프트와 지그(기계명)에 의해 컨베이어 벨트 위에 올려진다.

즉 이처럼 다수의 작업자들이 정해진 시간에 정해진 장소에서 정해진 작업을 정해진 방법으로 하려면 세심한 계획과 관리 경영이 필요했다. 그러면서 대량생산을 위한 배급, A/S체제가 만들어지고 진행됐다.

일반적으로 무형제품에는 산업혁명 시대에 시작됐던 이런 종류의 경영

합리성이 결여돼 있다. 이 때문에 무형제품의 품질은 지나칠 정도로 신뢰감을 주지 못하며, 생산비용도 높고, 고객만족도는 낮은 것이다.

평소 때는 알아차리지 못 한다

고객을 잡기 위해 특별히 관심을 기울여야 할 무형제품의 특징이 하나 있다. 무형제품은 좋은 서비스를 받고 있을 때도 고객이 그것을 인식하기 어렵다는 점이다. 특히 계약기간 동안 계속 소비되는 무형제품이 그렇다. 은행, 청소, 선박 견인, 에너지 관리, 유지보수, 전화와 같은 서비스가 그런 예다.

국제 은행, 보험, 회사 청소 등의 서비스를 생각해 보자. 서비스가 좋으면 고객은 아무 신경도 쓰지 않게 된다. 고객이 그 제품의 존재를 알게 되는 것은 서비스가 좋지 않을 때다. 신용장이 잘못 발행됐거나, 타 은행에서 더 나은 조건을 제시하거나, 연간 보험 할증금통지서를 받거나 요구가 거절될 때다. 또 재떨이가 비워져 있지 않거나, 룸서비스 직원이 나간 뒤 아끼던 펜이 없어졌을 때다.

즉 서비스를 받을 수 없게 되기까지는 고객 본인이 그 서비스를 인식하지 못한다는 것이 바로 무형제품에 대해 알아야 할 가장 중요한 특징이다. 원하던 것을 얻지 못하게 돼야만 원하던 것이 무엇인지 알게 되고, 불만족스러울 때만 그 서비스를 떠올린다. 무형제품에서 만족감은 곧 침묵을 의미한다. 예전에는 만족스러웠다는것을 알아차리게 되는 때는 불만족감을 느낄 때 뿐이다. 이는 위험한 현상인데, 결국 고객이 인지하게 되는 것이 성공과 만족이 아닌 불만족과 실패이기 때문이다.

때문에 고객은 다른 경쟁업체의 감언이설에 넘어가기 쉽다. 경쟁업체가 더 구미 당기는 기업 재무계약이나, 더 참신한 보험 상품을 제안할 수도 있다. 또 사무실에 있는 액자 윗면의 먼지나 작은 결함을 찾아내 현재 판매자가 얼마나 소홀한지를 암시할 수도 있다. 따라서 무형제품의 경우, 고객을 확보할 때 대체물이나 은유를 통해 유형성을 가미하는 것이 관건이다. 옷맵시나 말하고 쓰고, 제안을 고안하고 제출하고, 문의에 답변하고, 아이디어를 제안하고, 예비구매자의 사업을 얼마나 잘 이해하고 있는지 보여주는 것 등이 그 예다.

한번 확보한 고객을 계속 유지하려면 정기적으로 그들에게 지금 그들이 어떤 것들을 제공받고 있는지를 알려주어야 한다. 그렇지 않으면 고객은 절대 알아차리지 못한다. 서비스를 누리지 못할 때만 그것을 깨달아 문제 삼을 것이기 때문이다. 반면 주기적으로 설득력 있게 본인이 누리는 서비스에 대해 듣게 된다면 가끔 발생하는 결함에도 상대적으로 관대해지게 된다.

즉 주기적으로 전달되는 무형제품은 고객에게 무엇을 얻고 있는지 계속 상기시켜 주어야 한다. 고객을 끌기 위해 했던 약속들을, 그것이 이뤄진 후에도 주기적으로 되풀이해서 말하는 것이다. 심지어 그 상품을 제공한 회사가 어떤 회사인지까지도 주기적으로 주입해 이 조용한 익명의 판매자가 누구인지 잊지 않도록 해야 한다.

장밋빛 미래를 약속하는 보험 상품이 있다 치자. 고객이 마침내 계약서에 사인을 했는데 판매자 측이 침묵과 소홀함으로 일관한다면 문제가 발생한다. 대부분의 고객들은 계약한 생명보험의 종류에 대해서 잘 모르며 때로는 보험판매원과 보험사 이름까지도 잊어버린다. 그러다가 1년 뒤에 할증료 고지서가 날아오면, 고객은 구애기간 때는 그렇게 사랑하는 듯하더니 계약이 이뤄지자 차가운 침묵만 고수하는 회사를 보며 계약을 파기할까를 고민할 것이다. 유독 높은 개인 생명보험의 해지율은 이런 면에서 당연한 결과다.

효과적인 고객관계 강화법

한번 관계가 굳어지면 그 안에 형평성이라는 것이 발생한다. 판매자는 고객을 갖게 되었고, 그 고객을 유지하려면 그 형평성이 증진 돼야만 경쟁자들의 위협을 막아낼 수 있다. 이를 위해서는 많은 방법이 있고, 그 중 일부는 산업화로 해결될 수 있다. 주기적인 편지나 전화를 통해 고객에게 낮은 비용으로 좋은 서비스가 제공된다고 알려줄 수 있다. 이것은 놀랄 정도로 강력하다. 소식지나 정기적인 방문으로 더 나은 상품을 제안하는 것도 유용하다. 사업성을 배제한 만남도 가치가 있다. 이 때문에 최근 많은 기업들이 미국 국세청에 사냥용 오두막집, 요트, 클럽, 타지의 이국적인 사교장에서 주최하는 고객 미팅과 부부동반 모임의 세금공제를 요청하고 있다.

다음은 고객관계를 강화하기 위해 회사가 할 수 있는 일들이다.

- **에너지 관리회사** 주기적으로 눈에 잘 띄는 노란 종이에 인쇄한 '업데이트 보고서'를 발송해, 에너지 유출을 방지하는 모니터 설치 등 비용 절감 방법을 조언해준다.

- **컴퓨터 서비스 부서** 관리자들을 조직해 2주 동안 고객들에게 전화를 걸어, 비용 상승을 막고 고객의 상호 옵션을 확대하는 새중앙처리장치 설치에 대해 설명한다.

- **고가의 전자기기 운반 업체** 3개월에 한 번씩 하는 정기 실적 리뷰 때, 고객에게 사용 경험과 앞으로 회사에 바라는 점을 문의한다.

- **보험회사** 고객들에게 주기적으로 한 장짜리 안내문을 보낸다. 보통 짧은 축하인사로 시작해서 상품의 유효함, 최근 세금정책이 보험에 미치는 영향, 개인 재정계획에 대한 새로운 관념, 그리고 다른 보험에서 가능한 특별보호 보험 패키지를 간단히 설명한다.

무형제품 회사는 이런 방법들을 통해 아직도 건재하는 자신들의 존재와 활동을 고객에게 다시 한 번 피력하고, 지속적으로 조용히 제공되고 있는 상품의 가치를 상기시킬 수 있다.

유·무형제품 마케팅의 성공사례

모든 상품은 무형적 요소와 유형적 요소를 가진다. 유형제품을 판매하는 회사도 그 유형제품 이상의 것을 약속한다. 무형제품인 서비스를 제공하는 회사들도 자신들이 제공하는 서비스 자체의 특성이나 실체보다, 부가적으로 제공되는 풍부한 편익을 약속하는 방식으로 무형적인 가치를 증대시키기 위해 노력해야 한다. 코닥(Kodak)은 필름을 사는 고객들에게 오직 한 가지만을 강조한다. 추억을 보존해 기억을 오래 지속시킬 수 있다는 만족감이다. 현명하게도 자사 필름이 탁월한 감광능력과 발색력을 지니고 있어 좋은 사진을 만들어낸다는 식의 언급은 거의 하지 않는다. 이때 코닥의 상품은 필름이나 사진이 아닌 기억이 된다.

자동차 회사 또한 마찬가지다. 자동차 회사는 사람들이 심적으로 가장 민감하게 반응하는 부분을 자극하는 광고를 내보낼 뿐, 공장 생산과정의 효율성을 자랑하지 않는다. 한편 자동차 딜러들은 고객이 이미 그 광고에 동요됐음을 알고 다른 고려 사항들에 초점을 맞춘다. 즉 딜러와 생산기업은 유형제품인 자동차를 각자 다른 방식으로 팔고 있는 것이다. 또 그들은 '자동차'라는 패키지에 함께 묶여 제공되는 무형적 이익들을 함께 판다. 예를 들어 총가격과 함께 연비를 강조한다.

다시 말해 유형제품이 더 많은 고객을 유치하려면 무형성을 가져야 한다. 반대로 무형제품은 유형성을 가져야 한다. 레너드 베리(Leonard L. Berry) 교수는 이를 '증거 관리'라고 칭한다. 가장 이상적인 것은 개인적인 약속 없이도 이런 관리가 정기적으로 이뤄지고 산업화되는 것이다. 호텔은 이미 그렇게 하고 있다. 호텔 화장실에 가보면 유리컵이 새 주머니와 비닐에 담겨 있고, 두루마리 휴지 끝은 화살촉처럼 단정하게 접혀 있다.

이 모든 것들이 고객들에게 '이 방은 당신을 위해서 특별히 청소한 것입니다'라는 조용하고 확실한 메시지를 말없이 전해준다. 이를 직접적으로 말할 때는 신뢰가 떨어진다. 또 직원들이 같은 말을 항상 신뢰감 가게 하도록 하는 것도 불가능하다. 그래서 호텔은 고객과의 약속을 유형화하고 그 약속의 전달과정 또한 산업화시켰다. 이 모두를 비개인적인 일과로 만든 것이다.

주택 단열재의 경우를 살펴보자. 고객은 두 업체에 전화를 건다. 첫 번째 업자는 개인 자동차를 타고 도착한다. 자신감 있게 집을 한 바퀴 둘러보며 종이봉투 뒷면에 뭔가 계산을 하더니, 2천4백 달러를 지불하면 6인치 섬유유리로 단열과 만족 모두를 이루겠다고 보서를 건넨다. 그는 세심하고 꼼꼼하게 집 크기를 재고 창문 수를 세고 다락에 올라가 보고, 그 지역 계절에 따른 온도 변화와 풍속을 책에서 찾아본다. 또 집주인에게 질문을 던지고 그 대답을 성실하게 기록한다. 그는 3일 뒤에 오겠다며 떠났고 3일 후 6인치 섬유유리 단열재를 2천6백 달러에 설치하되 완전만족을 보장한다는 제안서를 깨끗이 프린트해서 가져온다. 당신이라면 누구를 택하겠는가?

후자는 약속을 믿을만한 기대로 바꿈으로써 무형제품을 유형화시켰다. 만일 그가 이동식 프린터 단말장치를 가져와 관련 정보를 바로 입력한다면, 더 큰 설득력을 가지게 될 것이다. 분석과 반응이 순식간에 이뤄지기 때문이다. 심지어 한 이동식 단말장치 사용자는 이를 두고 '단열재 산업에서 개발된 가장 강력한 도구'라고 불렀다. 또 만약 집주인이 전자제품 회사의 프로젝트 팀장이거나, 대기업의 재무 담당자이거나, 시멘트 회사의 구매 담당자이거나 보험회사의 정보처리기사라면, 회사에서도 이와 비슷한 방법으로 거래처를 선택할 것이다. 무형제품이 유형화돼 확신을 얻기 바랄 것이다.

이런 방법은 본질적으로 유형제품에도 적용 가능하다. 일부 세탁 세제는 눈에 잘 보이는 파란 표백 알갱이를 넣어 제품의 특별한 표백 기능을 믿을 만하게 만든다. P&G의 디카페인 커피는, 커피 전문가의 입을 빌어 '마음에 와 닿는 강렬한 향기를 내는 세밀한 입자'라는 광고문구로 제품을 입증한다. 여기서의 약속이 무엇인지는 누구나 쉽게 알 수 있을 것이다.

무형제품이 고객을 확보하려면 제품을 유형화해야 한다. 고객을 유지하려면 일이 잘 될 때, 상품의 존재를 반복 상기시켜 상품을 계속 재판매해야 한다. 즉 고객을 창조하고 유지하는 일을 산업화할 필요가 있다. 고객과의 관계는 유·무형 제품 모두에게 중요하지만, 유형제품보다는 무형제품에서 더 신중하게 관리해야 한다. 판매자-구매자 관계관리는 또 하나의 중요한 문제다. 제품이 복잡할수록 판매자와 구매자 사이의 관계는 더 절실해지고, 이 관계가 장기적으로 유지돼야 한다. 그러므로 고객관리는 무엇보다도 중요해진다. 여기에 대해서는 다음 제7장에서 따로 다룬다.

이 장을 요약하면 다음과 같다. 고객 한 사람 한 사람은 대차대조 표에서 보이는 유형자산보다 훨씬 소중하다. 자산을 구입하는 일는 쉽다. 팔려는 사람이 많기 때문이다. 하지만 고객 유치는 까다롭다. 고객은 구매하려는 열의가 판매자만큼 강하지 않고, 다른 판매자들 또한 많은 선택안을 제시한다. 기업에게 고객은 이중 자산이다. 고객은 판매를 통해 직접적으로 현금을 제공하며, 은행과 투자가로부터 자금을 끌어오기 쉽게 해주기 때문이다.

'물건을 팔기 전까지는 아무 일도 일어나지 않는다'라는 말은 오래된 말이지만 진실이다. 판매를 성사시키고 유지하려면 무형성을 유형화해야 한다. 또 고객에게 그 혜택과 그 이점이 어디서 생겨났는지 그 원천을 밝히고 반복 설명하고, 그 과정을 산업화해야 한다.

07

고객관계를 관리하라

Relationship Management

판매는 깊은 관계를 맺는다는 의미다

판매가 끝났다고 판매자와 구매자 사이가 끝나는 것은 아니다. 오히려 계약이 체결되면서부터 관계는 본격적으로 강화된다. 이 관계는 구매자의 다음 구매 시 중대한 영향을 미친다. 금융서비스, 컨설팅, 공사계약, 군사우주장비산업, 자본재 조달 등 매매자 사이의 계약이 계속 이뤄져야 하는 거래만 봐도, 매매 이후 관계가 강화된다는 것을 알 수 있다.

판매란 구애활동이 끝나고, 결혼생활이라는 새로운 국면이 찾아왔음을 의미한다. 이 결혼생활이 얼마나 성공적일지는 판매자의 관계 관리 능력에 달려 있다. 관계가 더 깊어질지 아니면 파경을 맞을지, 혹은 비용이 증가할지 이윤이 증가할지도 모두 여기에 달렸다.

어떤 경우는 이혼이 불가능하다. 대규모 건축이나 설치 프로젝트가 이미 진행 중일 때가 그렇다. 이때 판매자는 결국 부담스럽고 비싼 결혼생활을 감당해야 하는 동시에 명성에 흠을 입는다. 따라서 문제를 피하고 입지를 강화하려면, 초기에 고객관계 관리의 필요성을 인식해야 한다.

이를 위해서는 단순한 마케팅 법칙만을 고수해서는 안 된다. 더 나아가 이 관계의 독특한 특성에 초점을 맞춰 특별한 주의를 기울여야 한다. 그 독특한 특성이란 바로 '시간을 얼마나 들이냐'를 말한다. 이런 점에서 보면 수요와 공급 이론은 완전히 틀린 이론이다.

이 이론은 경제 체제가 시간의 흐름이나 인간 사이의 상호작용 없이 돌아간다고 전제한다. 즉 수요와 공급의 교차점에서 사람은 분리된 채 순간적으로 판매계약이 일어난다고 보는 것이다. 그러나 현실에는 맞지 않다. 또 제품이 복잡해지고 산업 체제의 구성원간 의존성이 늘어날수록 더더욱 현실화될 수 없다.

자동화기기 구매자는 벼룩시장 구매자들처럼 기계를 집까지 운반해와서 직접 설치하지 않는다. 그들은 설치 서비스, 응용기능 지원, 부품, 구매 후수리와 유지보수, 업그레이드, 심지어는 공급자의 연구개발 지원과 같은 경쟁력 유지를 위한 모든 지원을 기대한다.

계속적으로 구매하는 구매자들은 '시장을 여는 것'이 아닌 이 과정을 유지하는데 더 관심이 있다. 군사장비가 점점 복잡해지면서, 미국 국방예산의 78%가 백 대 이하로 장비를 소량 발주하고 있다.

이는 당연한 현상으로 제품이 복잡해지고 가격이 높아지면 제품을 계속 최첨단으로 유지하기 위해 지속적인 서비스와 업그레이드를 필요로 한다. 또 제품과 주요 부품의 구매 주기가 점점 길어지고 있다. 아래의 구매주기를 살펴보자.

유전 설비	15~20년
화학공장	10~15년
전자정보처리장치	5~10년
무기 시스템	20~30년
제철소와 주요 관련제품	5~10년
종이공급 계약	5년

:: 장기적인 보장 ::

항목	현재	→	향후
유조선	수송화 수당 현금지급		전세 장기임대
아파트	월세		조합식
자동 보증기간	1만 마일		5만 마일
기술	구입		임대차 계약
노동	고용		계약
소모품	구입		계약
장비	수리		유지보수

또 이 구입이 완료된 후 주어지는 보장의 특성은 다음과 같이 변화한다. 이런 조건에서의 구매결정은 단순히 한 품목을 구매하는 것이 아니라 결혼과 같은 깊은 유대관계에 들어가는 것을 의미한다. 때문에 판매자는 새로운 전략을 세우고 새로운 교육을 받아야 한다. 제품 자체만 마케팅하는 것으로 충분하지 않다.

깨뜨릴 수 없는 관계를 구축하라

판매자 – 구매자 관계의 개념이 과거와 오늘날에는 어떻게 다른지 생각해 보자. 일단, 판매를 살펴보자.

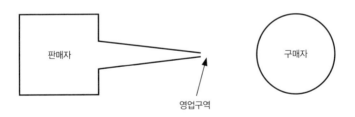

여기, 직접 구매자가 있는 영업구역으로 구입자가 원하는 제품을 펼쳐놓는 판매자가 있다고 가정하자.

이런 식의 판매는 세일즈맨에게는 카리스마가 필요할 거라는 생각을 낳는다. 제품 자체보다 카리스마가 판매에 더 결정적으로 작용하기 때문이다. 반대로, 마케팅을 생각해 보자.

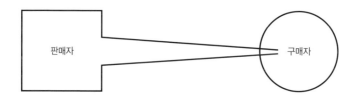

여기서 판매자는 구매자와 가까운 곳에 살면서 구매자의 요구, 열망, 걱정 등을 알기 위해 구매자의 라이프스타일을 파악한 뒤 제품을 고안하고 공급한다. 판매자가 가진 것을 구입하게 만드는 것이 아니라, 구입자가 원하는 것을 제공하려는 것이다. 여기서의 '제품'은 더 이상 하나의 물건이 아니라 가치만족의 전체적인 묶음이다. 이것은 '확장 제품'이다.

상호의존도가 증가할수록, 세계 경제활동은 점차 판매자와 구입자 간 장기 계약으로 발전한다. 이것은 고객을 창조하고 지키는 것만이 아닌, 구매자가 무엇을 원하는가의 문제다. 고객은 약속을 지키는 판매자, 공급을 지속하고 그것을 지키는 판매자를 원한다. 제품들은 너무 복잡해졌고, 반복되는 협상은 분쟁을 일으키고 비용도 많이 든다.

이런 조건에서 마케팅에 성공하려면, 성공한 결혼생활처럼 깨뜨릴 수 없는 관계로 발전해야 한다. 즉 고객과의 접촉을 상호의존으로 변화시켜야 한다.

이런 상황에서는 전통적으로 요구되는 우수한 마케터의 역할만으로는 역부족이다. 최초 계약에서 전달까지 5년간 친밀한 관계가 요구되는 경우, 계약을 성사시키기 위해서는 마케팅 그 이상의 것이 필요하다. 구매자는 확약을 원한다. 그 확약이란 계약된 제품을 전달할 때까지의 긴 과정을 쌍방이 함께한다는 보증이다.

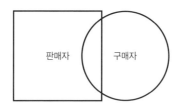

매매자 각각은 서로 다른 자본구조, 경쟁조건, 비용, 인센티브, 약속의 목적을 가진다. 판매자는 판매하는 것만으로도 직접적으로 이익을 얻게 된다.

그러나 구매자는 이익을 생산하는 그 도구로부터 다른 이익을 기대한다. 판매자는 판매를 하면 끝이지만, 구매자는 이제부터 시작인 것이다. 따라서 이들의 상호의존도는 복잡하게 얽혀 있고 견고하며 심오하다.

그리고 이처럼 상이하고 서로 다른 동기를 가진 쌍방의 상호의존이 문제없이 유지되려면, 결혼 전에 그 관계를 충분히 이해하고 관계를 어떻게 관리할지 계획해야 한다. 문제가 생겼을 때는 이미 늦다.

고객과 진정으로 소통하고 있는가

미래의 관계는 지금보다 강화될 것이다. 산업 마케팅 뿐만 아니라 구매 빈도가 높은 소비재에서도 이런 현상이 나타날 것이다. P&G는 제너럴밀스의 베티크로커 자문서비스를 모방해, 제품과 사용에 대한 소비자 의견을 접수하는 핫라인을 설치했고, 그 결과 소비자의 브랜드 선호도를 높였다.

과거-현재-미래로 이어지는 일련의 산업 환경의 변화를 정리한 〈표 1〉을 살펴보면 앞으로 어떻게 준비해야 할 것인지에 대한 힌트를 얻을 수 있을 것이다.

:: 표1 | 산업 환경의 변화 ::

분류	과거	현재	미래
제품	제품	확장 제품	시스템 계약
가치	단품	시스템	시스템+시간
우위기간	제품 우위	기술 우위	시스템 우위
서비스	단기	장기	최장기
전달장소	지역 내	국내	전세계
전달속도	일회성	높은 반도	지속적
전략	세일즈	마케팅	관계

'미래'축에 해당되는 단어들의 특징을 한 마디로 요약하면 시간이다. 첫 번째 가로 행의 '제품'은 과거에 단순히 그 자체의 가치를 위해 구입되던

제품을 말한다. 최근에는 그런 단순 제품만으로는 힘들다. 이른바 '확장 제품'을 구입하게 되는 것이다. 미래에는 더 많은 것이 필요하다. 지속적인 계약의 연속으로 이뤄진 시스템 계약과 그 시스템을 둘러싼 관계도 진화해야 한다. '판매'도 시스템 자체에 머무는 대신 긴 시간을 뛰어넘어 지속적인 시스템이 될 것이다. 지금 문제가 되는 '가치'는 그 전체 시스템에 첨가되는 편의를 말한다. 고객이 시간이 갈수록 그 제품을 더 많이 이용하게 되면, 기술 자체가 제공하는 이익의 중요성은 감소한다. 고객들은 기술보다 서비스, 전달, 신뢰성, 반응도, 판매자와 구매자 사이의 인간적이고 기업적인 상호관계 등을 더 중요한 혜택으로 여기고 이를 기대할 것이다.

산업재를 계약할 때는 장기적인 공존과 의사소통에 대한 연구와 관리가 필요하다. 그 목표는 고객의 기대를 만족시킴으로써 충성도를 높여 평균 이상의 수익을 올리는 것이다.

하지만 시스템이 복잡해지고 더 많은 소프트웨어가 필요할수록, 또 시스템을 도입하는데 걸리는 시간이 길어질수록 고객의 걱정과 기대도 커진다. 사람들이 구입하는 건 기대이지, 물건이 아니다. 그들은 판매자가 약속한 혜택이라는 기대를 구입한다. 그런데 약속의 실행이 새 자동화 작업장을 설치하는 것처럼 너무 오래 걸린다거나 거래의 완결이 오래 걸린다면 고객은 구매 후에도 '제품 전달은 제대로 될까? 모든 게 원활하고 정기적으로 이뤄질까? 판매자는 잘 선택한 걸까?'하는 걱정을 하며 불안감을 느낀다.

판매자와 구매자의 동상이몽을 극복하라

당신이 공급자인데, 사전에 고객과 한 약속을 지킬 수 없는 상황이라면 당신은 '판매 전–판매 당시–판매 후'에 무엇을 할 것인가? 또 누가 그에 대한 책임을 져야 하는가?

이 모든 질문에 답하려면 판매자의 행동과 약속이 구매자의 기대를 어떻게 형성하는지 알아야 한다. 달을 따주겠다고 약속했다면, 구매자는 당연히 그것을 기대한다. 그러나 판매자가 고객과의 계약을 완결하기도 전에 커미션을 얻거나 또 다른 할당량을 받는다면, 판매자는 애써 보름달을 따야 할 필요성을 느끼지 못할 것이다. 그들은 하나의 판매가 끝나면 서둘러 또 다른 사냥감을 찾아나설 것이다. 판매는 한 사람이 하는 게 아니다. 마케팅부서, 영업부서, 생산부서, 서비스부서가 모두 관여한다. 그렇다면 누가 무엇을 담당하고, 누가 무엇을 책임져야 하는가?

:: 표2 | 판매 단계에 따른 대상 ::

판매단계	판매자	구매자
① 구매 전	진정한 희망	모호한 필요성
② 구매기간	열성적이고 진지	시험적, 희망적
③ 판매	환상이 끝남	환상이 시작됨
④ 판매 이후	다음 구매자로 눈을 돌림	"나를 신경 쓰지 않죠?"
⑤ 오랜 이후	무관심	"물건이 이거 밖에 안 되나?"
⑥ 다음 구매	"새것 사는 게 어떠세요?"	"진심이야?"

:: 표3 | 판매자 – 구매자 간의 부조화 ::

판매자	구매자
목적이 이미 달성됨	판단은 뒤로 미뤄짐
판매가 끝남	쇼핑은 계속됨
초점이 딴곳으로 옮겨짐	그 구매에 대해 초점이 맞춰지고 기대에 대한 확신을 원함
긴장이 풀어짐	긴장이 고조됨
관계성이 감소하거나 끝남	관계성이 강화됨

이때 생기는 문제는 판매, 마케팅, 생산, 서비스 담당자들이 다른 유인 구조와 시각으로 고객을 보기 때문이 아니라, 회사가 스스로를 일차원적으로 인식하기 때문에 생긴다. 기업은 아무리 외부고객이 그 운명을 좌지우지한다 한들 반드시 내면화할 필요가 있다. 그 '내면'은 일이 수행되는 곳이며 벌칙과 성과급이 존재하고 예산과 계획이 형성되고 엔지니어링과 생산이 이뤄지는 곳이고, 실적이 평가되는 곳이고, 동료들이 있는 곳이다. 그러나 외부는 '변화시킬 수 없는' 곳이며 게다가 '나와는 상관없는 곳'이라고 생각되기 쉽다. 외부와 '상관있는' 사람들은 마케팅과 판매를 하는 사람들이다. 하지만 판매자와 구매자간 제품에 대한 생각이 나뉘는 경우가 많고, 이런 것들이 판매 단계마다 다르게 나타난다. 그 단계별 차이는 〈표2〉에 간단히 설명돼 있다. 첫 번째 판매가 이뤄지고 나면, 판매자와 구매자 사이에 〈표 3〉와 같은 부조화가 일어난다.

즉 구매했다는 사실이 구매자를 변화시키는 것이다. 구매 후 구매자는 자신의 구입이 판매자의 기술 때문이 아니라 그저 자신의 호의였음을 판매자가 기억해주기를 바란다. 따라서 판매자는 판매에 성공했다고, 자신이 유리하다고 생각해서는 안 된다. 실상은 그 반대다. 만약 구매자가 자신의 구매 행위를 호의를 배푼 것으로 여긴다면, 판매자는 빚을 진 셈이 된다. 즉 불리한 입장에서 이 관계를 재조정해야 하는 위치가 된다.

이때 제대로 된 관리가 들어가지 않으면, 이 관계는 악화된다. 왜냐하면 판매자와 구매자 모두 각자의 요구, 욕망, 인센티브 구조가 달라 상대의 입장보다는 자신의 입장에 골몰하기 때문이다. 판매자가 자신만 생각하면 고객에게 무신경해지게 마련이다. 진실해야 할 상호관계를 관료화해버리는 것이다. 결국 좋았던 관계는 악화돼 나쁜 관계가 쌓이게 된다.

결혼이든 사업이든, 관계에는 세심함과 꼼꼼함이 부식되고 변질되는 엔트로피 현상이 일어난다. 건전한 관계들은, 구애기간 동안 형성된 형평성과 가능성을 유지하고 확장한다. 의식적이고 지속적으로 엔트로피에 맞서 싸울 힘이 필요한 것이다.

즉 판매자는 정기적으로 진지하게 "내가 잘 하고 있나?", "관계가 좋아지고 있나, 아니면 악화되고 있나?", "약속은 잘 지켜지고 있나?", "뭔가 소홀히 하고 있지는 않나?", "경쟁자들보다 우위에 서려면 어떻게 해야 하는가?"와 같은 질문을 스스로에게 던져야 한다. 해야 하지만 못하는 좋은 일들과, 하지 말아야 하는데 하고 있는 나쁜 일들이 있는지 생각해 보는 것이다.

〈표 4〉를 참조하라.

이로운 일	해로운 일
먼저 긍정적인 전화걸기	걸려오는 전화에만 대답하기
추천하기	변명하기
진솔하게 말하기	편의적인 말하기
전화 이용	우편 이용
감사 표현하기	오해할 때까지 기다리기
서비스 제안하기	서비스 요청이 들어올 때까지 기다리기
'우리'라는 문제해결적인 단어 사용하기	'우리에게 신세졌다'는 법적 용어 사용하기
문제에 적극적으로 다가가기	문제에 수동적으로 반응하기
간결하게 이야기하기	장황하게 늘어놓기
인간적인 문제 드러내기	인간적인 문제 감추기
'우리가 함께하는 미래'에 대해 이야기하기	과거를 미화하기
일관성있게 답하기	임기응변식으로 답변하기
책임을 받아들이기	비난으로 돌리기
미래 계획하기	과거 떠올리기

당신은 고객과 얼마나 가깝다고 생각하는가

고객이 불평하지 않는다는 것은, 관계가 나쁘거나 나빠지고 있다는 것을 알려주는 가장 확실한 신호다. 어떤 고객도 100% 만족할 수는 없다. 특히 오랜 기간 만족하는 경우는 더욱 없다. 그 고객은 다만 솔직하지 않거나 연락을 하지 않거나, 아니면 둘 다일 가능성이 크다. 이미 의사소통 체계가 고장났다는 의미다. 솔직한 반응이 사라졌다는 것은 신뢰감이 줄고 관계가 악화되고 있음을 의미한다. 나쁜 일들이 계속 축적되면서 관계 가치는 떨어진다. 결혼에서처럼 소통의 손상은 문제의 결과인 동시에 원인이다. 상처가 안에서 곪다가 터졌을 때는 치료하기에 너무 늦거나 회복하려면 엄청난 대가를 치러야 하는 경우가 많다.

다음번 판매, 다음번 제품, 다음번 제안, 다음번 성공은 모두 외부고객 관계에 달려있다. 즉 좋은 관계는 곧 자산이다. 우리는 관계를 위해 투자할 수도 있고 그로부터 이득을 볼 수도 있다. 우리는 모두 관계 속에 살지만, 그에 대해 곰곰이 생각하지 않으며 관리하지도 않는다. 그럼에도 회사에서 가장 소중한 자산은 고객과의 관계다. 이것은 '고객이 이 회사를 알고 있느냐'의 문제가 아니라 '어떤 기업으로 알고 있느냐'의 문제다. 그리고 이것은 그 관계가 어떻게 경영되느냐에 달려 있다.

모든 관계가 똑같은 친밀성과 지속성을 요구하는 것은 아니다. 또 그렇게 될 수도 없다. 이 친밀감과 지속성은 판매자와 구매자 사이의 실질 혹은 체감 의존도의 정도에 따라 다르다. 그리고 물론, 다양한 연결고리를 통해 이 의존도를 확장하거나 축소할 수 있다. 약품과 건강보조 식품 유통회사인 버겐번스윅(Bergen Burnswig) 사를 보자. 이 회사는 고객들의 사무실에 컴퓨터 단말기를 놓아 직접 주문할 수 있도록 했다. 또 선반의 약품 위치 이동, 발명, 다른 중요한 정보와 관련한 피드백을 즉각 받을 수 있도록 했다. 그러자 고객들은 점점 더 판매자에게 의존하기 시작했다. 반대로 판매자가 구매자에 의존하게 하는 방법도 있다. 그 판매자의 제품을 구입하는 비율을 줄이거나 단골 관계를 끊는 것이다. 좀 더 암시적인 방법으로는 판매자에게 주요 정보를 제공하는 정보원이 되는 것이다. 구매자가 운영하는 업체가 앞으로 어떻게 변화할 것이며, 그렇게 되면 어떤 품목들을 구입하게 될 것인지, 대체 제품이나 원료는 무엇이며 다른 경쟁사들이 제공하는 가격과 서비스는 어떤 것들이 있는지, 판매 기업이 얼마나 고객의 요구와 기대에 부응하고 있는지, 본사에서 약속한 만큼의 실적은 나오고 있는지, 어떤 새로운 목적으로 제품을 사용하는지, 또는 독자적으로 다르게 사용하는 방법이 있는지 등을 알려준다.

이런 정보의 정확성을 예측하려면, 그 고객이 판매 기업과의 관계를 어떻게 평가하는지를 알아야 한다. 관계가 좋다면 구매자는 자신의 계획과 기대를 판매 기업에 알려주거나 최소한 의도 정도는 알려주려 할 것이다. 반대로 갑작스러운 소식이나 잘못된 정보를 주었다면 그 관계가 악화됐다는 증거다. 이때는 구매자까지도 손해를 보게 된다. 더 많은 정보를 가지고 있다면 판매자도 구매자에게 더 많은 혜택을 줄 수 있다. 쌍방 모두에게 이로워지는 셈이다.

상호의존 시스템이 존재하는 것도 이런 이유다. 자신의 수입과 이익을 위해 고객을 유지한다는 개념을 뛰어넘어 관계를 발전시키는 것은 전적으로 판매자의 몫이다. 적절한 관계 속에서 쌍방 모두가 이익을 얻어야 한다. 이것이 관계 유지의 조건이다. 게다가 구입 시 뿐만 아니라 구입 후에도 비용이 발생하는데, 이것은 함께 감내하고 나눠야 한다. 고객에게 가격을 제시할 때 바닥까지 값을 내리기보다는 판매자의 장기 수익성을 어느 정도 보장해 주는 것이 낫다는 것을 인지시켜야 한다. 싼 제품이라고 비용이 적게 드는 것은 아니다. 만일 가격에 구매 후 서비스의 비용이 포함돼 있지 않을 때, 구매자는 결국 현찰 부담, 배달 지연, 감정적인 소모를 추가적으로 부담해야 한다. 이래서는 바람직한 관계를 지속할 수 없다. 즉 판매자는 고객들에게 제품을 평가할 때 장기적인 라이프사이클 비용을 계산하도록 만들어야 한다. 이것이 관계경영의 현명한 방법이다.

관계는 마케팅을 초월한 경영의 문제다

일부 직원은 고객과의 관계에 따라 평가와 보상도 달리 받는다. 예를 들어 법률, 의료, 건축, 컨설팅, 투자은행, 광고 같은 전문적 동반 관계가 그렇다. 이런 관계들은 다른 모든 자산들과 마찬가지로 가치가 상승할 수도 있고 떨어질 수도 있다. 여기서의 관계 유지 강화는 단순히 매너, 홍보, 기교, 매력, 인위적 종가(終價) 관리, 혹은 조작으로 해결되는 문제가 아니다. 관계는 마케팅을 초월한 경영의 문제다. 즉 관계경영은 범기업적인 프로그램을 통해 유지, 투자, 개선, 바꾸려는 노력이 필요하다. 그 결과는 때로 엄청나다.

북해 유전과 가스 현장 사례는 관계 관리의 중요성을 잘 보여준다. 노르웨이와 영국은 유전 탐사와 개발을 적극 독려하고 촉진했다. 정유회사에도 너그럽게 수백만 달러를 지원했다. 그런데 갑자기 석유와 천연가스가 풍부해지자, 그 나라들은 시장가격의 90% 이상을 세금으로 징수했다. 어떻게든 정부와 돈독한 관계를 지속했더라면 세금을 줄일 수 있었을 텐데! 그것은 분명 값어치 있는 일이다. 이는 굳이 여기서만 찾아볼 수 있는 사례가 아니다. 판매자(공동 판매자)가 거래를 트고 제품 개발에 많은 사전 비용을 지출해야하는 유사한 사업들에서 종종 발생한다. 계약이 진행되는 동안의 현금 흐름을 보여주는 〈그림 1〉에서도 그런 현상을 찾아볼 수 있다. 여기 나타난 것처럼, 고객 확보와 개발 기간에는 현금 흐름이 '-'다. 이때 고객은 판매자에게 지출을 부담하라고 부추긴다. 그러다가 제

:: 그림 1 | 거래과정에서의 현금 유통의 집적 ::

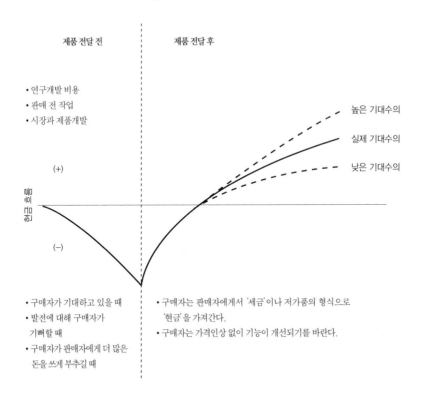

제품 전달 전

• 연구개발 비용
• 판매 전 작업
• 시장과 제품개발

(+)

현금흐름

(−)

• 구매자가 기대하고 있을 때
• 발전에 대해 구매자가 기뻐할 때
• 구매자가 판매자에게 더 많은 돈을 쓰게 부추길 때

제품 전달 후

높은 기대수의
실제 기대수의
낮은 기대수의

• 구매자는 판매자에게서 '세금'이나 저가품의 형식으로 '현금'을 가져간다.
• 구매자는 가격인상 없이 기능이 개선되기를 바란다.

품이 전달되면, 현금 흐름이 누적되기 시작해 마침내 '+'가 된다. 북해 사례의 경우, 놀랄 정도로 높았던 세금은 한때 정유사들의 수입(상측 점선)이 어떻게 변해가는지(하측 점선)를 보여준다. 관계가 더 악화됐다면 물론 아래에 있는 점선으로 떨어졌을 것이다.

또 하나, 질레트노스아메리카 사의 예를 보자. 이 회사는 영업팀을 4개로 나눠 개별적인 계약 건마다 특별한 프로그램을 적용했다. 덕분에 상대 사업체에 대한 신속하고도 원활한 대응이 가능했다. 또 그에 더해 영업부와 별개로 사업관계를 담당하는 부사장을 두어 칵테일 파티부터 저녁식사, 해마다 열리는 12개의 거래처 연합대회에서의 여흥 등을 맡겼다. 뿐만 아니라 주요 사업 건을 위한 올스타 게임, 월드 시리즈, 슈퍼볼, NCAA 챔피언 결정전 등 거래처의 특별행사를 계획했다. 그리고 자선 저녁 만찬 등의 특별 행사 참가, 주요 소매 체인점의 회장 퇴임 파티에의 참석 등 다양한 방법을 통해 주요 소매업체, 배급업체들과의 관계를 키워나갔다. 그러면서 관계가 맺어졌고 신뢰가 형성되면서 상호적인 의무감과 혜택이 잠정적으로 확립됐다.

많은 회사들이 이 비슷한 방법을 쓴다. 하지만 이는 집중적인 노력의 일부분일 뿐이다. 많은 회사들은 고객들의 문의, 요청, 불만을 일과처럼 다루는 개별화된 강령을 가지고 있다. 일부 회사는 엔지니어와 생산요원들에게 현장에서 고객과 함께 시간을 더 많이 보내라고 지시한다. 이는 단순히 제품과 디자인 아이디어를 찾거나 제품에 대한 반응이나 민감성을 높이기 위한 것을 넘어, 고객들에게 응답할 때 좀 더 심층적인 자세를 유지하기 위해서다. 즉 지속되는 관계와 유대를 위한 노력인 것이다. 잘 알려진 스페리(Sperry) 사의 '경청(listening)' 캠페인은 사내 교육 프로그램으로 적용됐다. 직원들 간에 그리고 고객과 소통할 때 좀 더 효율적으로 들도록 훈련하는 것이다. 일부 기업들은 고객관계를 증진시키기 위해 공식 프로그램을 만들기도 한다. 여기에는 모든 고객관계의 효율성을 모니터하기, 정기적으로 서비스를 먼저 제안하기 등이 포함돼 있다.

이런 공식 프로그램을 잘 진행시키고 유지하려면 지속적인 감수성 교육이 필요하다. 왜냐하면 규격화된 양식이나 관행은 반드시 타성에 빠지기 때문이다. 물론 양식이 필요하기는 하지만, 이것들은 쉽게 익명적인 활동으로 변질된다. 시간을 들이기보다는 행동이 앞선다. 다른 방식을 고민해보지도 않고 먼저 행동한 뒤 관계를 고정시키려는 것이다. "저희가 살펴보고 전화드리죠" 혹은 "언제 점심 같이 할까요?"라는 말은 너무 쉽다. 이런 말은 관계를 형성하기는 커녕 오히려 관심을 돌리고 지연시킨다.

구매사이클 주기가 길 경우, 판매기업의 구성원과 구매기업의 구성원 모두가 이 '계약'이 진행되는 동안 바뀌게 된다. 맥주회사가 바로 옆에 캔 공장을 짓도록 하는 계약이나 미 공군이 20~30년 정도 사용하게 될 제트기 엔진을 구입할 때가 바로 그런 예다. 아마 경영진도 바뀔 것이다. 이럴 때 판매자는 좋은 관계를 유지하기 위해 무엇을 해야 할까? 당시 판매를 담당했던 사람이 물건만 팔고 다른 업무를 하고 있거나 퇴사했다면 구매자는 상황이 어떻게 진행되기를 바라는 걸까?

명백하게 말하건대 관계경영을 하려면, 하루하루 일어나는 작은 일들

뿐만 아니라 기업 전체에 걸친 크고 작은 일들을 누적적이고 조직적으로 관리해야 한다. 문제는 지속적인 유대를 형성하는 것이지, 누가 오고 누가 가는가가 아니다. 이를 위해서는 시스템을 지속적으로 창조하고 키워서 유지·강화해야 한다. 모든 경영이 그렇듯 관계경영 역시, 다소 진부해 보이는 아래의 전통적인 의사결정 단계의 방법을 살펴볼 필요가 있다.

1 **인식**(awareness) 무엇이 문제이고 그것을 해결하려면 비용이 얼마나 들지를 파악한다. 그것이 기회고, 여기에는 혜택이 있다.

2 **평가**(assessment) 희망하는 바와 비교해 현재 회사의 위치를 측정한다.

3 **책임**(accountability) 개인적·집단적 관계에 대한 정기적인 보고 체계를 만들어 다른 성과와 비교할 수 있도록 한다.

4 **행동**(actions) 목표로 설정했던 관계에 대한 의사결정과 책임을 할당하고 관계에 미칠 영향에 기초하여 행동 순서를 확립한다. 이를 지속적으로 인식하고 행동하도록 한다.

물론 체크리스트를 통해 필요한 일들이 제때 진행되고 있는지 확인하는 방법도 있다. 그러나 체크리스트는 생각과 본질이 바뀌게 돼 형식적인 활동으로 전락할 수 있는 위험이 있다. 그래서 체크리스트를 활용할 경우 포괄적으로 설계해서 그 관계의 본질에 둔감해지거나 그 목적을 진지하게 추구하지 않도록 해야 한다. 변질되지 않도록 체크만 할 수 있으면 된다.

　관계관리는 형식화가 가능하지만 그 과정에 인간적인 요소가 포함돼야 한다. 어떤 회사는 직원들로 하여금 고객들의 입장이 돼보도록 하는 역할극 세미나를 정기적으로 가진다. 또 고객들과 회의 후에는 그 결과를 심도있게 보고하도록 하고, 제품을 배달하고 수취증을 받는 직원들을 포함해 고객과 접촉하는 모든 직원들에게 스스로 '관계'에 대해 질문하도록 한다. 우리는 관계관리를 잘 하고 있는가? 관계가 좋아지고 있나, 나빠지고 있나? 누구와 얼마나 대화하고 있으며 그 주제는 무엇인가? '최근'에 하지 않은 일은 무엇인가? 이 '최근'이라는 말을 강조한 것은 관계란 자연적으로 쇠퇴하므로 반복해서 강화시킬 필요가 있다는 점을 인지시키기 위함이다. 만약 내가 고객에게 신세를 진다면, 나는 잊어도 고객은 그것을 기억한다. 또 내가 고객에게 무언가를 베풀면, 고객은 고마워하면서도 곧 그것을 잊고 "최근에 당신이 나한테 해준 게 뭐지?"라고 물을 것이다.

　고객을 접촉하는 올바른 절차를 확립해 관계관리를 규격화할 수도 있다. 이는 월가의 유명한 투자회사에서 사용했던 방법이기도 하다. 이 회사는 증권 분석가와 판매자들이 법인 고객들과 정기적으로 건설적인 접촉을 가지도록 했다. 여기서 '건설적'이라는 의미는 고객들에게 유용한 정보를 제공한다는 뜻이다. 이 회사는 월요일 오전에 투자전력 평가회를 연 다음, 평가 내용을 분석가와 영업 직원들을 통해 고객들에게 즉시 전화로 알리도록 했다. 또 각각의 분석가들이 주기적으로 산업 해설과 새 소식을 전화나 편지로 전하도록 했다. 분석가와 판매직원들은 이런 접촉 기록을 모으고 엮고 집계해 매주마다 전체 판매직원과 분석가들에게 배포되는 사내 보고서에서 이 기록들을 발표했다. 여기에는 그 직원 각자의 이름과 상대 기업명이 전부 적혀 있어, 접촉 빈도가 낮은 직원들은 그 이유를 상관에게 보고해야 했다. 연말 보너스는 실적뿐 아니라 이러한 접촉 빈도수와 종류를 감안해서 지급됐다. 한편, 접촉의 질과 관계의 질을 높이기 위해 감수성 훈련 교육을 정기적으로 실시했다. 결과는 매우 성공적이었고, 이를 신중하게 분석해 직원들에게 알렸다. 이를 통해 직원들은 해왔던 일에 더 열성을 가지고 지속할 수 있는 힘을 얻을 수 있었다.

관계관리는 전문적인 분야다. 유형자산을 관리하는 것만큼, '영업권'이라는 무형자산을 보존하고 강화하는 일은 중요하다. 관계관리가 어려운 까닭은 바로 이때 상당한 양의 노력이 소모되기 때문이다.

08

제품수명주기를 활용하라

Exploit the Produc Life Cycle

이제 제품수명주기는 고위급 마케팅 임원들만 아는 특별한 개념이 아니다. 경영에서는 상식에 속하는 이론이다.

한 조사 결과에 의하면, 기업의 중역들은 좀처럼 이 개념을 전략적 차원에서 이용하지 않으며, 전술적으로 이 개념을 사용한 사람은 극히 일부였다. 제품수명주기는 경제학, 물리학, 성(性) 이론과 마찬가지로 꽤 오래된 개념이지만 대개가 활용되지 못했고, 전문가의 마케팅 툴인 것처럼 인식돼 왔다. 또 전문적인 토의를 할 때나 등장해 마케팅은 꽤 까다로운 전문분야라는 인상을 심어줬다.

심지어 수명주기 개념 자체가, 마케팅은 일종의 과학에 가깝다는 주장의 논거가 됐다.

제품수명주기 개념을 많은 사람이 알고 있지만, 이를 효과적이고 생산적으로 활용하는 사람은 거의 없다. 그러나 이를 생산적으로 잘 활용하면 경쟁력 있는 관리 수단이 된다.

제품수명주기의 단계별 유형

대부분 성공적인 제품들은 특정한 여러 단계를 통과하며 신화를 만든다. 이를 그림으로 나타낸 것이 〈그림 1〉이며, 그 순서는 다음과 같다.

•1단계 **시장 개발기** 신제품이 처음 시장에 출시되는 시점으로, 아직 그

:: 그림 1 | 제품수명주기 – 전체산업 ::

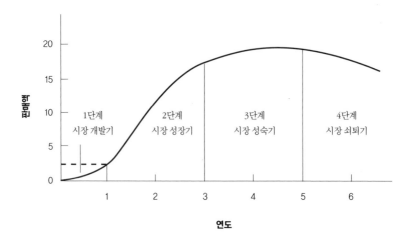

제품에 대한 시장 수요가 검증되기 전 단계. 모든 측면이 기술적으로 완벽하지 못한 경우도 가끔 있다. 판매실적은 저조하고 매출신장도 매우 느리다.

- 2단계 **시장 성장기** 수요 증가가 가속화되면서 전체 시장규모도 급격히 팽창한다. 일종의 '도약기'다.

- 3단계 **시장 성숙기** 수요의 성장세가 정체되나 대체수요나 파생수요는 증가한다.

- 4단계 **시장 쇠퇴기** 자동차의 출현으로 마차 채찍이 사라지고, 나일론의 출현으로 실크가 밀려났듯, 제품이 소비자 유인력을 잃으면서 판매실적이 하락한다.

만일 당신이 빈틈없는 경영자라면 본 제품수명주기에 적용할, 다음 3가지 질문을 즉각 떠올릴 것이다.

1 신상품, 최신 서비스의 경우 각 단계별 상황과 기간을 어떻게 예측할 수 있는가?
2 기존제품의 경우, 그 제품이 어느 단계에 있는지 어떻게 판단할 것인가?
3 앞의 2가지를 알고 난 뒤, 이 정보를 어떻게 효과적으로 활용할 수 있을까?

이 질문에 답하기 전에, 단계별 주요사항을 먼저 인지하면 이해가 훨씬 빠를 것이다.

시장 개발기

시장에 신제품을 내놓는 일은 불확실성과 예상치 못한 위험을 감수해야 한다. 일반적으로 신제품은 개발단계 초기에 수요를 조성해야 한다. 여기에 드는 시간은 제품의 복잡성, 독창성, 니즈에 대한 적합성, 경쟁 대체재의 유무 여부에 따라 달라진다. 검증된 암 치료법은 시장 개발이 필요치 않다. 나오자마자 즉각적인 대규모 수요가 예상되기 때문이다. 반면 조각품을 만드는 밀랍의 탁월한 대체품일 경우 시장수요를 개발하는 데 많은 시간이 걸릴 것이다.

판매와 수익을 높이려면 소비자 지향적인 신제품을 개발해야 한다는 얘기는 수없이 들었을 테지만, 이보다 더 확실한 사실은 신제품 개발에는 많은 비용이 들며 종종 기업의 치명타가 될 수도 있다는 점이다. 신제품 개발 프로그램만큼 많은 시간과 자금을 요구하고 위험하며 심적 부담을 주고 부정적 영향을 미치는 일도 없다. 중요한 사실은, 대부분의 신제품은 수명주기대로 움직이지 않는다는 것이다. 오히려 대부분은 출시 초기부터 끝없는 하향곡선을 긋는다. 이륙도 못 해보고 낭떠러지로 곤두박질치고 만다.

때문에 신제품 개발로 타격을 입고 신제품에 대한 환상을 버린 몇몇 회사들이 이른바 '남들이 먹던 사과'를 먹는 보수적 정책으로 돌아서는 것이 이상하지 않다. 오히려 그들은 기회를 선점하기보다는 의도적으로 시장 선점을 꺼린다. 먹음직스러운 사과를 남들이 먼저 먹어 보도록 놔두고 다른 이가 개척자가 되도록 한다. 그 결과가 괜찮으면 즉시 그들을 따라 한다. 그들은 "개척자의 가장 큰 불이익은, 개척자들은 인디언들에게 죽임을 당한다는 것이다"라고 말한다. 따라서 그들은 다음과 같은 은유법을 사용한다. "우리는 먼저 그 사과를 먹을 필요가 없다. 두 번째로 족한다." 그들은 먹다 남은 사과를 먹긴 하겠지만, 남들이 조금만 먹어 많이 남아있을 때 그걸 먹겠다는 것이다. 즉 열 번째로 거의 남아있는 게 없을 때 먹는 것이 아니라, 최소한 두 번째로 한입 크게 베어 물 기회를 잡으려 한다.

시장 성장기

성공적인 신제품들은 일반적으로 시장 개발기에서 매출 곡선이 점진적으로 증가하다가, 어느 시점에서 눈에 띄게 소비자 수요가 상승해 매출이 급증한다. 신제품에 대한 붐이 조성되는 것이다. 이 시점이 제품 수명주기 2단계인 성장기의 시작이다. 이 시점이 되면 제품개발을 주시하던 잠재적 경쟁자들이 경쟁에 뛰어든다. 이 경쟁자들은 대개 '먹던 사과 정책'을 아주 효과적으로 채택한 이들이다. 어떤 업체는 복제품을 내놓고, 또 다른 업체는 기능, 디자인 면에서 개선을 꾀한다. 이때가 제품 및 브랜드 차별화를 개발하는 출발선이다.

소비자를 사로잡기 위한 경쟁이 시작되면, 최초 시장을 선점했던 회사는 완전히 다른 문제에 부딪친다. 지금까지는 고객이 제품을 써보도록 유도했지만, 이제부터는 자신의 제품을 더 선호하도록 만들어야 하는 것이다. 이렇게 되면 마케팅전략과 방법에도 상당한 수정이 요구된다. 그러나 이 단계는 최초 제품 개발단계처럼 선점자 의지대로 정책과 전술을 자유롭게 구사할 수 없는 시점이다. 또 실험적일 수도 없다. 경쟁자가 등장하면서 1단계에서는 쉬웠던 실험이 어려워지기 때문이다. 따라서 이때는 최선의 가격수준과 유통경로를 시험할 수 없다.

반면 고객의 제품 수용이 가속되면서 새로운 유통경로가 생기고 소매점 구축도 용이해진다. 또 유통경로가 늘고 재고가 쌓이면서 전체 공장 출하량도 상점 판매규모를 추월하게 된다. 이 같은 상황이 이익을 과장시켜, 결과적으로 더 많은 경쟁자가 시장에 뛰어들게 된다. 후발주자 중 일부는 저가정책을 제시할 것이다. 기술 수준은 낮고 생산은 신통치 않기 때문에, 유통확보를 위해 마진을 축소할 필요성을 느끼기 때문이다. 이상의 모든 요인이 어우러져 그 산업은 필연적으로 새로운 단계의 경쟁 상황에 진입하게 된다.

시장 성숙기

새로 진입한 단계가 시장 성숙기다. 시장 성숙기가 왔음을 알리는 첫 징후는, 시장의 포화다. 즉 대다수의 회사와 가정에 그 제품이 있고 사용하고 있다. 판매 증가율이 인구 증가율에 근접한다. 더 이상 유통경로에 제품이 쌓여 있지 않게 되며, 가격 경쟁이 심해진다. 때문에 제품, 고객 서비스, 판촉 및 불만 처리 방법 등 세세한 차별화를 통해 브랜드 선호도를 높이고 유지하기 위한 적극적인 경쟁이 진행된다.

시장 성숙기로 접어들면 생산자는 판매망을 유지하고 판매대를 확보하며, 탄탄한 유통구조를 가지려고 노력하게 된다. 시장 개발기에서는 소매상과 유통업자들의 적극적인 협조에 크게 의존하는데 반해, 시장 성숙기가 되면 소매상과 유통업자의 역할은 제품 진열과 주문 등 소극적인 역할로 축소된다. 브랜드가 중요한 제품이라면, 소비자와 직접적으로 커뮤니케이션할 수 있도록 노력해야 한다.

보편적으로 시장 성숙기에서는 경쟁력을 높이기 위해 새로운 노력이 요구된다. 이때 최초 도입 기업은 즉 가격, 제품 차별화 등 모든 면에서 소비자의 마음을 사로잡아야 한다. 제품, 서비스, 그와 연계한 거래조건 등이 가장 효과적이다. 또 한 발짝 더 나아가 포장과 광고에서 차별화를 시도하고 이를 이용해 세분시장에 호소해야 한다. 시장 성숙기는 여성들의 패션 유행처럼 아주 빨리 지나갈 수도 있고, 남성용 신발이나 산업용 탈색방지제처럼 소비 수준이 일정하게 유지되며 수십 년간 지속되기도 한다. 또 맥주나 철강의 경우처럼 일인당 소비량이 점진적으로 하락하면서 지속되기도 한다.

시장 쇠퇴기

시장 성숙이 점점 쇠퇴해 결국 막을 내리게 되면, 제품은 마지막 단계인 시장 쇠퇴기로 접어든다. 성숙과 쇠퇴 단계에서 대부분의 산업은 변형을 겪는다. 경쟁의 폭풍을 뚫고 나갈 수 있는 기업은 거의 없다. 수요가 떨어지면 성숙기 때 이미 예견된 공급과잉 현상이 고질병이 된다. 이때 몇몇 생산자는 재앙의 조짐을 감지한다. 이때 적절한 관리와 지혜를 발휘하면 이 재앙에서 살아남는 유일한 생존자가 될 수 있으리라 확신하는 기업들도 있다. 그들은 경쟁자들을 물러나도록 하기 위해, 또는 경쟁자가 자발적으로 철수를 결정하도록 다양한 방법으로 공격적인 압박전술을 쓰기 시작한다. 합병 또는 인수를 제안하거나 다른 기업들을 구렁텅이로 빠뜨리는 전술로 궁극적으로 다른 기업이 고사될 수밖에 없도록 만든다. 실제 몇몇 기업만 그 폭풍을 피해 생존에 성공하고, 생산은 그 몇몇 기업에게만 집중되며, 가격과 마진도 점점 내려간다. 소비자는 이제 그 제품에 싫증을 낸다. 이 싫증과 점진적인 쇠퇴를 벗어날 수 있는 유일한 대안은 스타일과 유행을 부활시키는 것뿐이다.

신제품 계획의 첫 단계는 수명주기 예상이다

제품수명주기 이론의 가장 훌륭한 가치는, 이것이 신제품 출시 계획시 판단의 근거가 된다는 점이다. 신제품 출시시 가장 먼저 해야 할 일은 그 제품의 수명주기를 예상하는 것이다.

사업(특히 마케팅)은 고려해야 할 일이 많으므로, 어떤 식으로 경영할지에 대한 보편적인 방안을 찾는 것이 불가능하다. 또 제품수명주기의 굴곡과 기간을 어떻게 예측해야할지 일률적인 조언을 주는 것도 힘들다. 매일 매일의 사안을 구체적으로 길잡이할 수도 없으며, 체크리스트 또한 어느 때는 그다지 도움이 되지 않는다. 즉 경영 관리는 '과학'일 수 없는, 오히려 '예술'의 한 분파로 보는 게 맞다. 탁월한 재능, 넘치는 활력, 강철 같은 심장, 강한 책임과 의무를 수행할 수 있는 관리자에게만 경영은 보답으로 돌아온다.

그렇다고 수명주기의 굴곡과 기간을 예측하는 노력을 할 수도 없고, 할 필요도 없다는 말이 아니다. 이런 노력은 제품 계획과 판매시 합리적인 접근을 할 수 있을 뿐 아니라, 제품 출시 후 중요한 전략 전술적 활동을 준비하며 리드타임을 이끌 때도 도움이 된다. 특히 순차적인 경쟁전략 개발, 제품의 수명연장, 제품 생산라인을 분명하게 유지하느냐, 비용만 축내는 제품을 퇴출할 것이냐 하는 결정에도 많은 도움이 될 것이다.

실패 가능성을 높이는 요인들을 검토하라

앞에서 언급했듯이 시장 개발기의 지속기간과 기울기는 제품의 복잡성, 독창성, 고객 욕구 적합성, 경쟁 대체품의 존재 여부에 따라 달라진다.

독특한 제품일수록 시장 진입에 많은 시간이 필요하다. 좋은 신제품이라고 자동적으로 길이 열리는 것은 아니라는 뜻이다. 사람들은 속삭임, 유혹, 로맨스, 심지어 쿠폰, 샘플, 무료사용 신청광고 같은 뇌물까지 원한다. 제품의 독창성이 뚜렷할수록 고객들이 그것이 정말 자신에게 필요한지를 아는 데 많은 시간이 걸린다.

혁신자들이 제품을 살리는 데 어려움을 겪는 것도 이런 이유다. 제품의 특성을 명확히 정립하고 고객에게 그 가치를 부각시킬 수 있는 커뮤니케이션 수단을 찾기가 어렵기 때문이다. 결국 제품이 독창적일수록 실패 가능성도 커진다. 충분한 고객층을 확보할 때까지 긴 기간을 버틸 운영자금이 부족하거나, 투자자나 은행에게 더 많은 투자를 유도할 필요성을 확신시키지 못할 경우에 실패를 맛본다.

어떤 상황에서는 하나의 구매 결정에 여러 사람이 개입된다. 그럴수록 시장 개발기는 더욱 길어진다. 예를 들어 아주 세분화된 건설재 산업을 보자. 이 산업에서 신제품은 안정적인 입지 확보에 오랜 시간이 걸리지만, 일단 입지를 확보하고 나면 오랜 기간 판매가 이뤄진다. 반면 패션 품목은 시장 개발이 손쉽긴 하지만 생명도 짧다. 그러나 영향력은 아주 강력하다. 그래서 종종 패션과 별 관련이 없는 공작기구 같은 산업의 기업들도 그들 제품에 디자인과 패키지를 패션화해 시장 개발기를 줄인다.

그렇다면 어떤 요인들이 시장 개발기를 지연시켜 시장에서의 실패 위험을 높이는가? 제품이 복잡할수록, 독창성이 뚜렷할수록, 패션적인 요소가 적을수록, 구매결정에 관련된 사람이 많을수록 이런 현상이 나타난다. 또 소비자들이 소비행태를 바꾸는데 드는 비용이 크고 그 과정이 복잡할 때도 시장 개발이 지지부진해지면서 많은 문제점이 속출한다.

실패를 극복할 기회도 있는 법이다

그러나 이처럼 시장 개발에 드는 시간을 길게 만들어 실패 위험을 높이는 요소들은 기회 또한 만들어낸다. 소비자는 상품을 처음 경험할 때 좋은 인상을 받는 것이 중요한데, 새로움은 제품을 눈에 띄도록 만든다. 사람들이 당장 제품을 사지는 않더라도 그것을 사는 사람을 살펴보려고 신제품 근처를 두리번거린다. 만일 사람들이 첫 대면에서 나쁜 인상을 가지게 되면, 제품의 부족한 점이 실제보다 훨씬 크게 보인다. 반대로 첫경험이 호의적이면, 기대 이상의 큰 대중적인 인기를 얻게 된다.

첫경험이 부정적일 때, 제품에 대한 불쾌함이 과장될 위험이 있다. 그렇기 때문에 '적절한 유통 경로'와 확보된 소매점 수가 중요해진다. 소매점들은 고객들이 제품을 올바르게 사용하도록 도와서 긍정적인 첫경험을 만들어주기 때문이다. 하지만 대부분의 기업들은 시장 개발 초기에 고객에 대한 지원 활동보다는 광범위한 유통망 확보에 집중한다. 새로운 세탁기를 출시할 때 동네 가전 매장을 통한 판매에 의존하는 것처럼 말이다. 그러나 오히려 다수의 소매점 확보가 신제품 성공을 보장해주는 가장 효과적인 방법이 아니라는 주장도 있다. 즉 대리점은 신제품 출시라는 첫 번째 단계에서 기업이 반드시 수행해야 할 고객지원 활동을 건너 뛰고, 다음 단계인 판매 활동에 집중하게 된다는 것이다. 기업들의 이러한 미숙한 판단 때문에 신제품에 대한 고객의 수용도가 낮아지고 결국 시장 개발기가 길어진다는 주장이다.

제품개발 단계에 들어서면 가격 결정이 생산자에게 특히 어려운 숙제로 남는다. 초기에 가격을 높게 책정해 지금까지의 투자를 빨리 회수해야 할까? 아니면 가격을 낮게 책정해 잠재적인 경쟁자 들의 시장진입 가능성을 불식시켜야 할까? 그 답은 혁신자가 추정하는 제품수명기간, 제품 특허권의 독점유지 정도, 시장 확보가 본궤도에 진입할 때까지 예상되는 소요 자금, 초기 해당 제품의 가격 탄력성, 그 외에도 여러 요인이 작용한다. 그리고 이 최종 결정이 초기의 시장 개발 속도를 좌우할 뿐 아니라 제품의 전체적인 수명에도 영향을 미친다. 초기에 아주 저가로 출시한 제품(특히 수년 전 인기를 끌었던 슈미즈, 색(sack)과 같은 패션 제품)은 시장 개발은 빨리 이뤄졌지만 그만큼 제품수명은 짧아졌다. 소비자의 제품수용 속도가 늦을수록 제품의 수명주기도 길어져 전체적인 수익이 높아지는 경우도 자주 발생한다.

실제 성장단계의 경사도나 그 비율은 이 개발단계의 성패 요소가 큰 영향을 끼친다. 그러나 특허권에 의한 독점력이 가진 영향은 때로 간과된다. 특허권 소유자는 자신의 특허권을 경쟁자들이 사용할 수 있도록 허용하는 것이 오히려 시장 개발을 촉진할 수도 있다는 사실과, 반대로 경쟁자들의 특허권 사용을 효과적으로 통제하지 못할 경우에는 시장에 타격을 입힐 수 있다는 것을 인식하지 못하곤 한다.

일반적으로 신제품 생산자가 많으면 많을수록 시장 개발을 위한 노력도 더 많이 든다. 결국 시장은 더 빠르고 가파르게 성장할 것이다. 원천기술 소유자의 시장점유율은 떨어지겠지만, 매출과 수익은 더 빠르게 상승할 것이다. 컬러 텔레비전 시장 초기 때 RCA 사는 경쟁사들이 자신들의 브라운관 기술을 사용할 수 있도록 했다. 독점적으로 시장을 개발하는 것보다 공동으로 시장을 개발하는 것이 효율적이라는 사실을 알았기 때문이다.

반면, 플라스틱 음료수 컵은 적절한 품질기준 설정과 통제에 실패해 초기 시장에는 형편없고 질 낮은 제품들이 유통됐다. 또 그로 인해 고객의 신용과 시장을 회복하는 데 많은 시간이 소요됐다.

제품의 성장패턴을 예측하려면 그 산업의 패턴과 특정 브랜드의 패턴을 구별해야 한다. 그러지 못하면 그 추정은 실제로는 큰 도움이 못된다. 제품이 속한 산업의 주기는 각 브랜드의 주기와는 분명히 다르다. 더구나 시기와 산업의 종류가 같을지라도, 제품의 수명주기는 기업마다 다르고 그 영향 또한 다르다.

최초 생산자가 안아야 하는 위험이 있다

원천기술을 소유한 회사가 시장에 없는 획기적인 신제품을 출시한다면 그 위험부담은 아주 크다. 대부분의 개발 비용, 고충, 제품과 시장 개발이라는 위험 요소를 모두 껴안아야 하기 때문이다.

'경쟁 압력'이라는 위험

신제품 개발자가 시장 개발기에서 일정수준 이상의 시장 수요가 있음을 확인시켜주면 많은 모방자들이 등장한다. 그 후에는 해당 제품 시장의 붐이 일기 시작하고, 연이어 시장 성숙 또는 시장 도약기가 도래한다.

결과적으로 해당 제품의 전체 수요는 급격히 증가하지만, 역설적으로 원천기술 소유자의 시장 성장기는 단축된다. 원천기술 소유자로서는 이제 붐이 조성된 시장을 경쟁자들과 공유할 수밖에 없기 때문이다. 결국 원천기술 소유자의 잠재적인 가속성장률이 감소해, 그 산업의 속도로 성장속도를 유지하고 장기간 지속하는 것은 거의 불가능해진다. 이런 현상은 경쟁자들이 많아서라기보다, 경쟁자들이 제품개선 및 가격인하를 들고 나오기 때문이다. 이와 같은 변화는 일반적으로 시장 확장에는 도움이 되지만, 원천기술 소유자의 성장 속도와 성장 기간은 이로 인해 제한을 받게 된다.

이에 대한 개요는 신제품 원천기술 소유기업의 수명주기인 〈그림2〉와 보통의 제품수명주기를 나타낸 앞의 〈그림1〉을 비교해보면 알 수 있다. 〈그림1〉의 1단계는 전체 산업의 주기를 보여주지만, 일반적으로 이 단계에서 시장에 진출한 회사는 원천기술 소유회사 뿐이다. 즉 1단계에서는 최초 생간기업이 시장 전체를 대표하는 것이다. 그러나 2단계가 되면 최초 생산자는 시장을 여러 회사와 나눠 가지게 된다. 따라서 〈그림1〉은 전체 산업의 수명주기를 그리고 1단계는 단지 한 회사의 판매양상만을 나타낸다.

〈그림2〉를 보자. 최초 생산기업 1, 2년의 판매 성장 속도는 산업전체의 판매 성장 속도와 동일하게, 신속하게 증가한다. 그러나 2년이 경과하자 〈그림1〉의 산업 전체 판매는 여전히 급격히 팽창하고 있는 반면, 최초 생

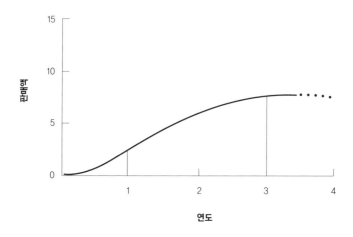

:: 그림 2 | 최초 생산기업의 제품수명주기 ::

산자의 판매 곡선의 상승세는 느려지기 시작한다. 최초 생산기업은 이제 파이를 많은 회사들과 나눠 갖고 있으며, 그 중 일부는 최초 생산기업보다 유리한 입지를 확보하기도 한다.

'이윤 잠식'이라는 위험

이 과정에서 최초 생산기업은 심각한 이익률 감소를 맞게 된다. 최초 생산기업의 판매단위당 이익을 나타내는 〈그림3〉이 이 사실을 보여준다. 시장 개발기에서 최초 생산기업의 매출단위당 이익은 적자 수준을 벗어나지 못하고 있다. 이 단계에서는 판매고가 너무 적기 때문이다. 그러나 시장 성숙기가 되면 생산량이 늘어나 생산단가가 하락하고 그에 따라 단위 이윤도 급증한다. 더불어 총이익도 상당폭으로 증가한다. 바로 이 같은

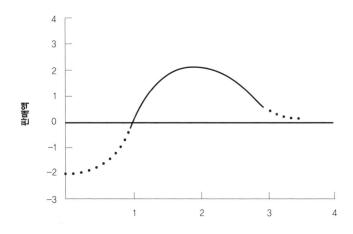

큰 이익이 경쟁자를 시장으로 끌어들이고 궁극적으로 그들을 파멸시키 기도 하는 것이다.

그 결과 산업 전체의 매출은 〈그림 1〉의 3년째 시점에서 보듯이 여전히 양호하게 증가하고 반대로 〈그림 2〉에서처럼, 같은 시점에 최초 생산기업 의 매출신장은 눈에 띄게 감소한다. 또 이 시점에서 최초 생산기업의 판 매량은 매우 많고 약하나마 상승세를 타고 있어 총이익은 여전히 올라가 지만, 판매단위당 이익은 급격히 하락하기 시작할 것이다. 실제로 판매단 위당 이윤은 판매곡선이 평평해질 때까지 가끔 길게 지속되거나 〈그림3〉 에서 보듯이 최고점에 도달했다가 2년이 되는 시점부터 감소하기 시작하 기도 한다. 〈그림2〉의 3년이 되는 시점에서 보여주는 것과 같이 최초 생산 기업 의 매출규모가 정체되기 시작할 시점이 되면 〈그림3〉에서 처럼 단위

이윤은 실제로 손익분기점에 접근한다.

이 시기가 되면 산업 내에 더 많은 경쟁자들이 투입되며, 전체 수요 증가율이 다소 둔화되면서 경쟁사들은 가격인하를 단행한다. 일부는 시장을 유지하기 위해 가격을 내리는 반면, 또 일부는 생산시설을 현대화시켜 실제 생산비용을 낮추어 가격을 내리기도 한다.

3단계는 성숙단계로, 다음과 같은 변화가 발생되지 않는다면 보통 현재의 상태가 그대로 지속된다.

- **경쟁 대체품 등장** 철 깡통을 대체한 알루미늄 깡통의 등장 등
- **고객의 가치체계가 급격하게 변화** 1920년대 여성의 정숙함을 존중하는 가치관이 희박해지면서 소멸된 베일 시장 등
- **주류 유행의 변화** 허리가 잘록한 여성 복장이 쇠퇴함에 따라 소멸된 허리 조임쇠 등
- **해당 제품을 원재료로 사용하는 시장 수요의 변화** 새로운 철도 건설이 감소하면서 함께 감소한 철로 침목 등
- **제품의 진부화, 제품성격의 변화 등으로 인한 도입속도 변화**

시장 성숙기는 장기간 지속될 수도 있고 아예 이 단계에 이르지 못할 수도 있다. 패션제품 등 일시적 유행품목은 갑자기 솟구친 폭발적인 수요로 불안정한 시장 성숙기의 정점을 유지하다가 급작스럽게 시장에서 사라진다.

제품수명주기 단계를 인식하라

지금까지 설명한 각 단계별 특징을 이해하면 특정 제품이 지금 어느 단계에 있는지 파악하는 데 도움이 된다. 그러나 항상 당시보다는 일정 시간이 지나야 정확히 그 단계를 구분할 수 있다. 즉 현재 단계를 파악하는 가장 좋은 방법은 다음 단계를 예측해보는 것과, 이전 단계인 현재를 검토하는 것이다. 이런 접근방법은 여러 장점을 지닌다.

- 앞을 내다볼 수 있고 경쟁 환경을 지속적으로 전망할 수 있다. 이 자체로도 큰 수확이다. 디트로이트의 가장 위대한 발명가인 찰스 케터링은 "미래는 남은 여생을 보내는 시기이므로, 우리는 모두 미래에 관심을 가져야 한다"고 늘 얘기했다. 즉 우리는 미래를 예측함으로써 현재를 더 정확히 평가할 수 있다.

- 눈을 미래에 두면 넓은 시야를 갖게 된다. 대부분의 사람들은 필요 이상으로 현재에 대해 많이 알고 있다. 그러나 우리의 현실 인식은 일상적으로 당면하는 압박 때문에 대개는 왜곡돼 있다. 이런 현재를 너무 잘 아는 것은 아무 도움도 되지 않는다. 자신이 경쟁의 연속선 상에서 어디쯤에 있는지 알려면, 현재 그 자체의 모습보다는 미래에 벌어질 일과 언제 그런 미래가 도래할지를 예상하는 것이 더 도움이 된다.

- 특정 제품이 어느 단계에 있는지 아는 지식을 어떻게 활용되느냐에 따라 그 지식의 가치도 달라진다. 하지만 그 활용 가치는 항상 미래

에 있다. 따라서 정보를 활용해 미래 환경을 예측하는 것이야말로 그 지식을 효과적으로 이용하는 방법이다.

제품수명을 연장하는 4가지 전략을 실행하라

수명주기 개념은 기존 제품과 신제품전략 모두에 효과적으로 사용할 수 있다. 여기서는 신제품 개발의 초기단계부터 그 제품이 성장하고 이익을 내는 단계까지 살펴보고 각 단계에서 이 개념을 어떻게 활용할 수 있는지를 살펴본다. 이제 필자가 명명한 '수명 연장' 또는 '시장 확장'에 초점을 맞춰보자.

〈그림2〉, 〈그림3〉은 성공적인 제품의 전형적인 유형을 개괄적으로 보여준다. 이와 같이 최초 생산업자의 변함없는 목적 중 하나는 시장 개발기에 초기 이윤 감소로 인한 혹독한 어려움을 피하는 것이다. 또 하나는 시장 성숙기에서 전형적으로 나타나는 진부화와 소모적 상황을 피해야 한다. 다음과 같은 제안이 유용할 것이다. '신제품이나 서비스를 착수할 때부터, 후속 단계에 취해야할 일련의 실행계획을 다양하게 준비하라.' 즉 매출 및 이익곡선이 하락하기 시작한 뒤에 사후대책을 논의하는 대신, 이들 곡선이 지속적으로 유지될 수 있도록 사전에 예방조치를 하라는 것이다.

달리 말하면 제품수명을 연장하고 신장시키려면 사전계획이 필요하다. 이 사전계획은 신제품 출시에 앞서 제품의 매출과 수익성을 유지하기 위해 수명주기 각 단계에서 취할 구체적 실행계획이다. 이 계획은 잠재가치가 많아 장기적인 제품전략의 수단이 될 수 있다.

나일론 _ 제품수명연장 전략의 이상적 사례

앞에서 설명한 바를 어떻게 제품에 적용할지는, 나일론의 역사를 보면 잘 알 수 있다. 나일론 붐의 반복적이고 체계적인 연장은 다른 제품의 모델이 될 만하다. 나일론의 경우, 사실 처음부터 의도적으로 계획된 것은 아니었지만, 결과적으로는 사전준비가 있었던 것처럼 보인다.

나일론의 최초 사용은 주로 군용 낙하산, 실, 로프였다. 그 후, 니트웨어 시장으로 진입했고, 그 결과 여성용 양말·메리야스 시장을 석권했다. 그리고 이 시장에서 모든 최고경영자가 꿈꾸는 지속적인 매출상승과 이익곡선을 만들어갔다. 수년 뒤 이 매출 곡선의 상승은 둔해지기 시작했다. 하지만 이윤곡선이 눈에 띄게 주춤하기 전에 이미 듀폰은 매출과 이익을 되살리기 위한 대책을 수립해 놓고 있었다. 듀폰은 여러 대책을 실행했는데, 〈그림4〉에 그 각각의 대책이 설명돼 있다. 그림과 부가된 설명은 실제 상황과는 다소 다른데, 그 이유는 이 글을 통해 말하고자 하는 요점을 강조하기 위해서다. 하지만 제품전략의 근본적인 내용은 실제와 같다.

〈그림4〉의 점 A는 나일론의 수명주기가 정점에 도달했다고 가상한 지점으로 양말·메리야스 시장을 석권했던 시점이다. 이때 아무 대책이 강구되지 않았다면 판매 곡선은 점 A와 평행하는 점선처럼 계속 정체됐을 것이다. 이 점은 또한 나일론의 수명을 연장시키기 위해 체계적인 노력을

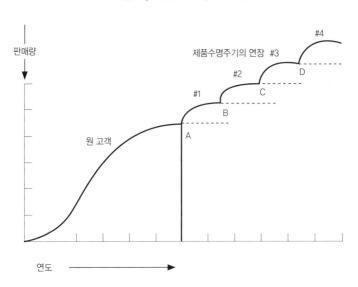

:: 그림 4 | 나일론의 수명주기 가정 ::

진행했던 가상점이기도 하다. 실제로 듀폰은 이 시점에서 스타킹 판매라는 특정한 대책을 취했고, 덕분에 평평한 수명주기 곡선을 위로 움직일 수 있었다.

또 듀폰은 점 B, C, D에서도 매출 및 이익확장을 위한 다른 조치들(Action #2, #3, #4)을 전개했다. 이 조치들은 무엇이었을까? 그 전략적인 내용은 어떤 것이었을까? 그들은 무엇을 달성하려고 했을까? 그들은 다음 4가지 방법을 통해 매출을 지속적으로 증대하고자 했다.

1 현 소비자들의 해당 제품 사용 빈도를 높인다.
2 현 소비자들의 해당 제품의 용도를 다양화한다.

3 시장을 확대해 신규 소비자를 창출한다.

4 제품의 새로운 용도를 찾는다.

사용 빈도의 촉진 듀폰 사는 조사연구를 통해 여성들이 맨다리를 드러내놓는 경향이 번지고 있음을 확인했다. 이는 점차 자유롭게 변하는 생활습관과 십대들 사이에서 '사회적 요구'였던 스타킹 착용이 점차 줄어들고 있는 현상과 맞물렸다. 듀폰 사는 이런 결과에 대응해 수평상태에 있는 매출 곡선을 지속적으로 상승시키려면, 스타킹을 꼭 착용해야 한다는 사회적 필요성을 강조하는 것임을 깨달았다. 이는 쉽지 않고 비용도 많이 들었지만 매출을 강화하는 하나의 대책이었다. 더구나 이를 통해 소비자들의 스타킹 이용 빈도를 촉진하고자 하는 전략까지 달성할 수 있었다.

사용 용도의 다양화 듀폰 사는 이를 위해 색깔 있는 스타킹을 '세련된 패션'이라고 전략적으로 판촉했다. 또 이후에는 무늬를 넣은 스타킹과 고감촉 스타킹 등 스마트한 패션을 유도했다. 스타킹은 갈색과 핑크색뿐이라는 고정관념을 깨뜨림으로써 여성들의 스타킹 재고를 늘리기 시작한 것이다. 결국 스타킹은 의상에 따라 적당한 색과 무늬로 조화를 이루는, 패션의 중심 액세서리로 전환됐다.

이 전략은 여성들의 스타킹 개념을 확장했을 뿐만 아니라 판매점이 보유한 스타킹의 종류를 늘려 매출 신장도 일으켰다. 또 매년 외투 색상이 유행을 타는 만큼 스타킹 색상과 무늬도 유행을 선도하도록 했다. 그 무렵 몇몇 연구자들이 섹스어필 요소에서 각선미의 영향이 감소해 스타킹 사업도 손해를 입을 것이라는 예견한 적이 있었다. 그러나 듀폰은 타인의 이목을 다리에 집중시키기 위해 스타킹에 색상과 무늬를 덧붙였고, 그를 통해 섹스어필에 대한 각선미의 영향력을 부활시켰다.

새로운 고객창조 십대 초반이나 그 이하 세대를 스타킹을 착용하는 고객으로 만드는 데 있었다. 광고, 홍보, 판촉수단 등이 청소년 사회의 패션 리더층을 대상으로 진행됐다.

새로운 용도의 개발 나일론의 경우 이 전술은 많은 성공 사례를 남겼다. 고탄력 스타킹과 고탄력 양말 등 다양한 스타킹부터 시작해 발판, 타이어, 베어링 등 새로운 용도 개발까지 확대됐다. 만일 나일론이 처음의 군용품, 잡화용, 편물용 이후 새로운 용도를 개발하지 않았다면 1962년 나일론 소비량은 연간 5천만 파운드 생산 수준에서 이미 시장포화 상태가 됐을 것이다.

그러나 실제로 1962년이 되자, 나일론 소비량은 10배 이상 늘어난 5억 파운드를 초과했다. 〈그림 5〉는 나일론의 끊임없는 용도 개발이 어떻게 추가적인 판매실적으로 이어졌는지 보여준다. 1958년의 도표에는 여성용 스타킹 시장이 성장하고 있음에도, 기존의 군용, 니트웨어용, 기타 용도의 총매출이 정체상태에 머무르고 있음을 보여준다.

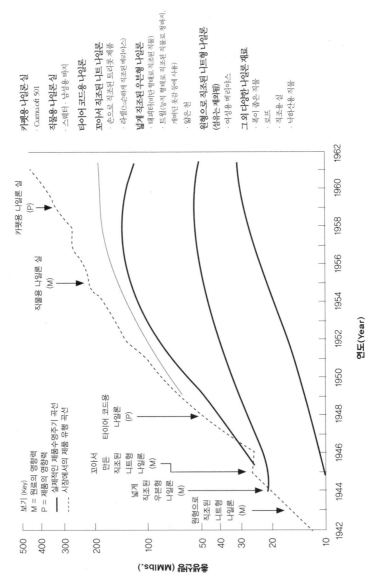

:: 그림 5 | 신제품의 혁신과 제품수명주기의 연장_나일론 산업 ::

성장기여도

카펫용 나일론 실
· Cumuloft 501

직물용 나일론 실
· 스웨터 · 남성용 바지

타이어 코드용 나일론

꼬아서 직조된 니트 나일론
· 손으로 직조된 트리콧 제품
· 라셸(느슨하게 직조된 베이스어스)

넓게 직조된 우븐형 나일론
· 태피타(반듯 형태로 직조된 직물)
· 트윌(눈의 형태로 직조된 직물로 점퍼, 개버딘 우산 등에 사용)
· 얇은 천

편평으로 직조된 니트형 나일론
(섬유는 제외함)
· 여성용 메리야스

그 외 다양한 나일론 재료
· 폭이 좁은 직물
· 로프
· 직조용 실
· 나화산용 직물

나일론이 1944년 직물시장에 진출했을 때, 실제 판매량은 그들이 예견했던 이상으로 치솟았다. 직물제품, 니트웨어, 군용 및 기타 용도의 총매출도 1957년에 정점을 이루었다.

1945년에 니트용, 1948년에 타이어 코드용, 1955년에 섬유사용, 1959년에 카펫 섬유사용 등 이처럼 새로운 용도가 개발되지 않았다면, 나일론은 이 같은 놀라운 소비곡선을 만들어내지 못했을 것이다. 각 단계마다 기존 시장이 소진되거나 대체품이 수요를 감소시켰을 것이다. 즉 나일론은 원재료의 새로운 용도를 체계적으로 개발함으로써 제품의 수명을 연장할 수 있었다.

제품수명 연장전략의 성공 사례_ '젤-로', '스카치테이프'

앞의 4가지 제품수명 연장단계를 체계적이고 계획적으로 활용하는 기업은 사실 드물다. 그러나 제너럴 푸드의 '젤-로'와 3M의 스카치테이프의 경우 이러한 연장단계를 성공적으로 수행했다.

젤-로는 준비가 간편한 젤라틴 디저트 분야의 선구자였다. 제품개념이 그럴듯했고 초기 마케팅도 뛰어나 출시 초기부터 매출 및 이익곡선이 호조세를 탔다. 그러나 몇 년 후 이 제품도 예상대로 상승이 둔화되기 시작했다. 스카치테이프 역시 이 분야의 선구자 제품으로, 합리적인 제품 개념 및 공격적인 영업조직을 등에 업고 빠른 수요 성장세를 보였다. 그러나 역시 때가 되자 매출과 이익이 정체하기 시작했다. 그러나 3M과 제너널푸드는 성장세가 크게 둔화되기 전에 초기 매출과 이익을 지속하기 위한 조치를 이미 마련해놓고 있었다.

이 두 기업 모두 듀폰 사가 나일론에 실행했던 4가지 방법을 실행한 것이다. 즉 기존 사용자들의 사용빈도를 늘리고 기존 사용자들의 용도를 확대하며, 새로운 사용자를 발굴하고 제품의 새로운 용도를 개발하는 것이었다.

1 **사용 빈도의 촉진** 기존 고객들이 젤-로를 더 자주 먹도록 하기 위해 제너럴푸드는 맛을 다양하게 만들었다. '6가지 기막힌 맛'이 12가지로 늘어났다. 한편 3M은 스카치테이프의 용기를 손쉽게 사용할 수 있도록 여러 형태로 개발해 기존 고객들의 수요를 증대시켰다.

2 **사용 용도의 다양화** 디저트용 젤-로를 샐러드 재료로 판촉하고 사용 촉진을 위해 다양한 야채 맛이 나는 젤-로를 개발했다. 3M도 색깔 있는 것, 무늬가 들어간 것, 방수 처리된 것, 투명한 것, 필기가 가능한 것 등 여러 종류를 개발해 선물 포장용 또는 장식용으로 사용할 수 있게 했다.

3 **새로운 고객 창조** 제너럴 푸드는 젤-로를 디저트용이나 샐러드 용으로 쓰지 않는 이들을 새로운 고객 대상으로 겨냥했다. 그래서 저칼로리 식사를 강조하는 매트리컬(Metrecal) 붐 기간을 이용했다. 유행에 따라 젤-로에 체중조절 식품의 이미지를 강하게 어필하는 홍보를 감행한 것이다. 한편 3M은 새로운 로켓테이프를 개발했다. 이 테이프는 스카치테이프와 흡사하지만 가격이 낮았다. 또 다양한 폭, 길이, 강

도를 가진 상업용 셀로판테이프 제품계열까지 개발했다. 이 같은 일련의 전략들로 상업용 및 공업용까지 제품 사용 범위를 확대할 수 있었다.

4 새로운 용도의 개발 많은 여성들이 손톱 강화제로 물이나 기타 액체에 녹인 가루 형태의 젤라틴을 사용하는 것으로 알려졌다. 또 남녀 모두가 젤라틴을 뼈 강화제로 이용하고 있었다. 결국 젤-로는 맛과 향이 없는 젤-로를 개발해 이런 용도로 선보였다. 3M 또한 액체풀을 능가하는 양면테이프, 자동차 범퍼에 덧붙이는 반사테이프, 페인트를 능가하는 마커테이프 등 원제품의 새로운 용도들을 다양하게 개발했다.

능동적, 장기적이며 멀리 보는 전략을 세워라

〈그림 1〉, 〈그림 2〉의 제품수명주기와 〈그림 3〉에 예시된 단위이윤 주기는 한 가지 사실을 말해준다. 제품이 공식적으로 출시되기 전에 제품수명을 연장시키기 위한 계획을 미리 수립하는 것이 현명하다는 것이다. 이같은 대책을 〈그림 4〉처럼 수립하는 것은 다음 3가지 중요한 측면에서 매우 유용하다.

1 반응적이 아닌 능동적인 제품정책을 수립할 수 있도록 해준다.

수명연장은 계속되는 경쟁 압력과 이윤감소라는 압력에 즉흥적으로 반응하려는 노력이 아니다. 그것은 체계적으로 장기적인 마케팅 및 제품개발 계획을 사전에 수립하는 것이다. 수명연장 개념에 따른 제품 정책은 미래를 그려보고 계획하도록 이끈다. 즉 잠재적 경쟁자의 동향, 제품에 대한 소비자 반응의 변화, 주어진 상황을 가장 잘 활용할 수 있는 판매활동 등에 체계적으로 대비할 수 있도록 해준다.

2 적절한 시점, 적당한 수준에서, 적합한 규모로, 제품에 새 생명을 불어넣을 수 있는 장기 계획을 세우도록 해준다.

기존 제품의 매출과 이익을 높이기 위한 대책들은 종종 상호 연관성 또는 타이밍(고객이 기업의 활동을 기꺼이 받아들일 적기, 경쟁 효과가 최고의 정점에 오르는 시점)을 고려하지 않고 이뤄진다. 그래서 그 필요성이 제기되기 전에 사전준비를 해놓으면, 적합한 타이밍, 관리, 노력의 수준을 결정하는 데 도움이 된다.

예를 들어, 만약 여성들의 모발 염색약 판매가 헤어스프레이와 헤어스타일링 제품의 판매 붐에 앞서 진행됐더라면 그처럼 놀라운 성과를 거두기 힘들었을 것이다. 헤어스프레이와 헤어스타일링 제품은 손쉽게 멋진 머리모양을 만들 수 있도록 하는 도구로서 헤어 패션에 대한 강력한 소비자 인식을 조성했다.

여성들은 일단 손쉽게 멋진 머리 모양을 만들게 되자, 패션감각이 머리 염색 제품으로까지 뻗어 나갔다. 만약 머리염색이 패션인식을 만들어내고 그 뒤에 헤어스프에이와 헤어스타일링 제품의 매출촉진이 일어났다면 틀림없이 성공하기 힘들었을 것이다. 이처럼 일의 전후 순서를 이해하는 것이야말로 미리 계산한 제품수명연장 계획의 중요성을 이해하는 기본이 된다. 이에 대해 조금 더 자세히 검토해 보자.

수세기 동안 여성들은 머리를 다듬는 일로 고심했다. 우선, 머리 길이와 모양은 남성과 여성을 구분하는 방법 중 하나였기 때문에 여성들에게는 이 뚜렷한 차이점에서 매력적으로 보이는 것이 매우 중요했다. 둘째, 아름다운 액자가 아름다운 그림을 돋보이도록 하듯 머리는 얼굴의 윤곽을 아름답게 강조한다. 따라서 머리모양은 여성들에게 얼굴의 특징을 표현하는 중요한 요소였다. 셋째, 머리는 길고 부드럽기 때문에 계속 근사하게 정돈되기가 힘들다. 수면 중에, 바람에 날리거나 습기 찬 날씨 때문에 운동을 할 때 쉽게 헝클어진다. 이런 이유 때문에 머리를 정돈된 상태로 유지하는 것은 모발 관리의 중요한 과제였다. 갈색머리를 아무리 아름다운 금발로 염색했다 한들 머릿결이 헝클어져서는 소용이 없다. 게다가 금발머리가 드문 나라에서는 헝클어진 갈색 머리를 금발로 바꾸면 고작해야 그녀가 현숙한 여자가 아니라는 인상만 준다. 그러나 이 문제점이 스프레이와 스타일링 제품으로 해결되면, 염색은 시장성 좋은 제품이 될 수 있다. 이제 막 머리가 희끗해지고 있는 여성들에게는 특히 매력적일 것이다.

이 같은 일련의 우선순위는 산업 제품에도 적용된다. 예를 들어, 사람 손으로 일일이 관리해야 하는 수동식 방적기를 컴퓨터 자동화 방적기로 대체하는 일은 쉽지 않다. 특히 수동업 설비를 다량 보유한 회사는 이를 바꾸려 들지 않을 것이다. 기업이나 노동자들이 갑작스러운 개념의 변화에 적응하고 직무 흐름도 온전히 유지하려면 그 중간단계로 기계식 방적기를 도입해야만 하기 때문이다.

앞서 살펴본 젤-로의 경우, 만약 젤라틴이 샐러드의 재료로 시장에서 수용되기 전에 야채맛 제품을 내놓았다면 과연 성공을 거둘 수 있었을까? 선물포장 및 장식용 스카치테이프 또한 같은 질문을 던질 수 있다. 만일 백화점들이 더 나은 서비스를 제공하는 다른 상인들과 효과적인 경쟁하기 위해 포장과 장식용품을 먼저 선보이지 않았더라면 색상과 무늬가 가미된 이 테이프도 결코 성공할 수 없었을 것이다.

3 제품수명 연장을 위해 매출확대와 시장확장 계획을 미리 세움으로써 얻을 수 있는 가장 중요한 이점은 제품의 본질에 대한 좀 더 넓은 안목을 가지게 된다는 점이다.

젤-로의 경우를 예로 들어 보자. 젤-로는 어떤 제품인가? 수년 동안 젤-로는 옥수수 전분으로 만든 푸딩, 파이 속(pie fillings), 새로운 휘픈 칠(Whip'n Chill : 바베리안 크림이나 프렌치 무스와 유사함)을 포함하는 디저트 제품군의 대표(brand umbrella)다. 즉 젤-로 사업 본부는 여러 가지 제품을 다루는 '디저트 기술 사업'을 하고 있는 셈이다.

테이프 제품의 경우 3M은 이 사업 영역에서 기술을 통한 제품혁신으로 끊임없는 진보의 길을 걸어왔다. 먼저 특수한 전문성을 구축하고 이를 기반으로 관련된 사업을 꾸준히 확장했다. 이 전문성은 한 물체를 다른 물체, 특히 얇은 것에 접합시키는 것이었다. 그래서 우리가 아는 바처럼 전자 감지 물질을 테이프에 결합한 전자 녹음용 테이프, '서모-팩스'라는 복사장비와 열감용 물질을 종이에 결합시킨 소모품 등 수익성 높은 제품을 개발했다.

제품수명주기를 지도로 삼아라

지속적인 성장과 이익을 추구하는 기업이라면, 수년 앞을 내다보는 총체적인 관점을 가지고 신제품 계획을 수립해야 한다. 신제품전략이 성공하려면 어떤 식으로든 경쟁과 시장상황의 변화 가능성, 특징, 시점을 예상해야 한다.

예측은 항상 위험이 따르며 장담하기가 힘들지만, 아예 예측하지 않는 것보다는 낫다. 사실 모든 제품전략과 모든 사업결정은 불가피하게 미래와 시장과 경쟁자를 예상해야 한다. 또 더 체계적으로 예측하고 싶다면 방어적이거나 단순 반응하는 대신 공격적인 대응을 해야 한다. 이것이 시장을 확장하고 제품수명을 연장하는 사전계획의 진정한 가치다. 그 결과, 주변의 조건변화에 따른 시기적절한 몇 가지 계획을 포함한 제품전략을 수립할 수 있다.

시장 개발기 전이라도 최초 생산업자는 제품의 용도와 고객 범위를 확대시킬 가능성과 아울러, 현실적인 제품수명을 예측해야 한다. 이런 판단은 이익 또는 시장침투를 위한 가격책정, 유통업자들과의 관계를 설정할 때 도움이 된다.

이와 같은 사전 고려사항들은 아주 중요하다. 제품수명주기 각 단계에서 의사결정은 후속 단계의 경쟁상 요인들을 감안해야 하기 때문이다. 따라서 시장 개발기에서 강력한 브랜드전략을 세우겠다는 의사결정은 이후 치열한 가격경쟁으로부터 브랜드를 보호하는 데 도움이 될 것이다. 예컨대 시장 개발기에서 딜러를 방어하는 정책에 대해 정리된 결론이 있다면 시장 성숙기에서 판매촉진을 강화할 수 있게 된다. 즉 미래의 제품개발 가능성과 시장 개발 기회에 관한 분명한 청사진만 준비돼 있다면, 탐탁지 않은 제품 모양에 머무를 가능성도 줄어든다.

또 이 같은 사전 신제품전략은 경영진이 또 다른 함정에 빠지는 것을 방지해준다. 예를 들어, 단기적으로는 성공적으로 보이던 광고 캠페인이 다음 단계에서는 해당 제품에 오히려 해가 되는 경우가 종종 있다. 초기의 메트리컬 다이어트 광고는 의학적인 주제를 강하게 내세웠다. 그러다가 상상력을 동원한 경쟁자들이 패션 차원의 날씬함을 강조하자 메트리컬 붐은 주춤했다. 메트리컬은 비만소비자들을 위한 체중조절 식품으로 이미지 메이킹을 했는데, 그것은 패션에 민감한 이들을 대상으로 하는 다이어트 식품보다 대중적인 호소력이 부족했다. 그러나 메트리컬은 최초 광고 이미지가 워낙 강했던 나머지 이후 제품에 대한 대중적 인식을 바꾸기 위해 고생해야 했다. 처음부터 세심하게 장기적인 관점을 도입했더라면, 이미지도 소비자들에게 더 깊이 심어졌을 것이고, 광고의 목적 또한 더 명확하게 정의될 수 있었을 것이다.

신제품의 매출증대를 위한 조치에서 순차적 순서의 중요성을 깨닫는 것은 장기적인 제품계획 수립의 중심요소이다. 물론 신제품을 시장에 도입하기 전에 시장 확장을 세심하게 사전 준비하는 것은 유리한 지점에 먼저 도착하는 것이다. 미래를 위한 합리적인 계획은 제품의 기술개발 속도와 방향을 조절하는 데도 도움을 준다. 물론 예상치 못한 사건이나 경영진 판단의 변경에는 당초 계획을 수정해야 하겠지만, 그럼에도 이 계획은 상황이 바뀔 때마다 반사적으로 대응하기보다는 기업이 상황을 주도적으로 전개할 수 있게 한다.

최초 생산기업은 이 같은 장기계획을 반드시 제품 도입 전까지 수립해야 한다. 해당 제품을 어떻게 시장에 도입시킬 것인가라는 방법을 생각하는 것과 미리부터 제품의 다양한 용도를 홍보하는 일은 서로 깊은 관계가 있다. 즉 고려해야 할 사항들은 전체적인 순서에서 파악하는 것이다. 예를 들어 제품의 매력 순서를 어떻게 매길 것인지, 제시할 제품 용도의 순서는 어떻게 되는지에 초점을 맞춰야 한다. 만약 젤-로의 첫 용도가 다이어트 식품이었다면, 이 제품은 이후에 젤라틴 디저트 시장에서 큰 성공을 거두지 못했을 것이다. 마찬가지로 나일론 스타킹을 처음부터 그냥 스타킹으로 제시했다면 실크를 대신하는 첨단 유행 스타킹으로 성공했을 가능성도 크게 떨어졌을 것이다.

사전계획의 장점을 예를 들어서 설명해 보자. 한 기업이 특허출원이 불가능한 제품, 예를 들어 주방에서 사용하는 보통 소금 뿌리개를 개발했다고 가정해 보자. 또 어떤 기업도 아직 소금 뿌리개를 보유하지 않았다고 가정하자. 그 제품은 이미 가정, 단체, 업소 등 수백 만의 잠재 시장을 가지고 있고 2년 이내 시장 성숙기에 이를 것이며 1년 내에 경쟁자의 진입으로 수익성이 하락할 것이라고 예상할 수 있다. 따라서 이 기업은 다음과 같은 계획을 수립할 수 있다.

1 **1년 종료 시점 : 현 사용자를 대상으로 시장을 확장하는 방안** 격식 있는 순은 제품, 바베큐용 남성 이미지 제품, 초기 아메리칸 스타일의 고풍스러운 제품, 테이블 세팅용 소형제품, 해변 피크닉용 방습 제품 등 새로운 디자인을 개발한다.

2 **2년 종료 시점 : 새로운 고객 창조를 위한 아이디어** 어린이용디자인, 맥주 손님을 위한 술집용 디자인, 상처에 소금을 뿌려 문지르는 새디스트를 위한 디자인 등을 개발한다.

3 **3년 종료 시점 : 새로운 용도 개발을 위한 방안** 후추 뿌리개, 장식용으로 꾸민 마늘이 들어간 조미소금 뿌리개, 가정용 세제 뿌리개, 기계상점에서 부품 먼지를 제거할 때 쓰는 실리콘 뿌리개 등을 개발한다.

이처럼 판매곡선이 정체되기 전에 이를 되살리는 방법을 사전에 강구하려는 노력은, 제품기획자들이 각 업무의 우선순위를 정하고 미래의 생산 확대와 자본 및 시장여건을 체계적으로 계획할 수 있게 해준다. 또한 한꺼번에 너무 많은 것을 해치우려는 과욕을 방지하고, 새로운 발상이 떠오를 때마다 우연한 순서를 따르는 대신 합리적으로 결정된 우선순위를 따라 일을 진행하도록 해준다. 또 제품성장을 위한 개발과, 이를 계속 성공시키기 위해 요구되는 마케팅 노력을 모두 통제할 수 있도록 해준다.

·

PART 3

마케팅 상상력은
기업의 미래다

MARKETING
IMAGINATION

09

마케팅 오해를 최소화하라

Marketing and Its Discontents

마케팅은 교활한 상술인가

마케팅 종사자들과 소비자 사이의 갈등은 어느 곳에나 존재한다. 어디에서나 마케팅은 뻔뻔하고 시끄럽고 독재적인 침입자이다. 마케팅은 우리에게 탐욕과 쾌락주의에 타락한 지침을 내리고 소비자의 지갑을 무자비하게 노리며, 결과에 상관없이 판매자의 이익만 챙긴다는 원망을 듣는다.

이러한 불만은 마케팅 활동이 더 많이 실행될수록 정비례로 늘어간다. 마케팅 활동을 한다는 것은 고객들이 실제로 원하고 가치를 느끼는 것에 이해타산적으로 대응하면 성공은 저절로 따라온다는 믿음을 비즈니스 행동으로 실현한 것이다.

지난 몇 십년 간 많은 회사들이 마케팅 활동을 위해 성공적인 변신을 했지만 그런 만큼 역기능적인 측면도 있었다는 비난도 거세졌다. 그래서 기업들은 '고객들이 원하는 것을 제공하려고' 조심스럽게 접근하면 할수록 고객들이 원하지 않은 것, 필요로 하지 않는것, 살 능력이 없는 것을 구매하도록 만들어서 결국은 과소비를 조장하고 쓸데없는 시비거리를 만들고 갈등을 조장한다는 비난에 직면한다고 토로한다.

헨리 포드가 남겼던 명언을 상기해 보자,

"자동차가 검정색인 한, 그들은 원하는 어떤 색깔의 차도 가질 수 있다."

그 때였다면 제품중심에서 벗어나 고객중심의 가치를 실현해 고객이 원하는 모든 색을 만들어냈을 것이다. 현 세계에서는 고객의 니즈에 더 잘 대응한다면 더 큰 소비자 만족을 끌어낼 것이고 비즈니스에 가해지는 비난도 줄어들 거라고 가정할 수도 있다.

하지만 사실은 달랐다. 이를테면 무한 에너지인 핵융합을 발견했다고 물리학이라는 학문 자체의 인기가 올라가지는 않는 것처럼, 시장 조사를 통해 고객에 대해서 전문적인 연구를 한다고 해서 비즈니스에 쏟아지는 비난이 줄어들지는 않았다. 심리학자들은 사람을 상업적으로 동기화시켜 움직이도록 하는 방법을 일반인들이 스스로에 대해 알고 있는 것보다 더 잘 알고 있다.

그들은 사업전략가를 '보이지 않는 설득자', '의식의 지도자'로 만들었고, 정직은 더 좋은 세상을 만든다는 고매한 지식을 상업적으로 교활하게 바뀌다.

'발견'은 어떻게 사용하느냐에 따라 선(善)이 될 수도, 악이 될 수도 있다. 이는 경영현장에서 심리학자의 역할이 고객을 통제할 능력을 지닌 사악한 '숨은 설득자'로, 물리학자는 세계를 통제할 능력을 가진 불길한 전면 핵전쟁 추진론자, 스트레인지러브 박사로 간주되는 것과 같다.

우리는 우리 삶을 망치고 지갑을 여는 방법을 잘 알고 있는 사람들을 악하다고 생각하거나 최소한 의심의 눈길로 경계하고 있다. 경영과 마케팅을 고객의 지갑만을 노리는 것으로 간주한다면, 고객의 불만은 충분히 이해받을 만하고, 또한 정당한 것이다.

마케팅이 오해받는 이유

마케팅 개념의 기본 논리를 다시 떠올려보자. 기업은 소비자들이 무엇을 필요로 하고 원하는지를 알아내고 그것을 충족시키려고 할때, 다음의 전제 조건을 따른다.

1 고객의 욕구충족이 회사의 전략과 일치해야 한다.
2 예상되는 반응이 회사의 목적과 부합해야 한다.
3 고객욕구는 일반적으로 제품 자체보다는 총체적 마케팅 프로그램, 제품, 정보, 안심, 보급, 부가 서비스, 가격, 선전 홍보 등의 개념으로

볼 수 있다.

4 각각의 소비자들이 필요로 하고 원하는 것 또한 각각일 것이다.

이 중 3, 4번은 암시적인 전제조건으로 특히 4번은 '세분화된 시장'으로 명료화된다. 이는 단순히 하나의 크고 안정된 시장이 있다기보다는 특정 희망과 요구를 공유하는 잠재적 소비자 집단이 있고, 이 집단을 객관적으로 구분할 수 있다는 것이다.

이 조각(segment) 개념의 발견은 현대 경영에서 강력한 구성 원리가 되었다. 고대 바빌론때의 경영자들이 이를 몰랐다는 것은 아니다. 그들도 물론 다른 제품을 다른 가격으로 왕자와 거지에게 팔면서 이것을 이해했을 것이다. 그러나 그들은 오늘날과 같이 이러한 세분시장을 의식적으로 완전한 상업생활을 주도하는 조직원리 차원까지는 발전시키지 못했다.

세분시장을 구분하는 방법 중에는 '소득수준'과 같은 인구통계학적 방법도 있고 엘리트와 대중, 권력자와 힘없는 자, 확신하는 자와 의심하는 자, 정신적으로 독립적인 자와 그렇지 않은 자와 같은 사회계층과 심리분석적방법도 있다.

눈으로 볼 수 있는 구매활동을 기준으로 보면, 사람들을 제품 속성에 따른 선호로도 분류할 수 있다. 자동차의 경우, 대가족을 위해 큰 차를 원하는 사람도 있고, 핵가족으로 일정 예산을 넘지 않는 소형차를 원하는 사람도 있고, 안락한 세단 보다는 속도를 내는 스포츠카를 원하는 사람도 있다. 또 어떤 사람들은 유지비용을 낮추기 위해 몇 가지 편의를 포기하기도 한다. 어떤 사람들은 쇼핑에 용이하고 아이들도 태울 수 있는 스테이션 웨건 같은 이중 용도의 차량을 원하고, 10대들은 이성이 혹할 만한 매력을 가졌으면서 자기만의 환상을 충족시켜주는 자동차를 원한다.

세분화 카테고리는 사람들의 사회심리학적 욕구와 표현방법도 다룬다. 예를 들어, 롤스로이스나 캐딜락은 현실적인 필요성보다는 지위, 위치, 능력 혹은 야망을 반영하거나 표현한다. 권력이나 권위를 증명하는 것, 우월한 취향을 드러내는 것, 혹은 상업적인 장사꾼을 의식하지 않는다는 걸 암시하는 것도 있다. 이러한 제품들의 세분화와 사회심리적으로 구분되는 시장들은 또다시 다양한 가능성으로 세분화할 수 있다.

오해는 다양한 욕구 충족을 위한 필연적 결과다

마케팅은 신중한 의사결정과 사람들의 다양한 욕구를 충족시키려는 노력이 뒷받침되면 성공확률이 높아진다고 말하지만, 이 말은 이러한 마케팅 개념을 자칫 잘못 실행하면 낭비와 사치로 보이고 유해하다는 오해를 받을 수 있다는 의미이기도 하다. 또 마케팅 개념은 왜 세상에 이렇게 많은 종류의 자동차, 다양한 화학 성분을 가진 다양한 세탁 세제들, 서로 다른 브랜드명과 서로 다른 광고 주제가 있는지를 설명한다. 각각은 다른 세분화된 고객을 타겟으로 한다. '다목적' 세제나 "나는 뭐든지 상관없어. 별 차이를 모르겠는걸."이라고 말하는 층에게 소구하는 세제조차도 고객을 세분화한다.

그러나 많은 사람들에게 이 모든 마케팅 활동은 제품 간의 분명한 느끼게 한다. 어떤 가정주부는 남편이 자동차 정비사이기 때문에 기름때를 없애주는 강력한 세제를 원한다. 그러나 남편이 일반 기능공인 주부는 섬유를 손상시키는 강력한 세제를 피할 수도 있다. 또 어떤 이는 속옷에 사용해도 안전한 세제를 원하고, 또 어떤 사람들은 색깔 옷을 선명하게 세탁해주는 세재를 원한다. 심리사회적 동기는 '자동차' 구매 뿐만 아니라 세제 구입 시에도 작용한다. 순한 세제를 쓴다는 것은 아름답고 고상한 옷만 입는 귀족 의식을 나타낸다.

'깨끗한 옷을 더 깨끗하게' 만들어 주는 초강력 세제는 그 이용자가 제트족이나 억압된 여성 운동가가 아닌 가족의 건강과 안녕을 위해 헌신하는 주부라는 이미지를 창출하고자 하는 것이다. '다목적' 용품을 구매하는 사람은 이렇게 말할지 모른다. "나는 저 멍청한 광고들보다 한수 위야. 광고는 나를 농락할 수 없어. 비누는 비누일뿐이지."하지만 그들 역시 어느 세분시장에 속해 있다.

의식주 이외의 것은 다 쓸데없는 짓인가

이런 생각을 해보자. 세탁 세제 제작업체 5개 회사가 있는데, 어느날 다양한 크기의 패키지를 선호하는 3개의 고객집단이 있고, 각 집단마다 7가지 유형의 세분고객이 존재한다는 사실을 발견했다. 이런 상황은 왜 세탁세제가 슈퍼마켓에 무려 백 가지(제조업체 5군데 ×소비자 집단 7개 × 패키지 3개 = 105)가 넘는지 설명해준다. 이런 상황이니, 슈퍼마켓 주인도 몇 시간마다 제품 진열대를 다시 채워놓는데 드는 인력 낭비를 피하려고 하고, 구매자 또한 불편함과 당혹감을 느낀다. 다양한 제품, 그 제품들이 자치하는 공간들을 보면 광고가 너무 많다는 생각과 함께 극심한 낭비를 느낀다.

그러나 한편으로 이것은 다양한 세분시장의 욕구, 바람, 행동에 대해 반응하는 생산자와 판매자의 경쟁 때문에 생긴, 이해할 만한 결과다. 기능상 사소한 차이점이 있겠지만 이렇게 많은 제품, 포장, 광고가 범람할 필요가 있는가, 이것들이 '진정' 소비자 욕구를 충족시키는 것인가, 혹 '실제'로는 필요 없는데 욕망이 생기도록 만든 것인가, 조사를 통해 욕구를 발견하고 제품을 이용할 때까지 있는지 몰랐던 욕구를 일부러 '만들어' 내는 것이 과연 사회적·경제적으로 바람직한가? 이런 사안들이 모든 논쟁의 기초가 되는 원칙적인 문제다.

어떤 사람에겐 쉬운 문제이고, 어떤 사람들에게는 괴로운 질문일 것이다. 그러나 어떤 경우이든 마케팅은 무엇이 옳고 그른가를 가리는 해결사가 돼야 한다는 논리가 깔려있다.

사실은 이렇다. 우리가 가진 것이나 원하는 물건들 중 실제로 꼭 필요한 것은 없다. 하지만 의식주와 관련이 없는 음악, 예술, 시, 신의 영광을 높이기 위해 어마어마한 비용을 들인 성당 같은 것들은 쓸데없는 짓일까? 이것이 지나친 자기도취의 산물이라고 할 수 있는 사람이 몇 명이나 될까? 사실 우리들 중에 누구도 예수 그리스도처럼 삼베옷과 샌들만으로는 살지 못한다. 그 점에서 우리는 누구도 자유로울 수 없다. T. S. 엘리

엇은 "인류는 지나친 현실을 감당하지 못한다"고 말한 바 있다. 그것은 왜 우리가 그토록 열심히 인공 주거지, 인공 소유물, 오락물, 예술, 환상에 집착하면서 자연의 야수 상태를 벗어나려 하는지를 설명한다. 이것이 우리가 이른바 '문명'이라고 부르는 것이다.

사람들이 불만족하는 진짜 이유는 따로 있다

이제 다시 우리 머리를 복잡하게 하는 역설로 돌아가 보자. 지난 수년간 마케팅 개념이 진보함과 동시에 마케터 사이에도 불쾌감이 짙어지고 그것이 편협한 감정으로 변해갔다. 고객이 원하는 바에 신중히 대응하기위해, 많은 기업들이 소비자 조사와 제품 개발에만 수백만 달러를 지출했다. 그러나 열정적이고 진지하게 효율적으로 그 돈을 사용한 듯 보이는 기업 자체에 대한 공격을 멈추진 못했다.

왜 그런 공격을 당해야 하는지를 알아내기 위해 또 많은 돈이 들어간 것은 더 이상 뉴스거리가 아니다. 흥미로운 점은 제품의 조잡함, 애매한 보증, 거짓 광고, 오해를 살만한 포장, 의심스러운 가격처럼 제품의 전형적인 흠집에 대해서는 놀랍게도 불만이 거의 없다는 것이다. 이런 상황은 현실이지만, 사실 기업이 제품을 판매하는 열의로 소비자들의 불만을 조사하는 경우는 찾아보기 힘들다.

노골적으로 얘기하지는 않지만 사람들을 가장 괴롭히는 것은 마케팅 활동이라는 이름으로 우리 생활을 오염시키는 일반화된 낭비, 공격성, 불쾌감 같은 것들이다. 이것은 다루기 까다롭고 심각한 문제로 포장돼 있다.

좋아하는 것은 좋아하고 싫어하는 것은 싫어한다

하버드의 스태픈 그레이저 교수의 연구에 따르면, 미국 성인 2천5백 명 중 72%가 10년 전의 광고보다 요즘 광고가 더 불쾌하다고 응답했다. 특히 세탁비누와 세제 광고가 가장 불쾌하다고 답변했다. 더 놀라운 점은 조사 참여자들이 모두 기업의 경영진들이었다는 점이다. 경영진들도 이러할진대, 만약 대학, 여성 유권자 연맹, 서양문명의 지식인들을 대상으로 조사했다면 어떤 결과가 나왔을지 상상해 보라.

하지만 이 연구는 우리가 생각하지 못했던 많은 것을 설명해준다. 응답자들은 그들이 사용하지 않는 제품의 광고 중 37%를 불쾌하다고 느꼈지만, 사용하고 있는 제품에 대해서는 21%만이 그렇다고 대답했다. 즉 불쾌함과 성가심은 광고 그 자체가 아닌 소비자들에 의해서 생긴다는 점이다. 실제로 이러한 결과는 그다지 놀랄만한 것이 아니다. 사람들은 누구나 자신이 불쾌하다고 느껴야 불쾌함을 가진다. 여기서의 요점은 이 연구의 브랜드와 관련돼 새로 발견한 사실에서 잘 드러낸다. 사람들은 자기가 좋아하는 브랜드의 광고는 7%만 싫어한 반면, 경쟁 브랜드의 광고는 76%나 혐오했다. 이렇게 분명하게 대비되는 수치가 나오는 것은 마케팅의 원인일까? 아니면 마케팅의 결과일까? 여기에 대한 답은 명확하다. 사람들은 자신이 좋아하는 것은 좋아하고, 싫어하는 것은 싫어한다는 것이다. 그들은 자신과 더 관련이 있다고 생각하는 것에, 그렇지 않은 것보다 더 많은 관심을 가진다. 그들은 심지어 자신이 선택한 브랜드 광고에서 안정과 확신을 얻는다.

　에어컨이 잘 돌아가는 사무실에 연극 티켓과 컨트리 클럽 회비 업무를 맡은 남편과 아내가 있는데, 그들의 옷에 얼룩이 묻었다고 상상해 보자. 그들은 기계공의 작업복에 묻은 기름때나 아이들 놀이옷의 더러움을 제거해 준다는 세제의 광고를 그다지 좋아하지 않을 것이다. 가난한 사람에게 아드리아해 크루즈 여행이나 메르세데스 벤츠 광고는 불쾌함과 곤혹스러움을 느끼게 할 것이고, 건강하고 여러 스포츠에 다재다능한 스포츠맨에게 치질약 광고는 짜증을 유발할 것이다. 반면 자주 미끄러지는 틀니를 끼는 사람에게 새로운 접착제 광고는 반가운 정보가 될 것이다. 또 이제 위네바고 자동차처럼 큰 돈이 드는 제품을 막 구입한 사람에게는 학계의 연구에서도 밝혀졌듯이 구매 후유증을 없애주는 광고가 안도감과 만족감을 줄 것이다. 그 광고를 보고 정말 잘 샀다는 확인을 다시금 할 수 있기 때문이다. 자동차 광고에 가장 큰 관심을 보이는 층은 다름 아닌 광고된 그 브랜드를 최근에 구입한 사람들이다. 소비자들을 만족시키고 다음에도 이용하게끔 하려면, 앞으로 살 사람들이 아니라 현재 구입한 사람들을 위한 광고를 제작할 필요도 있다.

자기와 관련없는 메시지는 두통거리일 뿐이다

소비재는 많은 불쾌감, 불만, 비난을 불러오기 마련이다. 이런 문제가 발생하는 이유에 대해 스티븐 스타는 특정한 제품, 브랜드, 메시지가 목표로 하는 사람과 실제로 광고에 노출된 사람이 다르기 때문이라고 지적한다. 치질 광고는 이 병으로 고통 받는 시청자, 독자, 청취자에게는 특별히 거슬리지 않는다. 문제는 그 광고에 노출된 많은 사람들이 치질에 걸려있지 않다는 점이다. 때문에 대부분은 무관심하거나 일부는 불쾌함을 느낄 것이다. 아무리 휴대전화 광고가 흥미롭고 유익하고 흥을 돋우는 것으로 비춰져도, 유아들은 그저 텔레비전에 나오는 광고를 강압적으로 받아들이게 된다. 10대들에게 금연 광고는 간섭하는 어른들처럼 성가시고 신경 쓰이는 두통거리일 뿐이다. 또 주유소는 어떠한가. 기름이 얼마 남지 않았거나 다 떨어진 사람들에게는 유용하겠지만, 가는 곳곳 주유소의 수가 너무 많아 어느 때는 거슬리기도 한다. 세탁비누와 세제광고에 2천5백의 경영인들이 불쾌하게 느꼈다는 사실은 그리 놀랄 일이 아니다. 이들 중 몇 명이나 집안일을 하겠는가?

마케팅 프로그램이 의도했던 목표고객과 실제 목표고객과의 불일치는, 복잡한 마케팅 활동과 매스컴 간의 연결이 불완전하다는 것을 보여준다. 딜레마와 좌절을 제대로 해소하려면 마케팅 프로그램과 세분시장에 더 깊은 이해가 필요하다.

마케팅 계획에는 제품이 포함된다. 또한 포장은 어떻게 하고 가격은 어떻게 결정하는지, 홍보는 어떻게 이뤄지고 운송방법은 무엇인지, 어디서

팔건가 등의 모든 사항을 포함한다. 모든 마케팅 프로그램은 세분시장을 목표로 한다. 마케팅 개념은 마케팅 개념을정의할 때 이미 소비자들을 여러 세분시장으로 구분하고 있다. 이때 제품이 시장에서 어느 위치에 있는가 또는 그 제품이 소비재인지 공업재인지, 내구재인지, 자본재인지, 소모품인지 등인지는 중요하지 않다. 이 세분시장들은 특정 제품과 마케팅 계획으로 충족될 수 있는 욕구를 가진 하나의 집단이다. 그러나 이 세분화된 집단도 마케팅 계획의 모든 면에 딱 '들어맞지'는 않는다. 예를 들어 어떤 고객은 제품의 필요성을 느끼지만 구매할 돈이 없을 수 있다. 또 어떤 사람은 제품 필요성도 느끼고 돈도 있지만, 제품을 사기에 번거로운 지역에 살고 있을 수 있다. 또 어떤 사람은 필요 욕구와 구매능력, 접근성을 모두 갖췄지만 아예 흥미가 없을 수도 있다. 그러나 모든 사람들에게 마케팅 활동이 노출될 것이다. 예컨대 제품의 광고라든지, 이 물건이 그들의 눈에 잘 띄는 곳에 있다든지, 아니면 그들의 일상 활동 범위 내에 있는 누군가가 제품을 사용하고 있다든지 하는 식으로 말이다. 이때 제품은 알지만 지불할 능력이 없는 사람은 아마 좌절감을 느낄 것이다. 또 제품을 알고 구매능력도 있지만 관심이 없는 사람은 짜증이 날 수도 있다. 결론적으로 이 두 경우는 모두 불쾌감을 느낄 수 있다. 광고를 관심 있게 본 후 제품을 산 사람 또한 구매 후 반복적인 메시지에 노출되는 것이 짜증 날 수 있다. 또 사라고 유혹해서 샀더니, 이제는 괴롭힘을 당한다고 느낄 수 있다.

즉 소비재 마케팅 활동을 한 후 불쾌감, 좌절, 혼란 등을 유발하는 것은 보통 흔히 있는 일이다. 어떤 마케팅 프로그램에 노출되는 전체 시청자와 세분시장 이라는 '최적화된' 특정 고객 사이의 불일치에 놀랄 필요가 없다. 40만 명을 목표로 계획했더라도, 실제 그 마케팅 프로그램(광고, 상점 진열)에 노출된 사람은 백만 명일 수 있다. 그리고 여기에 '최적화된' 사람들은 고작 십만 명일 수도 있다. 이 십만 명이 바로 '마케팅 프로그램의 목표'이며, 이들은 가장 잘욕구가 충족된 사람들이다. 나머지 90%는 이 메시지에 따분함, 불쾌감, 혼란스러움, 좌절감을 느끼기도 한다. 또 이미 이 제품을 구매한 10% 중 일부는 이제 그 광고를 지겨워 하거나 짜증을 느낄 것이다.

산업재의 경우 이러한 마찰은 훨씬 감소한다. 산업재 시장은 잠재적인 구매자들이 비교적 적은 데다, 일부의 고객(기업)들이 감당하는 판매량이 크기 때문이다. 특정 욕구를 공유하는 고객들(세분시장)은 극명한 표적시장(예 : 금속을 양극 처리하는 회사들)으로 확연히 분류된다. 이들에게는 잡지, 업계 집회, 유통채널 등 고도로 전문화된 미디어들이 접근한다. 세분시장, 마케팅 프로그램, 마케팅 프로그램이 목표로 하는 고객집단들 간에 조화는 실로 중요하다. 제품은이런 조화가 잘 만들어지도록 해야 한다. 이 때문에 IBM은 데이터 처리 사업을 16개의 세분시장들, 금융, 배금, 항공우주산업, 교육, 의학, 정치 등으로 나누었다. 또 각 세분시장을 위해 각각 다른 프로그램을개발했고, 영업직원과 영업사무소는 각각의 세분시장에 맞게 전문화됐다. 이를 통해서 고객은 자신의 특정 욕구에 부합하는 의사소통과 프로그램을 제공받게 된다. 세분시장의 고객들이 겹치거나 욕구가 불일치되는 경우는 거의 없었다.

하지만 소비재는 상황이 다르다. 모든 산업이 이러한 문제점을 알고 있지만 자세히 알려고 하지는 않는다. 대중매체, 특히 텔레비전을 이용하는 대형 광고주들은 텔레비전이야말로 대중시장에 접근하는 가장 싸고 효율적인 매체라고 생각한다. 하지만 그들도 이미 알고 있는 목표 세분 시장과의 불일치를 줄이기 위해 많은 노력을 한다. 아이들을 대상으로 하는 텔레비전 프로그램은 오후 10시 이후에는 방영되지 않는다. 남성용 광고가 스폰서인 라디오 뉴스는 대부분 출퇴근 시간에 방송된다. 영토가 넓은 나라의 잡지 대부분은 지역별 광고를 게재한 지방판을 발행한다. 어떤 잡지는 의사나 교사와 같은 특정 집단을 위한 광고를 싣는다.

부정적인 반응을 완전히 해소할 수는 없다

전문 상점들은 전문 제품만 취급한다. 예를 들어 약품, 스포츠 용품과 같은 것들이다. 이러한 방법은 불일치와 마찰을 줄인다. 그러나 문제 전체를 해소시켜 주지는 못한다. 마케팅은 신중하게 검증된 세분시장의 특수한 요구에 맞춰 제품, 정보 전달, 유통경로, 가격, 마케팅 요소들을 통제함으로써 고객의 욕구를 충족시켜 주는 활동이다. 하지만 이 같은 전문화된 목적과 활동에도 마케팅 믹스는 더 불쾌하고 혼란스럽고 좌절감을 느끼는 고객이 생기는 문제를 해결할 수는 없다. 최선의 노력으로 이뤄진 최선의 의도가 마찰과 적대심으로 돌아오는 것이다.

우편, 전화, 케이블을 통한 '직접 마케팅'은 이런 유쾌하지 않은 상황을 개선하는 데 도움이 된다. 직접 마케팅은 제품, 메시지, 심지어 매체까지도 목표 집단에 맞춰 특정한 목적으로 편집하거나 다듬을 수 있는 장점이 있기 때문이다. 최적화된 프로그램 목표는 확실한 목표고객에게 더 정확하게 맞춰질 수 있다. 이러한 직접 마케팅은 마케팅 도구로서 더 효율성을 발휘하며, 비용은 조금 더 들어도 그 효과를 따지면 훨씬 낮을 수 있다.

물론 핵심은 적합성을 올바르게 활용하는 것이다. 적합성을 활용하면 대부분의 대중 매체보다 더 훌륭한 결과를 볼 수 있다. 이는 시장 효율성을 높이는 동시에 불화를 감소시키는 잠재력을 가진다. 그러나 직접 마케팅도 너무 반복되면 효과가 떨어진다. 우표수집이나 자신의 매력을 향상시키는 데 관심 있는 고객이 있다고 가정해보자. 아무리 우표수집을 좋아한다고 해도 원하지 않은 DM(directmail)을 매일 받게 되면 지치게 된다. 최고의 장소에서 스키를 타라는 권유, 가장 값이 싼 곳에서 구입하라는 권유, 다른 곳에서 쉽게 접하지 못한 것을 구입하라는 권유 같은 홍보성 전화 등이 너무 자주, 일상 생활이 불편할 정도로 전화벨이 울린다면 아마도 생각이 달라질 것이다. 특히나 고객이 이런 전화에 익숙하지 않거나, 알아볼 수 없는 필체, 뻔뻔함, 사기성 아첨 등이 버무려진다면 그 불쾌감은 두말할 필요도 없다.

특별하게 집중된 최적 세분시장에서 마케팅은 언제 가장 빠르게 침투될까. 어떤 구체적인 욕구를 충족시키기 위한 목적으로 제품, 서비스, 정보 등이 생산될 때가 적기다. 다른 색을 원해도 검은색 '모델T'만 구매할 수 있었던 헨리 포드의 시대와는 달리, 오늘날은 진정으로 원하거나 필요한 것을 얻게 될 확률이 더 높아졌다고는 하지만, 여기에도 대가는 따른다. 우선 생산이 더 빨라져야 하며 유통채널도 많아져야 하지만 가격은 높아진다. 둘째, 자신의 특정한 기능적 혹은 심리사회적 욕구에 더 잘 어울리는 것을 구매할 확률이 높아지면서 만족도도 커지는 반면, 그와 비슷한 수의 사람들이 원하지 않거나 구매능력이 안 되는 제품의 마케팅 프로그램에 분노하거나 좌절하고, 혼란스러워할 것이다. 더불어 제품의 수가 증가하면서 상업적 의사소통이 경쟁과 경쟁적 분위기에 의해 격렬해지고 의사소통의 양도 많아질 것이다. 이를 종합해보면, 왜 마케팅이 일반 대중은 물론 만족하지 않는 대중까지 만족시키려고 하는 고집스러운 양면성을 가지는지 알 수 있다.

또는 이렇게 보일 수도 있다. 지적한 분열, 마찰, 당혹스러움은 분명히 존재하는 것들이다. 그러나 다른 요인들 또한 존재한다. 사람은 자신이 얼마나 좋은 것을 얻었는가와 상관 없이 욕구에 불안정을 느낀다. 모든 곳의 모든 세대는 우리의 조상들이 신에게 달라고 했던 것을 요구하는 것처럼 보인다. 이 시대는 어느 날 갑자기 우리 모두를, 인류가 태초부터 결정지어진 모든 비열함, 경쟁, 부정직, 부정, 탐욕, 질투 등 모든 사악한 것의 근원지로 몰아가고 있다. 성경의 《구약》이나 《일리아드》를 다시 읽어보면, 그 시대에도 이 같은 수치스러운 인간의 특징이 존재하고 있음을 알 수 있다.

과거 우리의 성품은 도덕성 혹은 숭고함을 따르지 않았다. 아니, 악명 높은 사람들의 존재를 무시하고 숨기고 바꾸고 부인했다. 오늘날 이러한 것들을 숨기거나 무시하고 살 수는 없다. 왜냐하면 우리는 매일 매시간 우리의 불완전함이 그대로 드러나는 다른 사람이 대중매체에 노출돼 고통받는 모습을 보면서 쾌감을 느끼고 있기 때문이다.

빛이 밝을수록 그림자는 짙어진다

10년간 25%의 실업률이 지속됐던 암울한 1930년대를 돌이켜보면, 당시에는 실업연금, 사회보장, 의료혜택, 주택개발, 생활비 지원 등이 없던 터라, 직장을 구하는 것은 행운으로 여겨졌다. 풍족했던 1980년대에는 실업률이 훨씬 낮아졌고, 모두들 집, 자동차, 교육, 의료 서비스, 음악회 관람 등을 누릴 수 있게 되었다. 그러나 우리는 여전히 "더 잘할 수 있다"는 자기 학대적인 강요 속에서 산다.

절망적이었던 1930년대 미국은, 베클리, 터버, 죠지 카우프만, 도로시 파커, E. B. 화이트 그리고 잭 베니, 프레디 앨런, 에디 칸토, 번즈와 알렌, 휘퍼 매기와 몰리, 아모스와 앤디, 찰리 매카시 같은 대중적인 익살꾼들을 통해 역사상 최고의 위트와 유머의 전성기를 누렸다. 그리고 풍요로운 1980년대에는 오히려 우울하고 암울한 망령을 보았다. 지식인들의 절반이 부패와 타락이 우리의 영혼과 재능을 파괴시킨다고 주장했고, 나머지 반은 "우리는 더 잘할 수 있다"고 외쳤다.

성공의 특질은, 다름 아닌 성공에 따르는 고통으로 잘 알 수 있다. 마케팅도 예외는 아니다. 우리는 '무엇을 훌륭하게 성취했는가, 더 나아지고, 고상해지고, 진보하고 있는가'보다는 '무엇이 잘못되고 나빠지고 타락하고, 미결상태인가'에 더 주목한다. 200년 전 에드워드 기번은 이렇게 기록했다. "인간에게는 장점을 평가절하하고 현 시대의 악을 과장하려는 강한 욕구가 내재돼 있다." 이것은 지금도 변하지 않았다.

마케팅에 대해서도 사람들의 불평불만이 가득하다. 하지만 이 문제를 모두 해결하고 불만의 원인을 없앤다고 해서 과연 행복해질까? 여기에 대한 해답은 존재하지 않는다. 문제는 '문제의 해결 방법'이 또 다른 문제를 만든다는 데 있다.

10
고객만족이 유일한 길이다
Marketing and the Corporate Purpose

비즈니스맨 VS 교수

기업경영의 가장 큰 특징은 성공전략이 매우 다양하다는 점이다. 많은 비즈니스맨들과 교수들은 갖가지 성공전략을 발표한다. 비즈니스맨들이 말하는 성공전략은 '전략'이 아닌 '지금껏 수행해 왔던 방법'인 경우가 많아서 대체로 '이렇게 하는 쪽이 좋다'는 수준이지만, 대개 그들은 스스로가 열정에 휩싸인 관록 있는 철학가라고 생각한다.

한편 교수들은 가진 지식으로 좀 더 상위전략에 속하는 분석이나 개념, 이론, 즉 '진리'를 탐구하는 열성적인 컨설턴트가 되고 싶어 한다.

양쪽을 평가절하할 마음은 전혀 없다. 다만 서로 다르지만 충분히 존경받을 만한 이 두 전문가들이 서로를 너무 의식하거나 무시함으로써 자신의 명성에 흠을 낸다는 점을 말하고자 할 뿐이다.

우리는 비즈니스에서 성공하려면 어떤 요소가 필요한지를 단언했던 수많은 기업인들을 보아왔다. 하지만 그들이 실제 말하는 바는 그저 하나의 회고, 즉 그 자신들이 어떻게 성공을 하게 되었는지에 대한 과정뿐이다. 만약 10명의 기업가들로부터 강의를 듣는다면, 우리는 각기 다른 종류의 조언 10개를 듣게 될 것이다.

교수들의 경우는 이와는 다르다. 그들로부터는 10개 이상, 그 몇 배에 해당하는 조언을 얻을 것이다. 이 차이는 교수들이 양에 집착하기 때문에 아니라 그들의 직업적 특성 때문이다. 이들은 가르치는 일 뿐만 아니라 연구와 자문을 함으로써도 보수를 받는데, 그 과정에서 그들은 실무 경험을 갖지 못한 대신, 목적지에 도달하는 다양한 방법들을 다각도로 생각할 수 있는 기회를 얻는다. 반면 비즈니스맨은 목적을 달성했다는 이유로 대가를 받기 때문에 그들이 생각하는 가장 좋은 방법은 그들이 지금까지 해 왔던 방법이라고 믿는다. 비록 그들의 경쟁자들이 다른 방법으로 성공했더라도 말이다.

이 때문에, 비즈니스맨들이 제시하는 방식은 독창적이기 어렵다. '글 쓰는 방법'을 주제로 성공한 소설가들이 들려주는 조언을 떠올려 보라. '지금당장 앉아서 시작하라, 일정에 얽매이지 말고 당신이 준비됐을 때 집필하라, 영감을 떠오르기를 기다리지 마라, 새벽부터 정오 사이에 써라, 밤부터 새벽까지 써라, 같은 장소에서 집필하라, 절대로 같은 장소를 고수하지 마라, 아는 것만 쓰고 지어내지 마라, 창조하라 그 외에는 혼란뿐이다 등등. 과연 어떤 게 맞는 조언일까? 실무에 정통한 사람들은 자신들의 방법이 어떻게 통했는지 설명하지 못할 뿐만 아니라 유용한 조언을 지속적으로 들려주지 못한다.

자본주의 기업은 탁월함을 가지고 있다

필자는 실무에 종사하는 사람들의 실제 업무를 연구하고 가르치고 조언하는 일을 해 오면서, 한 가지를 확신하게 됐다. 민주 자본주의 국가의 대다수 기업들의 경영 상태가 매우 양호하다는 사실이다. 기업의 상태는 경영 마인드가 어떤지, 경영 마인드가 기업의 목적과 얼마나 효과적으로 관련돼 있는지 보여준다.

글로벌 기업의 경우, 경영 마인드는 훌륭한 편이다. 건전한 비즈니스 분석가라면 현대의 대기업들을 칭찬할 것이다. 이들은 놀라운 유연성, 민첩성, 효율성, 조직 내 다양성, 다양한 직원들의 활력과 헌신도, 기업 활동의 질과 공정성에 대한 지대한 관심, 그리고 각자의 책임에 대한 열정을 가지고 있기 때문이다. 물론 일부 기업들의 모순과 독선이 존재하긴 하지만, 자본주의 사회의 기업은 확실히 우수하다. 어떤 정부 조직과 개인의 좋다는 요소를 요리조리 조합한다 한들, 자본주의 하의 거대 기업을 따라갈 수는 없다. 단순히 다른 조직보다 먼저 생겨났다는 역사성 때문만이 아니다. 〈포춘〉지가 매해 발표하는 미국 5백 대 제조기업 순위는 계속 바뀐다. 금융기관 순위도 마찬가지다.

분명 먼저 시작했다는 것이 성공의 이유가 될 수는 없다. 그러나 자본주의 사회의 여러 기업들이 비자본주의의 뒤처진 모방자들을 앞서가고 있다는 것에 주목해야 한다. 이는 자본주의를 받아들이는 것만으로도 유전적 우월성을 갖는다는 것을 의미한다. 자본주의는 일을 더 효율적으로, 효과적으로 돌아가게 만든다. 반자본주의자들도 이 점에는 동의한다.

더 진보하고 성공적인 제도를 만들려는 사회주의 국가들은 가장 좋은 부분만 쏙 빼먹고 나머지는 버리겠다고 말하면서 예외 없이 지금의 자본주의 하에 있는 기업을 선택적으로 모방하려 든다. 이들은 그 이면의 혼잡한 정체는 무시하거나 존재하지 않는 듯 보인다.

자본주의의 최대 장점은 변화무쌍이다. 레닌의 신 경제정책으로 1923년에 포드 방식을 도입한 소련을 포함해 오랜 시간 모방을 지속해 특허, 디자인, 기계, 제어 장치, 영입 기술자, 자본 기업을 통한 공장 공급과 같은 지대한 도움을 받은 나라들조차, 결국에는 비효율과 나태, 부적합한 운영 등으로 세계에서 뒤처진 사실을 떠올려 보라. 소련은 공장과 농장에 자본주의의 기술을 반세기 이상 열성적으로 혹은 마지못해 적용했지만 결국은 더욱 뒤처졌다는 좌절감에 허우적대다가 몰락했다. 심지어는 소련의 자랑거리였던 최신예 전투기조차 일본에 뒤처지게 되었다. 또한 봉

건적인 군사 독재국가나 남미, 동남아시아, 지금은 식민 지배에서 벗어난 아프리카의 유사 민주주의를 채택한 국가들 역시 계속해서 실용적인 모방에 실패하고 있다.

그렇다면 어떤 마법이 민주 자본주의 사회의 대기업들을 성공으로 이끌고 있는 걸까? 단순히 그들이 자본주의를 채택했기 때문일까, 아니면 민주주의적 정치 풍토 속에서 기업 운영을 했기 때문일까, 아니면 그 둘 다일까? 그것도 아니면 그 외 다른 이유가 있는 걸까?

단언컨대 그 마법은 민주주의와 자본주의의 결합에서 비롯된 것이다. 자본주의는 봉건시대의 악몽, 즉 특정한 주인에게 자신을 속박시키는 전통이 더 이상 존재하지 않음을 의미한다. 또 정치에서의 민주주의는 통치 조직이 질식 직전까지 비대해질 확률이 적다는것, 사회가 부패할 경우 대중의 저항이 일어날 가능성이 높다는 것을 의미한다. 자본주의 역사에서는 어떤 독재나 폭군도 국민들의 손으로 선출된 적이 없다는 점에 주목해야 한다. 아무리 교육 받을 기회가 적었던 국민이라도, 그것이 설사 우아하게 포장된 것일지라도 독재 정치에는 선천적으로 저항하게 돼 있다.

자본주의 기업의 경쟁력은 어디에서 나오는가

이런 얘기들이 서양의 자유주의 지성인 모임에서 그랬듯이 단순히 반작용적인 진부한 얘기들로 비춰져서는 안 된다. 이 진부한 얘기는 결국 우울하고도 비극적인 진실이 돼 버렸다. 지적인 이상주의자들이 수 세대를 걸쳐 굳게 믿어왔던, 모든 공무원들이 중앙 통제 방식으로 열심히 타인을 위해 일할 때 정의와 평등을 함께 이룰 수 있다는 이념은 대 실패로 끝났다. 이 같은 사회주의 이념은 단순히 칼 마르크스, 로버트 오웬, 로자 룩셈부르크, 렉스퍼드 터그웰, 오스카 랑게 심지어 피델 카스트로, 린든 존슨의 경우에만 실패한게 아니라, 그 자체가 실패였음이 여실히 드러났다.

앞으로는 '대의 민주주의'라고 부르는 정치적 환경에서 자본주의 기업과 자유 시장 체제가 가장 효과적일 거라는 전망을 할 수 있다.

하지만 불행히도 이 역시 완전한 설명은 될 수 없다. 현대 자본 민주주의 하의 기업들은 다른 정치경제 체제에 있는 기업들보다 전반적으로 우수한 성과를 내고 있지만 이런 우월성이 모든 기업에 나타나는 것은 아니다. 어떤 기업은 다른 기업보다 더 번창하지만 어떤 기업은 쇠퇴하고, 심지어 소멸한다. 앞서 말했듯이, 성공한 자본기업 경영자들은 대부분 자신의 성과를 특정 경험을 통해 보여줄 뿐, 이를 다른 이들의 경험과 비교하거나 진지하게 분석하지 않는다. 또 그들의 논리에는 보편성이 결여돼 있는데, 이는 그들 특유의 과장된 논리 때문일 것이다.

교수들 또한 지혜라는 애매모호한 문학적 포장지로 혼란스러운 논리를 치장한다. 비교적 개방적인 시장에서 활동하는 자유로운 자본 기업들의 개별 실적의 차이를 설명하거나 그 다양한 실패와 성공의 특징들을 분석할 때 특히 그렇다. 물론 깊은 지혜를 제공하는 경우도 있다. 지혜는 기업 경쟁력 확보를 위해서 다음의 5가지 사항과 함께 꼭 필요한 개념이다.

1 기업의 목표는 고객을 창출하고 유지하는 것이다.

2 사업 목적을 달성하려면, 경쟁사들에 비해 더 매력적인 가격과 조건으로 고객들이 원하고 가치를 부여할 수 있는 제품과 서비스를 생산, 제공해서 가능한 한 많은 고객을 확보해야 한다.

3 이를 지속하기 위해서는, 주기적으로 투자자를 끌어들이고 유지할 수 있을 정도로 많이 또 주기적으로 생산비를 초과하는 수익을 내야 하며, 최소 경쟁사와 비슷하거나 앞서야 한다.

4 아무리 작은 기업도 노력없이 우연히 성공할 수는 없다. 기업은 목표, 전략, 계획을 세워야 하고 기업 규모가 클수록 그 필요성도 더 명확하게 전달돼야 하며, 경영자와 실무자들에 의한 검토도 더 치밀하게 이뤄져야 한다.

5 일이 적절히 수행되었는지에 대한 보상·감사·평가 시스템을 갖춰야 하고 만약 목표가 달성되지 못했을 경우에는 시스템을 수정해야 한다.

고객만족이 기업의 목적이다

최근까지도 많은 기업들의 기업의 목표는 '돈을 버는 것'이었다. 그러나 이 말은 '먹기 위해 산다'는 말과 무엇이 다른가. 먹지 않으면 죽지만, 먹는 것은 삶의 필요조건이지 목표는 아니다. 비즈니스에서의 이윤도 그런 개념이다. 음식과 몸의 관계처럼, 비즈니스에서 이윤의 의미는 지출보다 더 많은 수입을 말한다. 기업가는 많은 사람들이 사고 싶어 하는 재화와 서비스를 적당한 가격에 생산해야 한다. 생산을 위해서는 기계를 가동하고 인력을 소모시키므로, 비즈니스를 계속하려면 이 소모 부분을 채워줄 여분이 필요하다. 이여분을 회계사, 국세청, 고스플란이 뭐라고 칭하던지 간에 우리는 '이윤'이라고 부른다.

이윤을 기업의 목적으로 한다는 건 도덕적으로도 문제가 있다. 과연 누가 다른 사람의 이윤을 위해 죽을 때까지 분투하겠는가? 더 큰 목표를 찾지 못하거나 목표의 정당성을 확신하지 못한다면 그 사업은 의미를 잃어버린다.

이윤은 더 우회적이고 일시적인 방법으로도 얼마든지 만들 수 있다. 이윤이 아닌 어떤 다른 목표가 실무자들의 길잡이가 돼야 한다. 고객을 끌어오고 유치한다는 말 속에 내포된 것, 즉 사람들이 진정 원하고 가치 있다고 여기는 것이 무엇인가를 실감하도록 만들어야 한다. 이것이 도덕적으로도 건전한 구체적인 지침이다. 앞서 나가는 기업들의 이 같은 사고방식은 마케팅과 판매를 구분했고, 예산과 계획, 이윤과 현금유통, 기대수익률과 기대수익의 현재가치를 구분했다.

이 모든 것들은 대부분 최근에 정립된 개념들이다. 가장 효율적인 기업들은 현실의 경영현장에 이 개념들을 적용할 때 진지하다.

실적의 차이도 여기서 생겨난다.

그러나 실적이 뛰어난 회사의 가장 강력한 힘은, 바로 마케팅 콘셉트

즉, 사업의 과정을 마케팅적인 시각(기업의 목표는 고객을 만들고 유지하는 것이라는 시각)에서 바라본다는 사실에서 나온다. 모든 기업전략은 근본적으로 마케팅전략이다. 전략은 고객들은 어떤 제품이 얼마일 때 호주머니의 지갑을 기꺼이 여는가, 여기에 반응한다. 이것은 곧 마케팅전략이다. 자산(asset)은 수익을 창출하는 능력인데, 두 종류-판매를 통해 직접적으로 수익을 창출하는 자산과 판매될 제품의 생산을 통해 수익을 창출하는 자산-가 있다. 월스트리트의 재빠른 기회주의적인 투기꾼들도 기본적인 마케팅 논리를 알고있다. 자산은 눈에 보이는 현재의 가치가 아닌 눈에 보이지 않는 잠재적 가치에서 비롯되며, 그 가치가 수익을 창출한다는 논리가 그것이다.

따분한 판매전략이나 마케팅 따위는 자기와 상관없다고 생각하는 이들조차 마케팅을 열정적으로 실행하고 있다. 상장기업 목록에 자사의 이름을 몇 번째로 노출할 것인지를 결정하는 데 요란을 떠는 월스트리트의 증권 회사들을 보라. 미래의 수입 생산 가치가 아니라면, 자존심 강한 투자증권사들이 왜 그 같은 일에 그토록 많은 시간을 쏟아 붓겠는가? 그들이 거대 기업 고객과의 관계에서 아첨과 아부를 매우 중요하게 여기는 것도 좋은 증거다. 특별한 투자증권계좌를 소유한 진짜 거물들은, 아무 번호도 없는 특수한 문을 비밀리에 드나든다. 이 거물급 고객들과 거물급 잠재고객들은 저만치 도시 전경을 감상하며 빳빳하게 풀 먹인 식탁보와, 고급 크리스털 제품, 유명 요리사에게 직접 훈련받은 요리사들이 제공하는 개인 저녁 만찬을 즐긴다.

투자증권회사들은 화장품 회사만큼이나 겉포장에 역량을 집중한다. 효과가 있기 때문이다. 두 업계의 고객 모두 실물이 아닌 희망적인 기대감를 구매한다. 이러한 기대감을 만족시켜야 할 때는 단순한 제품 설명보다 포장에 신경을 쓰는 것이 좋다. 느낌이 실제보다 중요하기 때문이다. 자동차 구매를 떠올려 보자. 제품에 대한 막연한 느낌이 그 차의 실제적 촉감보다 중요할 수 있다. 또 결혼 같은 인생의 중요한 결정에서도 마찬가지다. 이때 우리는 대차대조 표상의 차가운 수치가 아닌, 인간적인 느낌, 소위 '필이 오고 안 오고'에 의해 결정을 내린다.

그러나 여기에 문제가 있다. 필자가 1960년 〈마케팅 근시안이 문제다(Marketing Myopia)〉라는 논문에서 썼듯이, 언젠가부터 마케팅은 기업 의식을 고양시키는 작업으로 격상되었다. 이 논문에서 마케팅의 모든 에너지는 다른 무엇보다 고객만족에 집중해야 한다고 강조했다. 그 나머지는 합리적 분별력만 있다면 자연적으로 해결되기 때문이다. 또 9년 뒤, 그 논문이 소기의 목적을 달성할 때 쯤 〈마케팅 매트릭스〉라는 논문을 통해 기업 목적에 대한 폭넓은 관점을 제시했다. 감수할 만한 위험 수준에서 외부환경(고객, 경쟁, 정부, 사회)과 내부 환경(원자재, 경쟁력, 옵션, 지향목표)의 조건 사이의 균형이 필요하다는 내용이었다.

또 고객을 희생해서 이익을 추구하는 회사들은 조기에 쇠퇴하거나 단명할 것이라고도 했다. 논문 마지막 부분에 이런 회사들에 관해 다음과 같이 기술했다. "그들은 기업목적을 설정할 때 생산량과 수익, 이윤, 주가 상승에 기초한다. 반면 시장 요소, 소비자 요구 충족, 소비자 서비스 목적,

시장 목적은 중요하지 않다." 이들 회사를 기업 편의도와 고객 지향도 두 개 기준으로 평가해보면 기업 편의도는 9점 만점에 9점, 고객 지향도는 9점 만점에 최하점 1점을 받아 '9, 1' 형태를 보여 주었다. 반대로 '1, 9'의 기업형태, '5, 5'의 기업 형태도 있었다. 혹 '9, 9'의 기업이 있을지 모르지만, 현실에서 이런 완벽한 기업 형태를 찾기란 사실 불가능하다.

유연한 마케팅으로 승부하라

1976년, IBM은 소형컴퓨터 시장에 내놓을 시리즈/1을 공개했다. IBM은 '제1장 마케팅 근시안이 문제다'의 제언을 충실히 따랐다. 소비자가 경쟁자의 제품을 더 선호하면, 그 상품을 직접 생산해 소비자에게 제공하는 것이 합리적이다. 경쟁자가 내 시장을 파괴하게 두느니, 차라리 내 손으로 내 시장을 무너뜨리는 게 더 낫다는 뜻이다. 필자는 이를 조셉 슘페터의 표현을 빌어 '창조적 파괴'라고 불렀다.

당시 IBM은 상업용 컴퓨터 산업 부분의 선발주자가 아니었다. 후발주자 중에서도 늦은 편에 속했다. 그러나 IBM은 '시리즈/1'이라는 상품 하나로 1976년 당시 2백억 달러짜리 규모의 컴퓨터 시장의 80% 이상을 차지했다. IBM은 어떻게 이런 놀라운 결과를 낼 수 있었을까. 바로 효율적인 마케팅 중심 회사로 탈바꿈했기 때문이다. 1976년 이후 IBM의 간부들 중 마케팅 부서를 거치지 않은 경영진은 단 2명이었고, 과학자는 단

1명이었다. IBM은 탁월한 마케팅 능력으로 성공할 수 있었다.

당시 IBM에는 특정 목표 산업과 그 회사들을 겨냥한 마케팅 계획, 판매 프로그램, 판매 교육을 생산하는 산업 관리자들이 있었다. 판매자들은 자기가 판매하는 하드웨어의 고객 기업에 대해 전문적인 교육을 받았다. 또 IBM은 하드웨어와 소프트웨어를 일정 가격으로 묶어 판매하는 전략을 구사해 고객의 편의성과 만족도를 월등히 높였다. 또한 고객을 위한 설치기기 고안, 전체 데이터 모음, 리포팅 시스템 재구성, 정보처리 기술자 교육, 시험운행 진행 등의 경영활동을 추진했으며 후에는 새로운 전자정보처리 응용장치를 개발해 고객의 니즈를 충족시켰다. 이 과정에서 고객들은 점점 더 IBM을 신뢰하게 되었다. 고객들은 고정가격에 컴퓨터를 살 수 있게 되었고, 취소할 때 위약금을 물지 않고도 임대를 할 수 있는 선택권을 갖게 되었다. 그 당시 마케팅 중심의 기업은 바로 IBM이었다. 그 결과는 놀라웠다.

그러나 1976년 11월, 시리즈/1의 발표 이후 이 모든 영광은 한순간에 무너졌다. 판매부서는 소비자 중심이 아닌 제품, 특히 응용프로그램 중심으로 흘러갔고 그저 판매부서, 시리즈/1 판매에만 열을 올렸다. 고객관리도 없었다. 땅 위에 있는 모든 사람에게 팔고 또 파는 것이 목적이었다. 임대차계약 옵션도 사라졌다. 임대차계약이야말로 강력한 경쟁력의 원천이었음에도, 현금판매만 가능하도록 했다.

시리즈/1은 창조적 파괴의 사례였지만, 새로운 것은 하나도 없었다. 새로운 것이라면 그렇게 효율적이었던 마케팅, 판매 그리고 가격책정 방식을 포기하고 완전히 반대의 것을 채택했다는 것뿐이다.

1976년 11월 IBM이 시리즈/1을 발표한 그 주에 〈비즈니스위크〉는 레브론(Revlon) 사를 다룬 주요 기사에 다음과 같은 제목과 부제목을 달았다. '화려한 화장품 업계의 경영 현실 : 능력과 속임수로 관리, 예산, 계획하기' 레브론은 완전히 새로운 경영 스타일을 도입한 첫 해, 판매량 18%, 이윤 16% 증가라는 성과를 거뒀다. 그 다음 해 9개월이 지났을 때 판매량은 23%, 수익은 25% 더 늘어났다.

성공한 경영자와 기업가들의 개인적 경험에서 비롯된 조언은 타당성과 실용성이 결여돼 있다. 상황은 시시각각 바뀌기 때문에 그 당시에 통했던 개인적 방법과 개념이 지금까지 유효하기는 힘들다. IBM은 상황 변화를 고려해 시리즈/1은 제품 중심의 전략을 구사했고, 시리즈/2는 고객, 응용프로그램 중심 전략을 구사했다. 같은 방식으로, 레브론이 지금 아무리 수익을 올린다 한들, 그 새로운 경영 제도가 언제까지 효율적으로 기능하고 발전할 것인가? 미래는 혼합적인 방법이 유행할 지도 모른다.

파버그(Faverge) 사의 리처드 바리오 회장의 말을 들어보자. "자기만의 비법으로 기업을 경영한다는 구시대의 사고방식은 버려야 함에도 우리는 여전히 마케팅에 이런 자기만의 비법을 사용하려고 한다." 과연 누구의 책임인가? 개방시장에서 자유롭게 경쟁하는 기업들은 끊임없는 변화의 물결에 직면한다. 마케팅은 지금 뒤처지지 않으려면 사람들이 원하고 가치 있게 여기는 것을 찾아내 대응해야 한다고 조언한다. 더 나아가 경쟁이란 산업 외부에서 온다는 사실을 말해준다. 고객보다 소중한 것은 없다는 개념 속에는 이러한 생각이 뿌리박혀 있다. 강조 하지만, 손님은 왕이다.

1976년 IBM은 기존과는 상이한 주장을 했다. "고객중심이 아닌 상품 중심이 되자." 레브론도 "고객을 좇아가기만 하는 회사 운영은 지양하자"고 외쳤다. 두 회사 모두 맞는 말이었다. '1, 9' 형태의 회사(기업 중심성은 매우 낮고 소비자 중심성은 매우 높은)는 덜 효율적이다. '9, 1' 형태도 마찬가지다. '9, 9' 형태는 불가능하며, '5, 5'는 돼야 한 수 위라고 할 수 있다.

그러나 경영의 모든 개념이나 물리학의 법칙, 경제학 이론, 모든 철학과 이념이 그렇듯이 마케팅의 개념도 경직화경향을 가지고 있다. 점점 독단적으로 굳어지고 편협해진다. 마케팅 개념의 경직화는 위험성이 더 큰데, 왜냐하면 이것이 마케팅의 목표와 전략, 그리고 전체 기업의 전술을 만드는 중심이기 때문이다.

어느 회사가 어떤 때 어떤 식으로 마케팅을 해야 한다는 고정 불변의 해석은 불가능하다. 좀 더 구체적으로 IBM, 레브론, 다른 회사의 경우를 살펴보자.

IBM

시리즈/1을 내놓을 무렵의 IBM은, 처음 컴퓨터 산업에 뛰어들었을 때와 마찬가지로 다른 기업들이 먼저 진출한 시장에 뛰어든 모방자에 불과했다. 당시 컴퓨터는 비교적 새로운 아이디어 상품으로 여겨졌던 시기였고, 생산자들은 컴퓨터의 잠재적 사용처와 사용 능력을 잠재 사용자들보다 더 많이 알고 있었다. 때문에 잠재고객들의 제품 필요성을 즉각적인 욕구로 전환시켜야 했다. 욕구는 구매로 연결되기 때문이다. 그래서 생산자들은 구매자들에게 상품의 유용성을 신중하게 가르치고 안내해야 했고, IBM도 판매자들에게 관련 교육을 실시해야 했다. 이는 아이섀도나 아이라이너 등의 화장품 시장 개척 때와 비슷하다. 거대 화장품 회사들은 판매처에 테스트 매대를 만들어 여성들에게 제품 사용법을 설명해야 했다.

판매자나 메이크업 학원 강좌 등을 통해 교육받은 고객은 어떤 제품을 살지, 어떻게 사용할지 스스로 결정하게 되었다. 즉 판매자들이 상품의 장점을 잘 전달할수록 사용자들은 판매자들에게 덜 의존한다. 판매초기, '상품'의 의미는 교육, 훈련, 실제적 지원, 지속적인 조언, 위급 상황에서의 빠른 가용성을 포괄하는 가치만족의 복잡한 묶음이다. 하지만 사업이 성장해 고객이 상품에 대해 더 많이 알게 되면, '상품'의 정의는 훨씬 단순해진다. 간단히 말하면 단순히 컴퓨터, 단순히 아이섀도가 되는 것이다.

그러나 컴퓨터의 경우, 기업의 수요가 많아지면 많아질수록 (처음에는 주로 생산자들의 제안으로, 나중에는 더 많은 기업 내부의 전문가들에 의해) 다루기 힘든 괴물이 돼버렸다. 서로 다른 사용자들의 상이하고 종종은 상충되는 요구들이 들이닥쳤다. 서로 다른 부서와 개인들이 컴퓨터의 용도를 배정하고 점점 비싸지는 소프트웨어의 구입유무를 결정하기 시작했다. 이른바 부품 전쟁이 시작되었고, 소형 컴퓨터 시장이 형성되기에 이르렀다. 기업의 부서차원에서 사용되던 컴퓨터가 직원 개개인의 입맛에 맞는 컴퓨터가 되었다. 집적 회로와 그 뒤의 초소형 프로세서의 발명으로 물방울은 홍수로 거대해졌다.

판매자만큼 제품에 정통한 고객들, 낮아진 가격, 경쟁적인 판매자들 때문에 마케팅 중심적이었던 IBM은 방향을 선회했다. 과거처럼 은혜를 베푸는 단골 고객에 의존하지 않고 단순히 하드웨어 판매자로 돌아선 것이다. IBM은 또 다시 마술 같은 성공을 거두었고, 이러한 성공은 몇 년 후 개인용 컴퓨터 시장에서도 재현되었다.

레브론 Revlon

찰스 레브슨(Charles Revson)의 삶을 다룬 앤드류 토비아스의 《불과 얼음 : 레브론 제국을 세운 찰스 레브슨 이야기》를 읽으면, 레브슨이 인생 말년에 스스로가 만든 거대한 두려움에 얼마나 고통스러워 했는지 알게 된다. 그는 자신의 경영 방식을 확신하지 못해 경쟁자들을 미워하게 됐고, 이런저런 경영인을 고용했지만 별다른 효과가 없었다. 레브론은 쫓기는 마음에 국제 전화전보회사의 유럽 지부장인 미셸 베르게락을 영입하고자 계약금 150만 달러, 5년 간 32만5천 달러의 연봉, 3년간 7만 주의 스톡옵션을 제공했다. 베르게락은 IBM의 시리즈 /1이 했던 변혁의 과정 그대로를 실행했다.

당시 레브론은 점점 더 치열해지는 경쟁에 대응해야 하는 상황이었고 일부 거대 화장품 기업이 제약과 포장재 회사에 인수되면서 정부의 규제 역시 심한 악조건에 있었다. 또 갑작스럽게 유통 비용이 상승했는데도 극심한 경쟁 때문에 제품의 가격 인상도 단행할 수 없었다. 고객의 제품 인식도 바뀌어 화장품의 색감 뿐만 아니라 화장품의 용량도 중요한 요인으로 부각되었다. 이런 상황에서 베르게락은 유럽인 특유의 부드러움으로 레브론 판매상들을 누그러뜨렸고 이전 회사에서 사용했던 경영 방법을 적용했다. 그러자 더 이상 판매부서에서 경영을 좌지우지하던 현상이 사라졌고 모든 것이 정상으로 돌아왔다. 그리고 당시 레브론은 마술 같은 성공을 거두었다.

엘러게니러들럼 철강 Allegheny Ludlum Steel

최근까지도 스테인레스는 특수 철제로 분류된다. 컴퓨터와 마찬가지로 스테인레스도, 경쟁력이 있으려면 스테인레스가 어디에 유용한지, 어떻게 활용할지 있는지 고객이 알게 만들어야 한다. '제품'의 초기에는 '제품 자체', 여기서는 '철강 자체'에 집중해서는 안 된다. 엘러게니러들럼 철강이 했던 것처럼 디자인과 응용 서비스 제공이라는 점에 집중해야 한다. 엘러게니 러들럼 철강은 여기에 주력한 결과, 탄소강을 주기적으로 구입했던 고객들은 가격 할인도 기대할 수 없고 배달시간이 더 걸리는데도, 공장으로부터 스테인리스를 대량 구매하기 시작했다. 그들은 여러 면에서 지역소매상보다는 공장의 도움을 필요로 했다.

그러나 얼마 안가서 독립적인 소매점의 스테인레스 시장점유율이 높아졌고 엘러게니러들럼 철강은 소매점 판로를 점유한 경쟁자들에게 시장점유율을 뺏기고 말았다. IBM의 경우처럼 교육을 받은 소비자가 생산자의 설명과 설득을 더 이상 원하지 않게 되는 상황에서는, 마케팅 중심이 아닌 제품과 영업 중심이어야 한다. 유통을 빠르게 원활하게 하기 위해서는 소매점의 수와 공장 재고자산이 많아져야 한다. 판매 활동에서는 '누구를 아는가'가 '무엇을 아는가'보다 더 중요해졌다.

엘러게니 러들럼 철강은 기존의 마케팅 개념을 버리지는 않되, 새로운 마케팅 버전을 채택해 시장의 새로운 요구와 압력에 대응했다. 고객을 무시하지 않았고 고객이 싫어하는 일은 하지 않았다. 그저 소비자의 세심한 요구에 발맞추어 '상품'을 단순화, 간소화했다. 마케팅 개념은 지금도 살아있는 개념이지만 오늘날은 과거와는 다른 무엇인가가 필요하다. 몇몇 산업, 지역에서만 통하는 꽉 막힌 원리원칙이 아니라 융통성 있는 유연한 방식이 돼야 한다. 엘러게니러들럼 철강은 이 유연한 마케팅을 적용하여 마법과 같이 성공할 수 있었다.

시보레 Chevrolet

알프레드 P. 슬로안 주니어는 《제너럴 모터스와 함께 한 나의 인생(My years with general motors)》이라는 자서전에서, 회사를 잘 경영하려면 본질적으로는 같은 제품들이 제각각 독특함을 지녀야 한다고 조언한다. '자동차는 자동차'지만 실제 '자동차는 자동차가 아니다'. 시보레는 미국 동부에 사는 젊은 부유층 자녀가 타는 저렴한 입문용 자동차로, 공간의 여유를 두어 일반 가정용 자동차로도 손색이 없었다. 첫 차로 시보레를 선택한 운전자가 나이가 들고 경제력이 더 커지면 폰티악(Pontiac)으로 바꾸게 된다. 뷰익(Buick)은 성공한 중견 경영인을 위한 고급차의 중간 단계였고, 올스모빌(Oldsmobile)은 확실한 고급차였고, 캐딜락(Cadillac)은 최상급에 속했다. 모든 사람이 각각의 모델이 누구를 위한 차인지, 그 차를 소유하는 것이 어떤 의미를 갖는지 잘 알고 있었다.

그러나 시보레의 경우, 지난 20여 년 간 슬로안의 고견을 거스름으로써 큰 성공을 거두었다. 현재 시보레 라인의 차는 규모, 가격, 옵션에서 앞설 뿐 아니라 브랜드 갯수 또한 슬로안이 성공적인 CEO로 GM을 운영할 때의 전체 라인의 브랜드 갯수 보다 많다. GM의 모든 부서는 서로 다른 부서를 침범하면서 라인들을 늘리려고 열심인데도 시보레 담당 부서는 좋은 실적을 올린다. 이 현상이 위태로운 사상누각일 거라는 징조 또한 없다.

시보레가 시장 지향이 아니기 때문에 GM이 혼수상태에 빠지거나 혼란에 허우적거릴 거라는 주장은 바보들이나 했을 것이다. 아마 슬로안도 책에서 밝힌 자신의 경영방식은 아니지만 지금의 경영방식에 고개를 끄덕일 것이다. 고객이 자동차를 꿈의 성취나 표현의 상징으로 받아들였을 때, GM은 이에 맞춰 변화했다. 즉 고객이 변했을 때, GM도 변했다. 그리고 GM은 마법과 같은 성과를 거두었다.

엑슨 / 걸프 Exxon Mobil/Gulf

1950년대 후반의 엑슨과 걸프 두 회사의 사례는 엄청난 행운도 제대로 관리하지 않으면 무용지물이라는 교훈을 준다. 아라비아의 모래 밑에서 석유를 발견하는 행운을 쥔 회사는 걸프였다. 걸프는 자발적으로 석유를 현금으로 바꾸어 대형 주유소를 위해 새 땅을 임대받고 쇠퇴하는 지역의 변두리 주유소까지 인수하는 등, 미국 전역으로 주유소를 확대하기 시작했다. 또 보통 휘발유와 상등품 휘발유와 함께 판매할, 다소 싼 2등급 휘발유인 걸프테인을 개발했다.

엑슨은 반대의 길을 택했다. 엑슨은 시간을 들여 신중하게 부지를 고르고 낙후된 주유소는 체계적으로 제거해 나갔다. 또 자사의 주유소 건물과 땅을 사들여 부동산 가치가 계속 상승하는 본사 근처 고정자산의 균형을 맞추었다. 더불어, 주유소를 사들이는 대신 임대해서 높은 점포당 고객수를 확보하는 전략을 선택했다. 무엇보다 서비스 센터의 직원을 고용하고 훈련시키는 데 많은 노력을 기울이면서, 걸프처럼 각각의 주유소를 획득하는 대신 휘발유 소매를 전문으로 하는 회사를 통째로 사들이는 방식을 채택했다.

그리고 1973년 10월 매장된 석유의 가치가 약 4배 뛰어오르기 훨씬 전, 그러니까 중동 국가들이 소유권 일부를 가져가 매장 원유의 점유율이 줄어들기 전에, 걸프는 큰 실수를 저질렀다는 것을 깨달았다. 쇠퇴하는 작은 주유소가 값싼 원유를 파는 일은, 규모가 크면서도 효율적으로 운영되는 주유소가 원유로 생산된 휘발유를 파는 것에 비해 훨씬 많은 비용이 들었다. 이런 사실을 다른 회사들은 이미 알고 있었고, 뒤늦게야 안 걸프는 결국 몰락했다. GM의 경우와 반대로, 주유소 라인과 종류, 지역의 확장은 걸프와 고객 모두에게 혼란을 주었다. 주요 브랜드 휘발유 구입자들 사이에서 걸프는 더 이상 선호하는 브랜드가 아니었다. 걸프는 자금과 인력의 큰 손실을 보고서야 잘못을 회복하기 위해 10년간 노력해야 했다. 1950년대 걸프는 제품 중심으로 급하게 방향을 바꿨다. 그리고 역시 마법 같은 결과를 보았다. 하지만 이번에는 잘못된 방향이었다.

최고의 기업을 만드는 진리

　이 모든 사례들은, 알고 있지만 사고와 행동으로는 옮기지 못하는 그 어떤 사실을 말해준다. 한 기업의 마케팅정책과 전략은 곧 그 기업의 정책과 전략을 의미한다. 정책과 전략은 진지한 마케팅에 대한 고민 없이는 나올 수 없다. 시장의 진화 단계 상 과도한 제품 중심적인 전략과 정책이 필요한 듯 보일 때가 있다. 그러나 어떤 상황에서도 최우선 순위 체계와 논리는 지속적이고 뚝심있게 꿋꿋하게 유지돼야 한다. 이런 우선 순위 체계가 바로 마케팅 개념의 논리 체계다. 시장(market)의 지시를 따라 구성원들은 마케팅을 더 잘 수행하면 되는 것이다.

　실무자들은 이런 식으로 쭉 일해 왔다고 말하지만, 그들의 방법은 특정한 어느 날에만 통했을지 모른다. 마케팅 이면에 있는 질서를 완전히 이해하려면 코페르니쿠스가 우주 전체를 연구한 것처럼 해야 할지도 모른다. 하루하루에 쫓겨 살면서 마케팅의 근저를 알기란 참으로 어려운 일이다. 실제 경쟁 시장에 있는 이들의 시야가 편안히 지켜보는 관찰자처럼 넓고 종합적이지는 않을 것이다.

그렇다고 실무자들의 의견이나 방법이 틀렸다는 게 아니다. 확실히 실무자들은 모든 것을 더 직접적이고 전적으로 받아들인다. 직접 경험만큼 확실하고 열정을 불러일으키는 자극은 없다. 현장에서 힘든 전투를 치르는 실무자들에게는 근원의 지혜가 있다. 그들의 경험과 지혜는 반드시 존중받아야 한다. 그들만이 가지고 있는 깨달음이 있기 때문이다. 하지만 그들은 특정한 상황에서만 그 깨달음을 적용한다. 반면 실무 밖에 있는 사람들은 실제적인 깨달음은 없으나, 전체적인 그림을 볼 줄 알고 그 그림의 의미를 파악할 수 있다.

최고의 기업을 만드는 진리는 바로 이것이다. 기업의 목적은 고객을 만들고 유지하는 것이라는 확고한 철학을 가져야 한다. 그 철학이 확고하다면 기업 경영의 중심은 당연히 마케팅이 된다. 이런 확신이 없다면 기업전략이란 있을 수 없다. 고객을 당신의 파트너로 만들어라. 그 외의 명제는 여기서 파생된 가지일 뿐이다

11

전 세계를 상대로 마케팅하라

The Globalization of Markets

세계는 글로벌 시장, 글로벌 기업의 시대다

세계를 하나의 공통체로 만드는 힘은 무얼까. 바로 '기술'이다. 기술은 커뮤니케이션을 대중화하고, 소외된 지역에 있는 사람들과도 접촉할 수 있도록 한다. 또한 새로운 기술적 장치들은 사람들의 욕구와 기호를 자극하고 이를 통해 듣고, 보고, 경험한 것들을 갖고 싶게 만든다. 기술은 세계의 보편성을 증대시키고 세계 시장을 동질화시킨다.

그 결과, 세계적으로 표준화된 제품을 취급하는 글로벌 시장이 형성되면서 새로운 형태의 거래가 발생했다. 이전에는 상상할 수도 없었던 거대한 규모의 시장이다.

또 기업들은 이 새로운 시장에 초점을 맞춰 생산, 분배, 마케팅을 실행하고, 경영 관리에서의 규모의 경제를 실현하고 있다. 글로벌 기업들은 세계적으로 가격을 절감하고 규모의 경제로 전환해, 세상의 변화에 무관심하고 옛 방식을 고집하는 무능한 경쟁자들을 무력화한다.

현대화를 열망하는 기대 수준도 동시다발로 급상승했다. 항상 접할 수 있는 현대적인 물건과 방법을 필요 이상으로 원하는 사람들도 점점 많아지고 있다. 이런 현상은 멕시코나 브라질, 루마니아 같은 일정 수준 이상의 개발도상국과 토고나 말라위 같은 수많은 제3세계 국가들이 왜 막대한 외채로 고통에 허덕이고 있는지 말해준다. 지난 10여 년 동안 각 국가들은 능력이 없거나 받아들일 준비가 되지 않았는데도 현대화의 길로 무모하게 달려들었고, 선진국 국민들의 전유물이나 일종의 탐닉으로만 여겼던 것들을 원하는 자국 국민들의 급격한 요구에 내몰리게 되었다.

현재 모든 나라 사람들은 선진국에서 소비되는 최고 수준의 제품을 원하고 있다. 최고 수준의 제품, 서비스가 아니면 그들은 만족하지 못한다. 세계 모든 소비자들은 제품이나 서비스의 모든 면(기능성, 품질, 신뢰도, 가격 경쟁 등)에서 최고를 요구한다. 개발도상국에서 철 지난 모델이나 중고품을 팔 수 있던 시대는 다시 오지 않는다. 시장 규모에 따라 제품의 사양을 달리해 팔던 시대, 해외 시장과 자국 시장을 구분해서 가격, 이윤, 판매 수익의 차별화전략을 구사하던 시대 역시 지나갔다.

국가별, 지역별로 제품을 다르게 만들던 시대도 지나갔다. 이제 모든 면에서 세계는 표준화 되고 있다. 이것은 다국적 시장, 다국적 기업의 수명이 다하고 있고, 대신 시장의 글로벌화, 강력한 글로벌 기업이 출현한다는 것을 의미한다.

여러 국가에 기반을 두었다고 다국적 기업이 아니다. 일부 기업은 다국적 기업인 척하거나 그렇게 보이지만 전혀 다국적 기업이 아니다. 해외 법인의 목적이 단순히 본국에서 쓰기 위한 원재료의 확보, 생산을 위한 것이라면, 그 기업이 얼마나 크고 얼마나 많은 지역에 진출했는지에 상관없이 다국적 기업이 아니다. 그런 기업은 다국적 구매자일 뿐이다. 진짜 다국적 기업이라면, 해외 시장 운영을 목적으로 하는 지사가 있어야 한다. 다양한 외국 시장에서 적정 규모의 고객을 확보하려는 해외 지사들을 운영해야 한다.

다국적 기업과 글로벌 기업 또한 다른 개념이다. 다국적 기업은 다수의 국가에서 활동을 하고, 각 국가별 특성에 맞게 현지화 하기 때문에 해당 국가만의 특수한 환경에 적응하는 데 상당한 투자를 한다. 반대로 글로벌 기업은 마치 전 세계 또는 그 기업이 활동하고 있는 지역을 하나의 크고 동일한 집단으로 보고 동일하게 운영하기 때문에 현지화 비용이 적게 든다. 그러니까, 글로벌 기업은 세계 어느 시장이든 동일한 제품을 동일한 방식으로 판매한다.

전 세계 사람들의 욕구와 니즈가 서로 닮아가고 있다

다국적 전략과 글로벌전략은 어느 것이 더 좋다 안 좋다의 문제가 아니라, 필요성의 문제다. 현재 일반화된 커뮤니케이션 활동과 자유로운 이동성은 현대화 – 특히 노동의 양은 낮추되 강도는 높이고, 생활수준을 향상시키며, 오락거리를 더 즐길 수 있는 측면을 강조한 – 가 가능하다는 메시지를 계속 전하고 있다. 이제 현대화는 단순한 희망사항이 아니다. 현대화는 속물적 근성에 젖은 사람들이나 보수와 복고에 종교적 수준의 집착을 가진 사람들에게조차 폭넓게 확산되고 있다.

1979년 이란의 반정부 운동이 최악으로 다다랐을 때, 이슬람 원리주의라는 미명 아래 현대적 무기를 들고 유혈 폭동을 일으켰던 젊은이들이 프랑스 스타일의 바지에 실크 남방을 허리 근처까지 열어젖히고 화염 속에 서 있는 모습이 보도된 적이 있었는데, 이는 현대화가 얼마나 빠르게 전 세계로 퍼져나가고 있는지를 단적으로 보여준다.

또 브라질의 바히아처럼 낙후된 지역에 사는 사람들은 매일 수천 명씩 폭발적으로 성장하는 해안가 도시로 몰려가는데, 그들은 주름진 양철판으로 만든 움막집들이 붐비는 곳에 자리를 잡자마자 가장 먼저 텔레비전 수상기를 설치한 다음, 다 찌그러진 폭스바겐 자동차 옆에서 과일과 갓 잡은 닭을 제물로 바치는 마쿰바족의 종교의식인 촛불 제사를 거행한다.

아프리카 이보족(族) 말살 전쟁의 현장에서, 선혈이 낭자한 칼을 찬 병사들이 주둔 지역에서 트랜지스터 라디오를 들으며 코카콜라를 마시는 모습은 어떤가.

시베리아의 고립된 도시 크라스노야르스크는 포장 도로도 없고 뉴스 프로그램이 하나도 없는 곳이다. 그런데도 가끔 이 지역을 지나가는 서양 여행객들은 담배나 디지털시계 또는 가방 속의 옷가지 같은 것들을 팔라는 제안을 받는다. 이렇게 고립된 지역에 사는 사람들조차 현대 물질문명의 향기를 맡고 있는 것이다.

미개발지역 깊숙한 곳까지 성행하고 있는 현대식 무기와 용병의 거래는 그 양에서, 이미 전자기기, 중고차, 옷, 화장품, 불법복제 영화 등이 밀수입되는 양을 넘었다.

앞의 사례들은 세계적으로 생산되고 판매되는 최신 제품에 대한 전 세계의 욕구와 니즈가 급속하게 동질화되고 있다는 사실을 명백히 보여주고 있다. 기념비적인 3부작으로 평가받는 《미국인(The Americans)》의 저자인 다니엘 부어스틴은, 현재를 '기술이라는 초월적 법이 모든 것을 유사하게 만드는' 즉 동질화로 몰아가는 '기술공화국(The Republic of Technology)'의 시대라고 특징지었다.

비즈니스 영역에 적용하면, 이것은 명백히 글로벌 기업이 자동차, 철강, 석유화학제품, 시멘트, 농산물과 농기계, 금융, 보험, 컴퓨터, 반도체, 교통, 전자기기, 제약, 통신서비스 등과 같은 동일 표준화된 제품을 모든 시장에 동일한 방식으로 판매하는, 이른바 글로벌 시장이 도래했음을 말한다.

이제 글로벌 경쟁의 영향력은 표준화를 이뤄낸 재화나 하이테크 제품에만 한정되지 않는다. 일반화된 커뮤니케이션과 자유로운 이동성에서 시작된 변화의 바람은 지금 세계 모든 사람들에게 불고 있다. 부어스틴은 "(기술 공화국의 도래를 알리는) 경험을 통합하는 힘은 언어를 초월한다. 괴테를 읽어 보라는 말은 들은 척도 안하던 사람이 폭스바겐은 몰아보고 싶어 한다. 기술은 이데올로기에 관한 시각을 희석시키거나 사라지게 만든다."고 지적한다.

프랑스 샹젤리제 거리에서 일본 유행의 중심지 긴자에 이르기까지 세계 어느 곳에 가도 맥도날드, 코카콜라, 펩시가 있고 락 음악, 할리우드 영화, 레브론 화장품, 소니 텔레비전, 리바이스 청바지 등이 대중적 인기를 얻고 있다는 것은 시장이 글로벌화되고 있다는 명백한 증거이다. 이 글로벌 제품들은 하이테크 제품들만큼이나 자주 찾게 되는 '하이터치' 제품들인 셈이다. 글로벌화는 다른 영역에까지 영향을 미친다. 프린스턴 대학의 사회학자 수잔 켈러는 산업화와 도시화가 이뤄진 세계 모든 곳에서 이혼율과 맞벌이 부부들 수가 증가하고 출산율은 낮아지고 있으며, 성에 관한 사회적 의식 문제에 세대 간 의견 차이를 보인다고 언급했다.

하이테크와 하이터치는 변화의 흐름을 재빨리 따라가지도, 거부하지도 못하는 어정쩡한 사람들을 세계주의의 궤도에 밀어 넣어 글로벌 동일화에 녹아들게 한다. 예외도 없고, 막을 방법도 없다. 선택의 구조 (preference structure)가 동질화된 공통점 속으로 압축됨에 따라 모든 것이 서로 닮아가고 있다.

저비용 경영은 우월한 경영이다

　국가별 기호, 선호도, 비즈니스 수행 방식과 기업 형태의 차이 등은 새로운 기술 제품을 통해 경험한 현대화로 의미를 잃었다. 전 세계적인 공통성(global commonality)은 제품과 제조과정, 그리고 무역기구 및 기업들의 글로벌 표준화를 필연적으로 이끌어낸다. 생산, 분배, 마케팅 경영 관리 상에 나타나는 규모의 경제 영향 때문에 소규모 국지적인 시장들까지도 대규모 글로벌 시장으로 변모되거나 확장되고 있다. 이렇게 되면 경영 각 분야의 효율성을 중요시하는 글로벌 경쟁이 발생하고, 이것은 또 제품 가격의 세계적 경쟁을 심화시키는 결과를 가져온다. 즉 우수한 품질을 유지하면서도 가격까지 적당한 제품을 만드는 기업만이 글로벌 경쟁의 강력의 무기인 '가격정책'으로 승부할 수 있는 것이다. 이런 단계를 거치면 적정 가치를 유지한 세계적으로 표준화된 제품들만 남는다. 여기서 말하는 적정 가치란 디자인, 기능성 심지어 패션 측면에서조차 세계적으로 똑같은 제품 생산을 가능하게 하는 최적의 가격, 품질, 유통의 조합을 말한다.

　많은 일본 기업들과 세계를 대상으로 한 유형 제품(예 : 철강, 자동차, 농기계, 로봇, 마이크로프로세서, 섬유 등)과 무형 제품(예 : 금융, 해운업, 일반 계약, 컴퓨터 소프트웨어 등)을 포함, 아주 다양한 제품을 취급하는 기업들이 급격하게 성공할 수 있었던 중요한 이유도 바로 위와 같다. 80년대 초까지 거의 20여 년 동안, 데이터 공학자들과 떠버리 컨설팅 기관들 사이에 탁

상공론에 불과한 허무한 논쟁이 지속됐는데, 고품질을 유지하면서 저비용으로 제품을 만드는 경영이 가능하냐는 문제였다. 불가능하다는 결론을 냈지만, 그것은 잘못된 결론이었다. 그들이 분석한 데이터는 불완전했고, 분석 방법 또한 잘못되고 모순된 것이었다.

저비용 경영은 곧 우월한 경영을 말한다. 또 그 우월성은 모든 경영 활동의 품질을 높인다. 고품질과 저비용은 상충된 방향이 아니다. 이 둘은 상호 호환된다.

어떤 이들은 일본이 글로벌 경영의 예로 들기에는 부적합하다고 말하면서, 그 증거로 자국의 자동차 운전석은 오른쪽 이면서 미국이나 유럽으로 수출하는 자동차는 왼쪽에 운전석을 둔다, 사무용품의 유통 또한 자국은 직판 형태 이면서 미국에서는 중간 물류업자들을 통해 판매한다, 브라질에 있는 일본계 은행 직원들이 포르투갈어를 사용한다, 프랑스의 일본 제품이나 포장에는 프랑스어 라벨이 붙어있다는 사례 등을 제시한다. 그러나 이것은 일본 기업들이 지역 특성에 맞게 대응하는 방식과 글로벌 특성을 오해하는 데서 생긴다. 일본 기업들의 글로벌 특성을 자동차의 운전대 위치와 유통망, 언어만으로 판단해서는 안 된다. 일본의 가장 두드러진 특징은, 경제성을 추구하고 가치를 확장시키기 위해 여기저기 기웃거리지 않고 노력한다는 것이다. 일본의 노력은 세계 모든 제품을 높은 수준의 품질로 표준화하려는 목적을 잘 말해준다.

만일 당신이 제품 비용과 가격을 내리고 품질과 신뢰성을 끌어올린다면 세계의 소비자들은 어떻게 반응할까. 그들은 전통적인 시장 조사나 관찰 결과(국가별·지역별 기호, 필요성 등)를 무시하고 당신이 만든 세계적인 표준화 제품을 선호할 것이다. 이것이 지배적인 이론이다. 헨리 포드가 자기가 살았던 시대에 T모델을 통해 자신의 경영철학을 증명했듯이 일본 기업들은 이 지배적인 이론의 정당성을 증명하고 있다. 또 한국(텔레비전 및 중공업 분야), 말레이시아(개인용 계산기 및 마이크로 컴퓨터 분야), 브라질(자동차 부품 및 공구 분야), 콜롬비아(의류제품 분야), 싱가포르(광학기기 분야), 심지어 미국(복사기, 컴퓨터, 자전거, 주조기술 분야), 서유럽(자동세탁기 분야), 루마니아(가정용품), 헝가리(의류제품 분야), 유고슬라비아(가구 분야), 이스라엘(인쇄기 분야)의 기업들도 이러한 일본 기업들의 행보를 따라감으로써 뛰어난 성공을 이뤘다.

세분시장 또한 글로벌 경쟁에 직면한다

물론, 한 국가 혹은 한 대도시 내에서만 활동하는 중소기업들 또한 모든 제품을 표준화시키고 있다. 그렇기 때문에 그들은 다양한 제품 라인을 만들 수 있고 다양한 물류 채널을 확보할 수 있다. 물론 하나의 대도시에도 지역적, 민족적, 제도상의 차이점들이 있다. 그러나 이런 요인들은 지엽적인 것이다. 기업들은 늘 특별한 세분화된 시장의 욕구에 맞추려는 경향이 있지만, 욕구가 대동소이한 시장에서 성공하려면 생산비 경쟁력을 유지시켜 주는 규모의 경제를 실현해야 한다. 세계를 상대로 제품을 판매하는 기업들의 전략 및 경영 형태가 어떤 것인지를 눈여겨 봐야 한다.

그 나라만의 독특한 시장은 세계 곳곳에 있고, 적합한 판매자 역시 곳곳에 존재한다. 그러나 이런 협소한 지역 시장도 글로벌하게 표준화, 대형화돼 결국은 글로벌 경쟁, 특히 가격경쟁에 직면하기에 이른다.

글로벌 시장을 지향하는 기업들은 가격경쟁력을 유지하기 위해 경영 활동과 관련한 모든 것을 글로벌 수준에서 표준화함으로써 글로벌 규모를 성취할 기회를 끊임없이 찾을 것이다. 여기서 벗어나 글로벌화에 반하는 기업들은 표준화에 의해 얻을 수 있는 가능성은 모두 소진한 체, 모험하듯 경영을 하거나 지역 시장에서 낮은 이윤율을 유지한다. 그러는 사이에 글로벌 표준화에서 점점 더 멀어지게 되고, 여기서 발생되는 비경제적 손실을 만회하기 위해서 그동안 추구해온 방식을 더욱 강화하는 쪽으로 행동을 취한다.

이것은 글로벌 표준화가 선택적 시장 또는 세분시장의 종말을 가져온다는 것으로 해석되기 보다는, 우수한 제품들이 규모가 큰 소수의 글로벌 세분시장을 차지하기 위해 가격경쟁을 시작한다는 것을 의미한다.

표준화 전략으로 세계 시장에 대응하라

특성과 품질의 균일화가 가속되면서 명확한 글로벌 초점이 없거나 표준화 경제에 무심한 기업들은 서서히 난관에 부딪칠 것이다. 한 나라의 극히 작은 시장에서 팔리는 고부가가치 제품을 내수 시장용으로 대규모 생산을 해오던 기업들이 바로 그렇다. 반면 글로벌 규모의 기업들은 일단 효율성을 담보해 놓았기 때문에 그들보다 더 싸게 제품을 만들 수 있다. 게다가 생산비 대비 운송비가 낮기 때문에 지역 규모의 생산자들이 안심하고 있는 먼 거리의 시장에까지 성공적으로 진입할 것이다. 이처럼 글로벌 제품들은 국내 세분화된 시장으로만 만족하지 못한다. 아무리 작은 시장도 결국은 글로벌 기업들의 경쟁의 장이 될 것이다.

또 새로운 기술 공화국은 이런 표준화된 제품을 받아들이는 글로벌 시장을 통해 기호, 욕구, 가능성들을 동질화시킨다. 글로벌 생산자가 더 낮은 가격을 선보이면 제품 특성, 디자인, 기능성 등의 요인은 희석되고 시장은 몇 배로 확장된다. 표준화전략은 동질화된 세계 시장에 대응하는 방책이면서 탁월한 낮은 가격을 제시하기 때문에 구매자를 양적으로도 증가시킨다.

불가항력의 새로운 힘, '기술'은 바로 이런 방식을 통해 본 원적인 구매 동기, 다시 말해 '낮은 가격'은 같은 돈으로 더 많이 구매할 수 있게 한다는 사실에 접근한다. 이것은 세계화 말고는 누구도 이뤄내지 못한 성과다.

이사야 베를린(Isaiah Berlin)은 도스토예프스키와 톨스토이의 차이를 고슴도치와 여우의 차이로 설명했다. 여우는 많은 것을 얕게 알고 있지만, 고슴도치는 하나를 알더라도 깊게 안다는 것이다. 다국적 기업과 글로벌 기업도 이 비유에 적합하다. 다국적 기업은 여우처럼 여러 시장을 알고 있어 시장별 변화에 적극적으로 대응한다. 반면 글로벌 기업은 많은 시장에 공통적으로 적용할 수 있는 탁월한 한 가지를 알고 있어 그 하나를 자본 삼아 각 시장의 고객들을 유인한다. 세계가 글로벌 기업을 바라보는 시각은 어떨까. 사람들은 글로벌 기업들이 얼마나 서로 다른가를 보는 게 아니라 얼마나 유사한가를 본다. 기업들은 국지전을 넘어 글로벌 경쟁의 필요성을 느끼면 제일 먼저 모든 것을 일반적인 글로벌 형태로 표준화시키기 위한 방법을 강구하기 시작한다.

그렇다면 모든 시장에 공통적으로 적용되는 그 원칙은 무엇일까. 바로 희소성이다. 사람은 누구나 '불충분과 결여'라는 상황에서 벗어나 더 많이 갖기를 원한다. 심지어 '적게 가지는 것이 많이 가지는 것이다'라는 말을 금과옥조로 여기던 히피들조차 공동체적 빈곤에서 탈출하고자 애써 왔다.

모든 것을 자급자족할 수 사람은 거의 없다. 때문에 우리는 기업간, 국가 간 무역을 하고 돈이라는 교환매개체를 사용한다. 이때 노동과 생산의 전문화는 무역, 물물교환, 돈을 통해 이익을 최적화할 수 있는 수단이 된다. 사람은 누구나 돈의 세 가지 특성을 알고 있다. 희소성, 취득상의 어려움, 유동성이 바로 그것이다. 이 3가지 특성은 글로벌 기업들이 아는 '탁월한 하나'를 부분적으로 설명해 준다. 더 많이 갖고 싶게 만드는 돈의 특성은, 제품의 가격만 충분히 낮출 수 있다면, 비록 그것이 쓸 만하지 않고 지금까지의 관습에 맞지도 않고, 실력 없는 조사전문가들이 시장성이 없다고 하는 제품일지라도 사람들은 당신이 제시한 표준화된 제품을 선택할 것 이다.

유·무형을 포함해 모든 현대적 제품들에 내재된 냉혹한 진실은, 더 많이 표준화 할수록, 그것도 대량생산으로 표준화 할 수록 생산비가 적게 든다는 점이다. 즉 5가지 방식으로 생산하는 것보다 한두 가지 방식으로 생산하는 것이 효율적이라는 뜻이다. 시장이 한두 가지 대표 제품으로 움직인다면, 5가지 제품이 움직이는 시장보다 훨씬 경제적이 된다. 바로 이 때문에 글로벌 기업들은 세계를 수많은 현지화된 시장이 아닌 적은 수의 표준화된 시장으로 만들고 싶어 한다. 이것이 글로벌 기업의 큰 특징이다. 심지어 고급 제품이나 고가 제품들을 판매할 때도, 그들은 현대화를 사명으로 삼고 가격경쟁을 사명 성취의 수단으로 사용한다. 반면 다국적 기업은 변화의 가능성-즉 세계가 얼마나 현대화되고 있는지, 현대화가 제공하는 수혜는 무엇인지-을 인식하지 못한 채 가격만 적당하면 국가별 차이를 대수롭지 않게 받아들인다. 각 나라의 특징을 일일이 맞춰주는 다국적 기업 제품, 가격, 방식은 모두 구시대의 것이다.

'글로벌화'에 예외란 없다

앞에서 말했듯이, 글로벌화는 하이테크 방식의 진보된 제품들만의 이야기가 아니다. 표준화된 커뮤니케이션 방식으로 전 세계에 표준화된 제품을 팔면서도 누구에게나 사랑받는 코카콜라와 펩시를 생각해 보자. 이 제품을 좋아하는 사람들은 세계 여러 지역에서 살고 각각 다른 문화와 관습을 가지고 있지만, 코카콜라와 펩시 제품의 맛, 거품, 끝맛에 적응한다. 지금까지도 두 제품은 성공적으로 팔리고 있으며 매출도 점점 늘어나고 있다. 미국산 담배는 또 어떤가. 미국산 담배는 세계 어느 곳을 가도 살 수 있고 사람들은 이 담배를 즐긴다. 이 사례들은 세계적 동질화를 향한 일반적 흐름 뿐만 아니라 제품의 분배와 자금 조달의 수단, 가격 결정의 방식, 이들 제품을 파는 기업 및 판매 방식 또한 말해준다. 예외는 없다. 산업화된 세계의 제품과 생산 방식은 오직 하나의 곡조에 반응하며, 세계는 그 곡조에 맞춰 춤추고 있다.

글로벌화의 거대한 물결이 전 세계를 덮고 있다. 문화적 선호, 국가별 취향 및 표준, 비즈니스 조직의 차이점들은 이제 퇴행의 흔적이 되었다. 그렇다면 민족 시장이라고 불리는 음식, 옷, 오락, 조제 식품, 란제리 및 골동품 가게 같은 소매상 등을 지칭하는 특수 세분 시장의 성장은 무엇을 말하는가. 이 시장들은 글로벌한 동질화를 부정하거나 이에 반한다는 증거가 아니다. 오히려 동질화를 확인시켜주는 증거이다. 민족적 특성으로 형성된 특수 시장이라는 말은 그들만의 동질화된 기호와 선호가 있다는 사실을 전제한다. 즉 전 세계에 걸친 민족 시장의 성장은 글로벌 표준화라는 흐름을 확인시켜주고, 민족 시장 자체는 글로벌 표준화 시장의 한 조각이 된다. 우리는 민족적 배경을 가진 시장들 곳곳에서 중국 음식, 컨트리 음악, 피자, 재즈를 접할 수 있다. 특수 시장들이 세계화되고 있는 것이다. 다시 강조하지만, 글로벌화는 세분화된 시장의 종말이 아닌, 반대로 세계적인 시장이 부분으로 확장된다는 것을 의미한다.

다국적 기업이 많은 나라들 사이에는 제품마다 차이가 있고 제품의 특징도 다르다. 또 활동하는 다국적 기업들 또한 각각 나름의 비즈니스 활동 방식이 있다. 사실 이런 차이점들은 많은 사람들이 '지역적 선호니까, 그냥 받아들여라'라고 말한 것을 그대로 따른 것에 불과하다. 다국적 기업들은 많은 사람들이 글로벌하게 생각하고 행동하기 때문에 세계가 글로벌 표준화의 방식으로 굳어지게 되었다고 믿고 있다. 그래서 그들은 글로벌 표준화에 전혀 조급하지도 않고 표준화의 압력을 느끼지도 못하고 있다.

지역적, 국가적 차이를 무시하자는 게 아니다. 오히려 이런 차이점을 민감하게 알아차려서, 다른 방법으로 일을 더 잘 처리할 가능성을 무시하지 말라고 얘기하는 것이다. 중동 지역 산유국들은 수많은 차이점들을 가지고 있다. 어떤 나라는 사회주의 국가고 어떤 나라는 군주제를 채택하고 있으며, 또 어떤 나라는 공화제를 신봉한다. 또 법적 상속을 나폴레옹식 법제에 따라 실행하는 나라가 있는가 하면, 어떤 나라는 오토만 제국의 방식을 따르고, 어떤 나라는 영국식 일반법을 따른다. 그러나 이들은 공통적으로 이슬람 국가이다.

이들 나라에서 비즈니스를 할 때는 지나치다고 할 만큼 개인적 친분을 쌓아야 한다. 즉 비즈니스 관계를 개인적인 관계로 만들어야 한다. 그 지역 출신의 파트너 또는 동업자 없이는 어떤 비즈니스 기회도 가질 수 없기 때문이다. 각각의 국가들이 정한 국정 공휴일도 지켜야 하고 라마단 기간인 한 달 동안은 밤 10시 이후에 업무 회의를 시작해야 한다. 또 현지

변호사를 동반해야 하고, 번복할 수 없는 신용장 준비도 필수 사항이다. 이런 모든 난점들에도 불구하고 코카콜라의 시니어 부사장인 샘 아유브는 "아랍 지역은 생각하는 것보다 훨씬 더 많은 것을 적용할 수 있습니다. 이슬람은 과학과 현대 시간 개념과도 조화를 이룰 수 있지요"라고 말한다.

현대화의 장벽은 유럽에서도 존재한다. 라디오와 텔레비전 주파수의 혼선으로 곤란을 겪는 많은 유럽 국가들은 기술과 데이터 전송에 관한 법적 및 금전적 어려움을 토로한다. 이런 문제들은 우월한 기술과 더 탄탄한 경제 시스템으로 차차 해결되고 있지만, 아직은 시간과 노력이 필요하다.

세계적 표준화를 목표로 하면서도 적응하거나 변화하지 않은 채 대규모 수출로 상황을 타계해 보려고 시도했던 많은 기업들은 무참하게 실패를 맛봤다. 어떤 사람은 누구라도 실패했을 거라며 세계적 표준화 자체에 의문을 제기하는가 하면, 어떤 사람은 단지 실행방법 상의 실패일 뿐이라고 말한다. 그러나 이 문제에 대한 정확한 답은 아직도 없다.

당신 기업은 제대로 일하고 있는가

다음의 사례를 통해 왜 많은 경영 방식과 상품이 세계적 표준화를 이루지 못했는지 살펴보자.

진공청소기 제조업체 후버(Hoover)는 대다수 가정이 반자동 또는 수동 세탁기조차 낯설던 시기의 서부 유럽에 자동세탁기를 선보였다. 당시 오하이오 주 노스캔턴에 본사를 둔 후버는 자동세탁기 판매를 위해 영국 지사를 다시 세웠고 유럽 대륙 본토에도 새 지사를 세우는 등 야심찬 활동을 시작했다.

후버는 영국 시장만을 위한 대규모 공장을 지었는데, 공장 가동률이 형편없었다. 반면 대륙에서는 후버의 반자동 또는 자동세탁기들의 판매량이 점점 높아지고 있었다. 후버는 이런 판매 흐름의 원인을 파악하고자, 영국과 유럽 대륙의 주요 국가내의 경쟁 및 소비자 선호에 대한 조사를 실시했다. 리서치 결과는 〈표 1〉과 같다.

각 나라별 시장에서 선호하는 특성에 맞춰 현지화를 적용할 경우, 후버가 부담해야 하는 제품 단위별 추가 비용은 다음과 같았다.

에나멜 드럼을 스테인리스 드럼으로 교체 시	£1.00
전면 투명창 부착 시(세탁물이 보이도록)	.10
회전율을 700rpm에서 800rpm으로 증대 시	.15
급탕 장치 추가 시	2.15
용량을 5kg에서 6kg으로 확대 시	1.10

(£6.10 = $18.20 당시 환율)

:: 표1 | 국가별 선호하는 자동세탁기의 특성 ::

제품 / 국가	영국	이탈리아	독일(서독)	프랑스	스웨덴
형태와 크기*	34인치 좁은 형	낮고 좁은 형	34인치 넓은 형	34인치 좁은 형	34인치 넓은 형
드럼통재질	에나멜	에나멜	스테인리스	에나멜	스테인리스
세탁물 투입구	상단	정면	정면	정면	정면
전면 투명창	유무	유	유	유	유
용량	5kg	4kg	6kg	5kg	6kg
회전속도	700 rpm	400 rpm	850 rpm	600 rpm	800 rpm
급탕장치	무**	유	유***	유	무**
외관과 스타일	눈에 띄지 않는 외관	밝은 색상의 외관	견고해 보이는 외관	우아한 외관	강한 외관
세탁방식	회전형	요동형	요동	회전형	요동형

• 34인치 높이가 당시 유럽 표준이었음
•• 영국과 스웨덴은 중앙난방식이어서 급탕시스템이 필요 없었음
••• 독일(서독)은 중앙난방식에서 공급되는 온수보다 더 뜨거운 물로 세탁하기를 원했음

또 추가 비용에는 위의 추가적인 가변 비용 뿐만 아니라 생산 공장에 대한 상당한 설비 투자비용도 포함되었다. 당시 유럽의 선도적인 브랜드들이 출시하는 자동세탁기의 소비자 가격(파운드화 기준) 최저가는 다음과 같다.

영국	£110
프랑스	£114
독일	£113
스웨덴	£134
이탈리아	£57

조사 결과, 국가별 선호도에 따라 제품을 현지화했을 때 해당 국가 시장의 가격경쟁에서 불리할 것이 분명했다. 추가 장치로 인한 비용 부담은 말할 것도 없고, 제각각인 제품 생산을 위해 짧게 기계를 돌려야 했기 때문에 제조 비용도 올라갔다. 이것은 곧 후버의 가격경쟁력을 감소시켰다. 또 당시는 일반 시장에 대한 무역 장벽 감소정책이 실시되기 이전이었기 때문에, 후버는 유럽대륙 각 나라에서 무역 관세라는 비경쟁적 요소와 직면하는 추가적인 고통을 겪었다.

거기에다가 각 나라별 자동세탁기의 실제 판매 상황을 분석한 결과, 다음과 같은 사실을 알게 됐다.

1 저용량 및 작은 사이즈, 저출력, 급탕 장치 미부착, 에나멜 드럼통을 갖춘 이탈리아산 자동세탁기는 가격이 매우 저렴해 독일을 포함한 모든 국가에서 상당한 시장점유율을 차지했고, 진출한 모든 시장에서 급격하게 점유율을 높여갔다.

2 독일에서 그때까지 최고 판매율을 보인 자동세탁기는 독일인들의 니즈에 가장 잘 맞는 세탁기이면서 독일에서 가장 비싼 세탁기이기도 했다. 이 세탁기들은 두 번째 점유율을 보이는 세탁기와 비교 했을 때 3:1의 비율로 가장 많이 광고를 하는 세탁기이기도 했다.

3 세탁기의 보급률이 저조했던 이탈리아의 경우, 손으로 짜는 수동식 → 반자동 → 자동세탁기 순서로 보급됐던 국가들과는 달리, 곧바로 자동세탁기가 갑작스레 보급됐다. 처음으로 세탁기를 사는 이탈리아 사람들은 대체로 가격이 매우 싼 소형 자동세탁기를 구입했다.

4 미국에서는 세제 제조업자들과 세탁기 제조업자들의 공동 성공을 낳은, 찬물과 미지근한 물을 따로 사용하는 세탁방식이 유행했다. 즉 세제 제조업자들에 의해 자동세탁기 사용이 촉진되었다.

소형, 저출력, 저속, 저용량, 저가의 특징을 지닌 이탈리아산 자동세탁기가 가장 비싸지만 가장 많은 판촉활동이 이뤄지고 가장 인기 있었던 독일 브랜드 세탁기를 제쳤다는 사실은 무엇을 의미하는가. 기업이 생산하고 싶은 것이 아닌, 소비자들이 원하는 것을 제공하라는 마케팅의 개념을 자기 멋대로 알고 있는 사람들은 결코 알 수 없을 것이다.

상상력을 가지고 보이지 않는 것을 보려고 노력하는 사람은 이 명확한 메시지를 발견할 것이다. 즉 사람들은 자신들이 선호하는 것을 다 갖춘 저가의 자동세탁기는 둘째 치고, 기본적으로 수동, 반자동 보다는 자동세탁기, 고가보다는 저가의 세탁기를 선호한다는 사실 말이다. 이탈리아산 세탁기가 사람들이 원하는 기능을 모두 갖춘 저가의 자동세탁기가 아니었는데도 성공할 수 있었던 이유가 바로 여기에 있다. 즉 높은 온도의 온수와 높은 회전 속도의 세탁통, 대용량의 세탁기를 선호한 독일인들의 입맛을 충족시키지 못했지만, 사람들은 저가를 선호한다는 이 흔한 진리가 꼼꼼하고 비타협적인 독일인들에게도 통했던 것이다. 또 하나 분명한 사실은, 판촉 활동이 중요하다는 점이다. 독일에서 가장 많이 판촉 활동을 벌였던 '이상적인' 자동세탁기는 출시된 것 중 가장 비싼 것이지만 최고의 시장점유율을 유지하고 있었다.

이 두 사실이 말해주는 교훈은 분명하다. 사람들은 수동식이나 반자동세탁기 보다는 자동세탁기를 원했다. 자동세탁기 구매 시 주요 선택 요인은 2가지였는데, 하나는 선호하는 제품의 특징에 상관없이 낮은 가격을 선호했고, 둘째는 가격에 상관없이 마케팅 판촉활동에 영향을 받았다는 것이다. 2가지 요인은 구매자들에게 자신들이 가장 원하는 것, 즉 완전자동세탁기가 다른 수동식, 반자동 세탁기가 주지 못하는 월등한 이점을 느끼도록 해주었다.

후버에게 던져줄 메시지는 명백하다. 영국인이 선호하는 고품질 세탁기를 유럽에서 판매하라는 것이다. 또 자동세탁기에 추가적인 기능을 넣지

않는다면 6파운드 10실링이라는 비용을 줄일 수 있고 이는 17%의 생산
비를 절감하는 효과를 내므로 경쟁력 있는 낮은 가격을 유지할 수 있다.
불필요한 공장시설을 확장하지 않았다면, 유럽 지역에서 서비스 네트워
크를 지원하고 적극적인 프로모션을 전개하는 데 필요한 여유 자금을 확
보할 수 있었을 것이고, 결과적으로 소비자 가격을 백 파운드 이하로 내
릴 수도 있었다. 광고 메시지도 이렇게 구성했어야 했다. '이 세탁기는 당
신이 꼭 구비해야 하는 필수 가전제품입니다. 이 세탁기는 가사부담에서
당신을 해방시켜 줄 것이고, 당신은 사랑스런 아이들과 남편에게 좀 더 많
은 관심을 쏟을 수 있답니다.' 광고 소구 대상 또한 아내와 남편 모두를 고
려하고, 가급적이면 부부가 함께 있는 시간대에 노출해서 남편들이 자동
차를 사기 전에 아내의 세탁기부터 사야 할 것 같은 의무감을 유발시킨다.

  만약 후버가 전 세계적인 공통된 욕구(반복되는 가사노동을 줄이고 싶다)
와 일반적 욕구(가족 및 결혼 관계를 더 좋게 만들고 싶다)를 자극하는 강력한
프로모션을 전개하고 제품의 가격을 낮추기만 했다면, 고객이 원하는 특
별한 기능이나 선호 요인은 판매에 별 영향을 못 끼쳤을 것이다. 이러한
일련의 판매 계획은 모든 사람들이 이해하고 있는 '중요한 한가지'를 말해
준다. 즉 '세계의 모든 사람은 현재 자기가 지고 있는 짐을 내려놓고 싶어
한다. 또 그 짐을 내려놓는 데 드는 비용을 지불할 능력이 있고 어떻게 해
야 하는지만 말해주면, 지갑을 연다'는 것이다.

  만약 각 나라에 맞게 제품을 생산했다면 얼마나 잘 만들어졌던지 간에
차선의 선택으로 밀려나거나 결국은 실패했을 것이다. 이것은 개념의 문

제이지 전략 수행을 하고 안하고의 문제가 아니다. 그러니까 일을 제대로 하는 게 문제가 아니라 제대로 된 일을 해야 하는 게 문제인 것이다.

후버의 프로젝트는 첫단추부터 잘못 끼운 것이었다. 사람들이 살아가는 데 무엇이 필요한가를 파악하기보다, 사람들이 어떤 기능을 원하는가만을 조사한 것이다. 각 나라의 현지화 제품 라인에 적용 된 아이디어는 우둔하고 경솔했다. 그리고 후버는 그 우둔함과 경솔함을 깨닫지 못하고, 잘못된 자부심으로 마케팅 계획을 실행할 때 잘못된 질문만 던졌다. 사실 후버는 마케팅 개념을 실행에 옮길수조차 없었다. 단순히 데이터 그대로만 분석 했지, 데이터에 생각이나 상상을 버무리지 못한 것이다. 마치 중세 시대의 인간중심주의자들이 눈에 보이는 현상으로 태양이 우주의 중심이라고 믿어 코페르니쿠스에 반대했던 것처럼 말이다. 코페르니쿠스는 연구하는 자세로 빈약한 데이터를 분석해 중요한 한가지를 온전히 깨달을 수 있었다.

글로벌 기업은 전 세계인에게 유익을 준다

다국적 기업과 글로벌 기업을 구별할 수 있는 한 가지 기준이 있다. 바로 글로벌 기업은 현대화의 실재를 받아들인다는 점이다. 현대화는 좋든 나쁘든, 기술 공화국을 글로벌화된 세계로 통합하고, 모든것을 글로벌화시킨다. 즉 생활을 유연하게 만들고 여유 시간을 풍족하게 하며, 소비 능력을 확장시킨다. 글로벌 기업은 일반 기업들이 지금까지 해왔던 역할과는 근본적으로 다른 역할을 감당한다. 글로벌 기업의 역할은 기술과 글로벌화라는 거부할 수 없는 조류를 사업화 시켜서 전 세계인에게 도움을 준다. 이러한 일은 신 또는 자연이 하는 게 아니고 개방된 시장의 필요에 잘 적응하는 기업이 번영하기 위해 하는 일이다.

미국은 2개의 국가적 산업 분야에서 오래전부터 이러한 역할을 자발적으로 수행해왔다. 즉 철강산업과 자동차산업이다. 미국은 한 세대가 지나서야 산업 분야 전반의 일상적이고 냉혹한 파업 사태가 수그러짐을 볼 수 있었다. 1959년 이후부터 전미 철강 노조가 주도한 파업이나 1970년대 이후 제너럴모터스의 자동차 노조가 일으킨 대규모 파업은 보이지 않았다. 미국 노동자들은 이 두 차례 파업을 통해 생산이 중단된다고 해서 소비자들까지 소비를 중단하는 것이 아니라는 사실을 깨달았다. 즉 자신들의 산업 분야가 이미 글로벌화돼 있음을 자각한 것이다. 이에 따라 해외의 자동차 생산업자들도 소비자들이 적극적으로 활동할 수 있도록 지원 활동을 펼치기 시작했고, 자국 내 산업 분야에만 적용되던 경쟁적 생존 능력을 전 세계로 확대하기 시작했다. 또 기업 간의 경쟁이 글로벌화되면서 자국 내 기업들을 글로벌화라는 현실에 적응시키기 위해, 노조들의 자발적인 회사 협조를 유도했고, 기업의 혁신을 꾀했다.

모든 시장이 공통적으로 가지고 있는 '오래된 진리'

대략 1950년대 마케팅이란 개념이 출현한 이후, 앞선 경영 구조를 갖고 있는 서구의 기업들은 '생산하고 판매한다'는 원리가 아니라 소비자들이 원하는 것(즉 소비자 요구에 부응)을 생산한다는 열정으로 운영돼 왔다. 이런 열정은 시장 조사 전문가들로 구성된 거대한(물론 크기만큼 비용도 많이 쓰는) 마케팅 부서를 신설하게 했고, 결국 다양하고도 세분화된 시장들(혹은 여러 국가들)을 상대로 고도로 맞춤화 된 제품들의 라인과 배송 시스템을 동시다발로 적용해야 하는 결과를 가져왔다.

세계에서 뛰어난 성공을 거두고 있는 일본 기업들의 특징 중 우리가 주목해야 하는 것은, 일본기업에는 서구기업들 사이에 널리 퍼져있는 마케팅부서와 시장조사부서가 존재하지 않는다는 사실이다. 그러나 GE의 CEO였던 잭 웰치는 자원도 없는 섬나라, 문화도 언어도 이해하기 힘든 일본이라는 나라가 '시장의 암호'를 풀었다고 말한다. 일본인은 시장이나 소비자들이 어떻게 다른지를 기계적인 사고로 해석하는 대신, 코페르니쿠스처럼 지혜롭게 그 의미가 무엇인지를 찾으려고 함으로써 성공할 수 있었다. 그들은 이런 자세 덕분에 모든 시장들이 공통적으로 갖고 있는 '한 가지 중요한 것'을 발견할 수 있었는데, 그것은 바로 신뢰할 수 있는 제품을 만들고 현대화된 세계적 표준을 모든 제품 속에 적용시켜, 공격적인 낮은 가격으로 공급한다는 것이다. 그들은 심지어 고급 제품, 명품에 속하는 제품에도 보다 낮은 가격을 원하는 소비자의 욕구를 반영했다.

실제로 시장은 가격이 낮을수록 예전의 선호나 고가의 현지화 방식보다는 표준화·현대화된 방식을 더 환영한다. 또 세계적 표준화가 확대될수록 낮은 가격은 시장을 더 확대시켜 생산 및 운송비용은 낮아진다. 또

이는 소비자 가격을 낮춰 소비의 확대를 가속시킨다. 사실 이런 논리는 영국 직물 산업이 세계 시장을 좌지우지했던 산업 혁명 초기에 이미 명확하게 인식된 '오래된 진리'이다. 일본은 전문가들조차 해외 수출은 비용과 가격이 상승하거나 운송 조건에 따라 비용 차이가 너무 커져서 고객 접근이 어렵거나 경쟁이 치열할 것이라고 결론 내린 시장을 포함한 세계 곳곳의 시장에 표준화를 실현하고 있다.

동질성과 이질성을 적절히 경영하라

글로벌화에 따른 통합과 동질성을 이야기한다고 해서, 국가·지역·문화간의 주요 차이를 무시하자는 것은 아니다. 여기에도 일정한 구별이 필요하다. 구별(distinction)과 차이(difference)는 엄연히 다르다. 구별과 차이는 사물이나 현상을 구성하는 기본적인 속성과 그것을 둘러싼 동질성 간의 차이와 같은 관계이다. 그 차이는 물리적 현상과 공간의 관계처럼 사회적·비즈니스적 상황에서 진보된 공통성을 거스르지 않고 오히려 상호 보완한다. 물질과 정신의 관계 또한 그렇다. 물질적 세계로서의 지구는 둥글지만 일상생활에서는 지구가 평평한 것처럼 느낀다. 표면은 휘어있지만 지구 상에서는 느끼지 못한다.

겉만 보면 중국인들은 모든 면에서 독일인들이나 짐바브웨 사람들과는 다르지만, 중국인이나 독일인이나 짐바브웨인이나 모두 사랑, 증오, 두

려움, 슬픔, 질투를 느끼고 외설, 물질적 안락함이 뭔지 알고 있다. 이처럼 세계는 서로의 차이점들을 통합시키는 공통의 고리가 있다. 현대는 많은 문제점과 질문을 만들어내면서 이들 공통성을 잇는 새로운 고리를 만들고 있다. 미국의 메인 주와 캘리포니아 주를 생각해 보자. 그 차이를 아는 데 특별한 재주가 필요한 건 아니다. 차이가 있다면 사회적 급진주의와 보수주의 간의 차이처럼 거의 알아챌 수 없는 차이일 뿐이다.

미국인들의 삶은 동질화된 특성들을 보인다. 만약 어떤 나라가 주변국가에 비해 확연한 차이점들을 가지면서도 전통, 기술, 열망, 커뮤니케이션 등과 같은 복합적인 힘에 의해 완전히 동질화될 수 있다면, 동질성이 강한 국가들이 이질성이 강한 국가들 보다 더 발전되고 번영할 수 있다는 주장은 타당하다.

기업은 글로벌해질수록 제품 특성, 유통업체, 판촉 미디어 등과 관련한 국가적·지역적 선호로 인해 더 많은 차이점들에 직면하게 된다.

이제껏 보아 왔듯이 제품 특성, 기호, 시장 조합은 하이터치 제품에만 국한되지 않는다. 진화는 전 세계에 존재하는 모든 이질성들 속에서 완전히 직선만 그리지는 않는다. 마이크로프로세서의 세계에서도 직선적인 진화는 존재하지 않는다. 미국의 대다수 마이크로프로세서 생산자들은 신뢰성과 기능성을 검증하기 위해 이른바 평행검사 시스템을 활용한다. 반면 일본에서는 평행검사 시스템과 완전히 다른 연속 검사 시스템을 선호한다. 그 결과, 전 세계에서 가장 큰 마이크로프로세서 테스트 장비 생산회사인 테라다인(Teradyne Corp.,)은 한 라인에서는 미국을 위한 장비를, 다른 라인에서는 일본을 위한 장비를 생산한다. 그게 간단하기 때문이다. 문제는 마케팅 조직을 어떻게 구성하고 운영할 것인가 이다. 즉 제품별로 할 것이냐, 지역별로 할 것이냐, 기능에 따를 것이냐, 이 외에도 다른 순차 조합이 있을 것이다. 우선, 평행검사 장비를 사용하는 미국과 연속검사 장비를 사용하는 일본에 각각 마케팅 조직을 하나씩 배치하는 방법이 있다. 또는 부서를 제품에 따라 구성해 한 조직은 일본에서 활동하고, 다른 조직은 미국에서 활동하는 방법도 있다. 단일 생산 설비는 두 개의 시스템 모두 생산할 수도 있을 것이다. 그렇게 단일 마케팅 기구를 두고 두 시스템을 모두 판매하거나, 각각 마케팅 기구를 두거나 기타 유사한 방법을 사용할 수도 있다.

만일 시스템이 제품에 따라 구성됐다고 치자. 그렇다면 주요 시장이 미국일 경우, 평행검사 시스템을 취급하는 회사가 일본에까지 판매를 시도해야 할까? 이를 통해 일본 시장만을 노리는 연속검사 시스템 판매 회사들과 경쟁할 수 있을까? 그리고 그 정반대는 어떨까? 만약 지역 기준으로 마케팅 조직이 구성된다면, 마케팅 자원을 평행검사 시스템 지원과 연속검사 시스템을 어떻게 분배해야 하는가? 기능을 중심으로 구성된다면, 특정 라인을 마케팅 할 때 어떻게 시작해야 하는가?

요점은 명확하다. 동질성의 세계에서 발생하는 주요 문제 중 하나는, '서로 성향이 비슷해지는 경향과 취향에 맞게 기호화되는 경향 사이에서 어떻게 조직을 구성하고 운영할 것인가'이다.

그 질문에 대한 적절한 답은 없다. 모든 회사에게 통용되는 방식이란 없기 때문이다. 그런 방식이 되려면, 조직의 크기, 역사, 평판, 자원 확보, 문화와 정신 모두 다 같아야 한다. 이런 문제에 대한 해결 방법은 구애와 청혼의 성공 여부처럼 누구도 장담할 수 없다.

연인에게 프로포즈할 때 프로포즈 한다는 상황은 같지만 프로포즈 방법은 각각일 것이다. 어떤 사람의 프로포즈 방식이 내 연인에게도 통한다는 법은 없다. 특정 상황의 한 사람에게 통했던 방식이 다른 사람에게는 통하지 않을 수도 있다. 중요한 요인이 있다고 해서 그것이 모든 걸 예측하지는 못한다. 누구의 특정 지식조차도 그것이 적절한 조언일지는 확신할 수 없다.

차이점이 사라지진 않을 것이다. 이제 기술과 경제가 공통성을 선호하게 되면서, 이 공통성은 모든 현대적 기업들에게 새로운 것들을 지속적으로 받아들이라고 강요한다.

시장의 글로벌화는 막을 수 없는 흐름이다

기업을 글로벌 표준화 하는 가장 강력한 하지만 가장 선호하지 않는 방법은 금융 시스템을 구축하고 국제 투자를 시도하는 것이다.

오늘날 돈은 단순한 전자적 자극과 같다. 돈은 원거리의 금융 센터들 그리고 더 적은 수의 공간들 사이를 빛의 속도로 자유롭게 돌아다닌다. 채권 가격의 베이시스 포인트 상의 변화는 이를테면 런던에서 동경으로 즉각적이고 대규모 금전 이동을 발생시킨다. 이것은 기업의 글로벌 경영에 중요한 자산이 된다. 일본의 경우, 부채비율은 높아도 장기적으로 봤을 때 잠재적 가능성이 있으면 사회적 정서와 국가정책 상 은행에서 기업을 보증해준다. 그런 일본에서 조차 다른 나라의 이자율이 올라가면 막대한 자금이 해외로 빠져나간다. 이런 사실은 자금 조달 목적으로 세계 채권 시장에 눈을 놀리는 일본 글로벌 기업들이 왜 늘어나고 있는지 말해준다. 이자율이 높은 나라에 대한 대출 이익이 워낙 크기 때문에 자국 내 자금을 남겨둘 이유가 없는 것이다. 또 이자율이 상승하면, 채권은 발행자 입장에선 더 매력적으로 보일 것이다. 주식자본의 비율이 높아질수록 단기 투자에 대한 관심도 높아질 것은 자명하다. 이렇게 되면 일본 기업들이 자랑스러워하는 장기적 안목은 사라지고, 점점 더 눈앞의 성과에 급급하게 될 것이다. 결국, 비즈니스가 시장의 변화에 반응하게 하고 비즈니스를 관리하고 운영하는 방식에 영향을 미치는 일련의 흐름을 따라 세계는 점점 더 일반적 수렴성을 향해 가게 될 것이다.

총체적으로 보면, 글로벌화는 보편화된 동질성으로 수렴된다. 하지만 지속적으로 발생하는 국가간의 차이점들은 '세계는 중앙부가 아닌 변두리에서 일어나는 사건들이 지배한다', '가장 중요한 의미는 일반적이고 전형적인 요소가 아닌 예외적이고 주변적인 요소들이 만든다'는 격언을 떠올리게 한다. 이런 측면에서 본다면 평균 가격 보다는 새로운 조건들이 불안정한 경계면을 이루는 한계 가격이 중요하다고 할 수 있다. 비즈니스 영역에서의 중요한 일도 눈에 띄는 굵직굵직한 이슈가 아닌 소소하고 묻

히기 쉬운 사건들에 있다. 즉 비즈니스에서 중요한 일은 선호, 경영 방식과 같은 지속적이고 두드러진 차이점에서 발생하는 것이 아니라 변두리에서 더 많이 발생하는 일들의 바탕인 유사성에서 발생하는데, 그 유사성은 불가항력적이고 우월한 통일성을 세계에 축적시킨다.

글로벌화를 방해하는 무역 및 관세 장벽이 계속 존재한다는 얘기는 별 도움이 되지 않을 것이다. 자국의 이익을 우선시하는 경제의 민족주의와 실리적 목적을 강조하는 갖가지 요인들은 영원히 사라지지 않을 것이다. 그러나 투자기금의 글로벌화처럼, 세상은 더 그럴듯한 모양새를 갖추어 가고 있다. 또 기술과 현실주의의 압력과는 무관하게, 까마득히 오래된 관습이나 그로 인한 고착화된 패러다임에 머물지도 않을 것이다. 세계주의는 더 이상 지적이고 여유있는 계급의 전유물이 아니다. 세계주의 그 자체는 비즈니스 사회의 자산이며 규정하는 특징이다. 세계주의는 경제적 고립주의, 민족주의, 배타주의라는 장벽들을 점차적으로 무너뜨릴 것이다. 우리가 상업적 민족주의라 부르고 있는 것은 퇴행한 기관들이 없어지기 직전 마지막으로 맹렬하게 터져나오는 덜컹거리는 소음과 같다.

성공한 글로벌 기업이라면 제품에 대한 다양한 선호와 다양한 소비 패턴, 쇼핑에 대한 다양한 선호 경향, 국가별 다양한 제도와 법규 같은 다양한 시장의 요구와 고객의 주문 때문에 차별화를 포기하지는 않는다. 그러나 글로벌 기업들은 시장들 간의 차이점을 줄이기 위해 다양한 변화 노력을 기울이고 그것들 안에 있는 불변의 속성들을 냉정하게 테스트한 뒤에, 어쩔 수 없이 받아들여야 하는 차이점만 받아들이고 인정한다.

하나의 국가도 마찬가지지만 세계 곳곳에는 다른 세분화된 시장이 있고 제도적 정비가 필요한 곳도 있다. 그럼에도 비즈니스와 산업을 이끄는 모든 주요 이슈의 중심에는 글로벌 수렴이 존재한다. 각 나라의 중요 경제 기구들과 그 경영 방식에 오랫동안 내재돼 온 다양성, 선호하는 제품의 특징과 기능에 내재한 다양성, 역사적으로 전해 내려온 다양한 문화직 특성들은, 그 다양성에 경영활동을 적응시키라고 요구하지만 그 목소리는 점점 작아지고 있다. 세계는 점점 더 유연해지고 강화되는 현대화의 가능성에 대해 더 많은 정보를 접하고 있으며, 과거에는 유효했던 방법들도 비효율성과 고비용, 제한 요소들로 인해 더 이상 쓸모없게 되었다. 세계에서 무역과 산업을 발전시켜온 지난 시간과 국가 간 차이점은 사실 비교적 바뀌기 쉬운 것들이다. '세상에서 통용되는 중요한 한 가지'를 받아들이는 사람들의 상상과 노력, 지속성이 바탕 될 때, 표준화된 제품들과 경영 방식, 공격적으로 낮은 가격이 가능할 것이고 이를 통해 세계적 규모의 시장 창출 또한 가능할 것이다. 이러한 관점에서 헨리 키신저는 《격변의 시대(Years of Upheaval)》에서 일본의 지속적인 경제적 성공에 관해 다음과 같이 말한 바 있다. "압박이 통하지 않고 실행 상에 타협이 없는, 정보 수집에 탐욕스러운 사회보다 더 효율적인 것이 있었던가?"

규모냐, 범위냐

시장의 글로벌화가 점점 커질 거라는 주장은 소비자 행태에 관한 다음의 사실에 바탕을 둔다. 첫째, 전 세계 욕구가 동일화되고 있다. 둘째, 소비자는 제품의 특성과 기능, 디자인 보다 품질 대비 낮은 가격에 움직인다. 거대 글로벌 시장이 만들어내는 생산, 수송, 커뮤니케이션 상에서의 규모의 경제는 낮은 가격을 가능하게 한다.

이 의견에 반대하는 주장도 설득력은 있다. 급속하게 이뤄진 공장 자동화는 전체 생산 시설을 중지하지 않고도 이 제품을 생산하다 저 제품을 생산할 수 있도록 만들었다. 즉 표준화된 제품의 장기 생산에서 기대하는 규모의 경제를 희생시키지 않고도 대부분의 현지화된 제품들을 생산할 수 있다. 로봇공학과 결합한 컴퓨터 보조 디자인 및 생산 시스템(CAD/CAM)을 도입한다면 새로운 장비와 공정기술 방식(EPT)을 적용할 수 있을 것이다. 이렇게 되면 기업은 시장과 더 가까운 곳에 소규모 단위의 공장을 많이 건설할 수 있을 것이고, 스티너 교수가 창안한 '집적화된 공장'이라는 경쟁 우위를 통해 원거리에 위치한 대규모 공장에서 누릴 수 있는 효율성을 창출할 수가 있다. 이런 강점은 '규모의 경제'가 아닌 '범위의 경제'가 만드는 것이라고 할 수 있다. 범위의 경제는 공장의 크기와 상관없이 보다 적은 비용으로 고객들의 다양한 주문에 대응 가능한 다양한 상품을 생산하는 능력을 갖게 한다. 이와 같은 범위의 경제가 가능해지면 소비자들도 시장에서 자신들이 선호하는 바를 희생할 필요가 없어진다.

표준화된 제품들의 낮은 가격에서도 소비자의 취향은 존중 받을 것이다. 어쩌면 새로운 유연한 공장들은 차별화됐기 때문이 아니라 새 공장이라는 이유만으로도 생산성이 더 좋을 것이므로 더 낮은 가격을 제시할 수도 있다.

필자는 이런 가능성들, 또는 산업혁명의 경제학이 디지털 혁명으로 탄생한 새로운 경제학으로 대체될 것이라는 주장을 부인하지는 않는다. 그러나 가능성이 있다는 것과 확률이 높다는 것은 다르다. 특정 제품을 다양한 라인으로 생산할 수 있는 공장 자동화 시스템에 단순한 표준화 라인으로 대규모 생산을 실현하는 공장 시스템에서나 가능한 규모의 경제를 기대해서는 안 된다. 반대로, 기술을 통해 현지화된 제품의 수를 줄이고 생산 라인 폭을 좁혀서 생산비용을 더 낮추어야 한다.

우리는 세계 사람들의 기호와 취향이 동질화되고 있으며, 각 시장의 요구조건에 합당한 값비싼 제품보다 적정 수준의 품질을 가진 낮은 가격의 제품을 선택할 것이라는 사실을 알고 있다. 이것은 진실이다. 무엇도 고대부터 내려오면서 우리 유전 인자에 강하게 각인된 이 사실-낮은 가격이 제품의 어떤 특성보다 매력적임-을 바꿀 수는 없다.

유통채널도 얼마든지 바꿀 수 있다

제품의 단일화 흐름은 물류회사들에게는 적용할 수 없다는 주장이 있는데, 그 주장의 이면에는 유통채널은 바꿀 수 없다는 강한 믿음이 자리 잡고 있다. 이 믿음은 종류와 구조 및 개발 지역을 막론하고 다양한 물류 기업들 사이에 폭넓게 퍼져있다. 세상의 모든 것이 변한다고 말하지만, 유통채널의 불변성에 대한 믿음은 견고한 모습으로 남아 있다.

강하고 끈질긴 일련의 중재적 기관이 기존의 채널 및 경영 실행 방법을 변경, 전환하거나 또는 우회할 가능성은 좀처럼 상상할 수 없다. 물론 이 것이 가능할 뿐만 아니라 효과적이라는 증거가 없지는 않다. 또 이에 관한 끔찍한 퇴보나 실패도 있었다.

일본에서의 레브론 사례를 살펴보자. 레브론은 처음에는 세계적으로 표준화시킨 제품을 선발된 일부 매장에만 판매해서 쓸데없이 소매상들과 소원한 관계를 만들었고 소비자를 혼란에 빠뜨렸다. 그리고 나서 세계적으로 표준화된 저가 제품들로 제품 배급을 확대시켜 실수를 만회하려고 했지만, 얼마 안되 다시 제품 생산비가 판매보다 높아지면서 배급을 줄이고 일본인 사장을 교체하기에 이르렀다. 일부 사람들이 주장하는 것처럼 레브론이 일본 시장을 이해하지 못해서 실패했을까. 아니다. 문제는 레브론의 우유부단함과 성급함이었다.

레브론과는 다르게 유럽에서 아웃보드마린(Outboard Marine Corpora-tion)은 상상력과 추진력, 지속성으로 정통적인 조언과는 반대로 오랫동안 유지해왔던 3단계 배급 채널(1차, 2차, 딜러)을 집중적인 2단계 시스템으로 바꾸었을 뿐만 아니라, 소매 매장의 수와 종류를 대폭 줄였다. 그 결과, 소매 고객들이 느끼는 회사에 대한 신뢰 및 제품 설치 서비스 만족도가 높아졌고 주요 비용이 감소했을 뿐만 아니라 판매 또한 고무적이었다.

스미스클라인(SmithKline Corporation)은 일본시장에 콘택 600(감기약)을 소개하는 과정에서, 불합리한 요구를 일삼는 천 개 이상의 판매점을 무시하고 47개의 현의 35개의 도매업자들에게만 이 약품을 배급했다. 이 배급은 매일 도매업자들과 주요 소매업자들과의 특별한 접촉을 통해 이뤄졌는데, 기존의 관행을 깨는 것이었으나 성공적인 시스템으로 작동했다.

세계적으로 표준화된 농장용 경기계를 생산하는 일본 제조업체 고마츠(Komatsu)의 경우도 마찬가지였다. 그들은 미국 내 기존 배급회사와 거래할 수 없게 되자 선 벨트 교외 지역 도로 건설 장비를 취급하는 딜러를 통해 성공적으로 시장에 진입했다. 고마츠는 농장 규모가 작아 육중한 장비가 필요 없는 미국 내 일부 지역들을 공략했고, 이 제품의 적합성과 가격이 소비자들에게 매력으로 다가오면서 농작 기계 취급 물류회사가 아니었음에도 성공할 수 있었다. 미국에서 다양한 전자 사무용품 장비 및 소매 가게용 계산대 장비를 판매하기 시작한 한 일본 회사는 전통적 물류 채널을 이용하는 대신, 해당 장비에 대한 사전적 지식은 물론 그 제품의 판매 경험조차 없는 전자 제품 수리 가게들을 판매 채널로 선택했다.

기존에 변하지 않는 유통 구성에 무슨 일이 생긴 걸까? 기존 유통망은 함정에 빠졌거나 망가지거나 변형되었다. 현대성과 신뢰성을 조화시킨 제품, 강력하고 지속적인 지원 시스템, 파격적인 낮은 가격, 판매 보상 패키지 등이 기본 유통망을 무력하게 만든 것이다. 그래서 그들은 그들이 잠입했던 시장에서 원망이나 악평을 받은 대신 감탄을 자아냈다.

기업들이여, 고슴도치의 정신을 가져라

이렇게 궤도를 벗어난 일들은 사실 곳곳에서 일어나지만, 그런 일들이 자국 내 회사들에서 발생할 때는 그냥 자연스럽게 보인다. 수년 동안 지독한 실패를 경험했거나 골칫거리로 인해 의심이 많아지고 소심해진 다국적 기업들은 그것을 자연스럽게 보려 하지 않는다. 실제로, 그런 마인드를 가진 기업은 이러한 궤도 이탈을 정신없는 짓이거나, 무례하거나 불가능한 행동이라고까지 생각한다. 그들은 시대에 뒤처진 것이다.

기업은 전 세계를 대상으로 활동하는 조직이라는 사실을 기억해야 하며 그 활동이란 다름 아닌 무엇을 어떻게 생산하고 판매할 것인가 하는 문제여야 한다. 그 외의 모든 것들은 이러한 활동에서 파생된 부수적인 것에 불과하다. 무엇이 생산되고 어떻게 팔리는가의 문제는 기업 특유의 목적을 보여준다.

비즈니스의 목적은 고객을 확보하고 유지하는 것이다. 피터 드러커의 주장을 빌리자면, 고객을 창출하고 유지해 나가는 것이다. 비즈니스는 이러한 목적을 방법, 수단, 장소 등의 조합 속에서, 그리고 적정 비율의 잠재적 고객이 경쟁자가 아닌 자사와 거래하는 것을 선호하게 만들기 위한 가격 조건에서, 더 나은 제품을 끊임없이 추구하는 혁신적인 아이디어에 접붙임으로써 이뤄진다. 취향은 계속 만들어지고 바뀐다. 기술이 어떻게 각각의 기호와 취향을 동일화된 공통성, 즉 글로벌 표준화로 만드는가를 규정하는 대로, 지금 시대의 특성이 규정된다. 그 공통성은 엄청난 다양성들의 지원을 받아 번성하는데, 이런 현상은 세계에서 단일 시장으로는 제일 큰 미국에서도 찾아볼 수 있다. 그러나 이 과정에서 발생하는 현상에도 주목해야 한다. 바로 현대 시장들은 글로벌화 비율에 비례해 비용을 절감할 수 있다는 사실이다.

세계는 '기술'과 '글로벌화'이라는 2개의 궤도를 따라 움직인다. 기술이라는 궤도는 인간의 기호와 취향을 만드는 데 큰 역할을 하며, 글로벌화 궤도는 경제 실체 또는 주체들을 구성한다. 선호들이 수렴되면서 엄청난 규모의 경제가 구성되고 비용과 가격의 절감을 허용하는 대중 속에 시장이 만들어진다.

낡은 다국적 기업과 비교할 때, '외부의 압력에 강하고 실행력이 뛰어난' 현대적 글로벌 기업은 적절하게 표준화된 제품들과 경영방식을 추진하기 위해 기존의 것을 완결하려고 한다. 왜냐하면 이 세계는 양호한 품질과 신뢰성이 담보된 파격적인 낮은 가격의 제품을 선택할 것이기 때문이다.

글로벌 기업은 고슴도치의 정신으로 기술과 글로벌화의 궤적을 하나의 거대한 전략적인 풍요로움으로 만들어나갈 것이다. 글로벌 기업은 이 두 궤적을 고품질의 글로벌 표준제품의 최적화가 이뤄지는 곳에서 낮은 비용과 낮은 가격의 최적화를 만들고 이들의 조합을 통해 최적화된 고객과 이윤을 만들어내는 수렴의 중심으로 밀고 나갈 것이다. 반대로 이야기하면, 새로운 글로벌 실체에 순응하지 않는 기업들은 그 실체에 순응하고 번성하는 기업들의 희생물이 된다는 얘기다.

KI신서 6531

마케팅 상상력

초판 1쇄 발행 2007년 9월 10일
2판 1쇄 발행 2016년 5월 2일
2판 4쇄 발행 2020년 8월 14일

지은이 시어도어 레빗 **옮긴이** 이상민·최윤희
펴낸이 김영곤
출판사업본부장 정지은
영업본부 이사 안형태 **영업본부 본부장** 한충희
출판영업팀 김수현 오서영 최명열
디자인 엔드디자인
제작팀 이영민 권경민

펴낸곳 (주) 북이십일 21세기북스
출판등록 2000년 5월 6일 제10-1965호
주소 (10881) 경기도 파주시 회동길 201(문발동)
대표번호 031-955-2100 **팩스** 031-955-2151 **이메일** book21@book21.co.kr

(주)북이십일 경계를 허무는 콘텐츠 리더

21세기북스 채널에서 도서 정보와 다양한 영상자료, 이벤트를 만나세요!
페이스북 facebook.com/jiinpill21 **포스트** post.naver.com/21c_editors
인스타그램 instagram.com/jiinpill21 **홈페이지** www.book21.com
유튜브 www.youtube.com/book21pub
서울대 가지 않아도 들을 수 있는 명강의? 〈서가명강〉
네이버 오디오클립, 팟빵, 팟캐스트에서 서가명강을 검색해보세요!

ISBN 978-89-509-6478-8 03320